高职高专工学结合课程改革规划教材

交通职业教育教学指导委员会
交通运输管理专业指导委员会　组织编写

Wuliu Chengben Guanli
物流成本管理
（第二版）

（物流管理专业用）

主　编　武　钧
副主编　王三刚
主　审　贾春雷

人民交通出版社

内 容 提 要

本书是高职高专工学结合课程改革规划教材,是在各高等职业院校积极践行和创新先进职业教育思想和理念,深入推进"校企合作、工学结合"人才培养模式的大背景下,由交通职业教育教学指导委员会交通运输管理专业指导委员会根据新的教学标准和课程标准组织编写而成。

本书以以读者的综合职业能力培养为主线,紧密结合当今社会物流成本管理领域的实践,根据物流行业的特点进行编写,重点介绍物流成本核算、分析、预算、控制、绩效评价的基本理论与方法,并按照物流过程的主要环节,介绍运输、仓储、配送、包装、装卸搬运和流通加工等物流成本管理的内容。

本书可作为高等学校物流工程专业、物流管理专业、工业工程专业、会计学专业等高职高专、本科生的教材或教学参考书,也可作为工商企业物流管理人员、物流企业经营管理人员的工作指南或手册,还可作为企业培训高级物流管理和运作人员的培训教材。

图书在版编目(CIP)数据

物流成本管理/武钧主编. —2版. --北京:人民交通出版社,2012.7
高职高专工学结合课程改革规划教材
ISBN 978-7-114-09913-7

Ⅰ.①物… Ⅱ.①武… Ⅲ.①物流-成本管理-高等职业教育-教材 Ⅳ.①F253.7

中国版本图书馆 CIP 数据核字(2012)第 144889 号

高职高专工学结合课程改革规划教材

书　　名:	物流成本管理(第二版)
著 作 者:	武　钧
责任编辑:	任雪莲　富砚博
出版发行:	人民交通出版社
地　　址:	(100011)北京市朝阳区安定门外外馆斜街3号
网　　址:	http://www.ccpress.com.cn
销售电话:	(010) 59757973
总 经 销:	人民交通出版社发行部
经　　销:	各地新华书店
印　　刷:	北京鑫正大印刷有限公司
开　　本:	787×1092　1/16
印　　张:	15
字　　数:	341 千
版　　次:	2007 年 9 月　第 1 版 2012 年 7 月　第 2 版
印　　次:	2018 年 1 月　第 2 版　第 2 次印刷　总第 4 次印刷
书　　号:	ISBN 978-7-114-09913-7
印　　数:	9001－10000 册
定　　价:	39.00 元

(有印刷、装订质量问题的图书由本社负责调换)

高职高专工学结合课程改革规划教材

编审委员会

主　　任：鲍贤俊（上海交通职业技术学院）
副主任：施建年（北京交通运输职业学院）
专　　家：（按姓氏笔画排序）
　　孔祥法（上海世纪出版股份有限公司物流中心）　　刘　念（深圳职业技术学院）
　　严南南（上海海事大学高等技术学院）　　　　　杨志刚（上海海事大学交通运输学院）
　　逄诗铭（招商局物流集团易通公司）　　　　　　贾春雷（内蒙古大学交通职业技术学院）
　　顾丽亚（上海海事大学交通运输学院）　　　　　黄君麟（云南交通职业技术学院）
　　薛　威（天津交通职业学院）
委　　员：（按姓氏笔画排序）
　　毛晓辉（山西交通职业技术学院）　　　　　　　石小平（湖北交通职业技术学院）
　　刘德武（四川交通职业技术学院）　　　　　　　向吉英（深圳职业技术学院）
　　孙守成（武汉交通职业学院）　　　　　　　　　曲学军（吉林交通职业技术学院）
　　朱亚琪（青海交通职业技术学院）　　　　　　　祁洪祥（南京交通职业技术学院）
　　许小宁（云南交通职业技术学院）　　　　　　　严石林（湖北交通职业技术学院）
　　吴吉明（福建船政交通职业学院）　　　　　　　吴毅洲（广东交通职业技术学院）
　　李建丽（河南交通职业技术学院）　　　　　　　李艳琴（浙江交通职业技术学院）
　　肖坤斌（湖南交通职业技术学院）　　　　　　　武　钧（内蒙古大学交通职业技术学院）
　　范爱理（安徽交通职业技术学院）　　　　　　　赵继新（广西交通职业技术学院）
　　郝晓东（上海交通职业技术学院）　　　　　　　袁炎清（广州航海高等专科学校）
　　阎叶琛（陕西交通职业技术学院）　　　　　　　黄　浩（江西交通职业技术学院）
　　黄碧蓉（云南交通职业技术学院）　　　　　　　程一飞（上海交通职业技术学院）
　　楼伯良（上海交通职业技术学院）　　　　　　　谭任绩（湖南交通职业技术学院）
秘　　书：
　　任雪莲（人民交通出版社）

序

　　为了适应我国高职高专教育发展及其对教育改革和教材建设的需要,在全国交通职业教育教学指导委员会的指导下,根据 2011 年颁布的交通运输类主干专业《物流管理专业教学标准与课程标准》(适应于高等职业教育),我们组织从事高职高专教学第一线的优秀教师和企业专家合作编写物流管理专业系列教材(第二版),其中部分作者来自国家级示范性职业院校。

　　为了做好此项工作,2011 年 8 月 5~8 日在青海省西宁市召开了全国交通教育交通运输管理专业指导委员会工作扩大会议,启动了新一轮规划教材的建设工作,邀请物流企业的专家共同参与教材建设(原则上要求副主编由企业专家担任),采取主编负责制。为了保证本套教材的出版质量,我们在全国范围内选聘成立"高职高专工学结合课程改革规划教材编审委员会",确定了编写 5 门核心课程和 12 门专门化方向课程的教材主编、副主编和参编。2011 年 9 月 23~25 日在北京召开了由全国交通教育交通运输管理专业指导委员会主办、人民交通出版社承办的高职物流管理专业教材编写大纲审定会议,编审委员会审议通过了 17 种教材的编写大纲以及具体编写进度要求。2012 年 3 月 23 日、5 月 4 日、5 月 5 日在上海分三批对 17 种教材进行了审稿、定稿。本套教材按照"任务引领、项目驱动、能力为本"的原则编写,突出应用性、针对性和实践性的特点,并重组系列教材结构,力求反映高职高专课程和教学内容体系改革方向,反映当前物流企业的新理念、新技术、新工艺和新方法,注重理论知识的应用和实践技能的培养,在兼顾理论和实践内容的同时,避免片面强调理论知识的系统性,理论知识以应用为目的,以必需、够用为尺度,尽量体现科学性、先进性和广泛性,以利于学生综合素质的形成和科学思维方式与创新能力的培养。

　　本套教材包括:《物流信息技术应用》、《运输管理实务》、《仓储管理实务》、《物流市场营销技术》、《供应链管理实务》5 门专业核心课程教材,《集装箱运输实务》、《货物配送实务》、《国际货运代理》、《物料采购与供应管理》等 12 门专门化方向课程教材。突出以就业为导向、以企业工作需求为出发点的职业教育特色。在内容上,注重与岗位实际要求紧密结合,与职业资格标准紧密结合;在形式上,配套提供多媒体教学课件,作为教材的配套资料挂到人民交通出版社网站供读者下载。既满足物流管理专业人才培养的需要,也可供物流企业管理和技术人员阅读,还可作为在职人员的培训教材。

交通职业教育教学指导委员会
交通运输管理专业指导委员会
2012 年 5 月

PREFACE 第二版前言

物流成本管理是指运用成本来管理物流。随着企业面对的市场竞争日趋激烈,加强物流成本管理、降低物流成本对于企业来说有着重要的意义。在全球化经济、供应链管理的时代,降低物流成本并不是改善物流系统的唯一目的,良好的客户服务水平在使整个供应链系统的总成本维持在一个较低水平的同时,能够提高客户的满意度,提升企业的竞争力。物流成本的研究不只是为了降低物流成本,更重要的是通过成本研究发现物流系统中存在的缺陷,从而改善物流系统的性能。

本书是高职高专工学结合、课程改革规划教材,是在各高等职业院校积极践行和创新先进职业教育思想和理念,深入推进"校企合作、工学结合"人才培养模式的大背景下,由交通职业教育教学指导委员会交通运输管理专业指导委员会根据新的教学标准和课程标准组织编写而成。

本书按照任务—项目的体例进行编排。根据物流行业的特点,介绍了物流成本核算、分析、预算、控制、绩效评价的基本理论和方法,按照物流过程的主要环节,介绍运输、仓储、配送、包装、装卸搬运和流通加工等活动的成本管理。全书共分11个任务,每个任务中安排了内容简介、先导案例、教学目标、教学方法等,任务后附有小结、思考练习及案例分析等。内容深入浅出,有助于提高学生的学习兴趣和学习效果。

本书由内蒙古大学交通职业技术学院武钧担任主编,内蒙古大学交通职业技术学院吕贞、内蒙古呼运集团王三刚担任副主编,内蒙古大学交通职业技术学院贾春雷为主审。具体分工为:

武钧编写任务一、任务二的项目三与项目四、任务四的项目一与项目二;吕贞编写任务三与任务四的项目三、项目四;南通航运职业技术学院朱霞编写任务五与任务七;内蒙古交通职业技术学院王平编写任务九与任务十;云南交通职业技术学院聂正林编写任务六与任务八;内蒙古大学交通职业技术学院营美英编写任务二的项目一与项目二、任务十一;王三刚协助案例资料的收集与整理工作,全书由贾春雷审核。

本书在编写过程中借鉴、引用了大量的国内外文献,在此对作者表示真诚的感谢。由于编者水平有限,加之编写时间仓促,书中难免存在疏漏和不足之处,恳请广大同行和读者批评指正,以便修订时完善。

编 者
2012年4月

PREFACE
第一版前言

进入 21 世纪,随着经济全球化的发展,物流业作为国民经济的动脉和基础产业起着愈来愈重要的作用,各级政府和企业都把发展物流业作为提高竞争能力和提高企业核心竞争力的重要手段。现代物流理念、先进的物流技术逐步引入到经济建设和企业经营管理之中。物流业作为一个独立的产业迅速崛起,同时也促进了物流教育的发展。为提高物流运作和管理水平,解决人才制约物流产业发展的瓶颈,加强国际物流、物流管理、仓储配送、物流运输、企业物流、物流营销、物流信息处理等技能型人才的培养,已是推动物流行业发展的关键。

为了实现人才培养目标,适应物流行业的发展要求,贯彻《国务院关于大力发展职业教育的决定》精神,培养面向生产、建设、服务和管理第一线需要的物流行业的高技能人才,推动课程建设与改革,加强教材建设,交通职业教育教学指导委员会交通运输管理专业指导委员会根据物流管理专业人才培养要求,组织全国交通职业技术院校的教师编写了物流管理专业规划教材,供高等职业院校物流管理及其相关专业教学使用。

本套教材全面、系统、科学地阐述了现代物流学的相关理论、方法和应用技术,突出以就业为导向,以能力为本位,以企业工作需求为出发点的职业教育特色,在内容上注重与岗位实际要求紧密结合,与职业资格标准紧密结合,体现了教材的科学性、系统性、应用性、前瞻性和通俗性。既满足了物流管理专业人才培养的需要,也可供物流企业管理和技术人员阅读,还可作为在职人员的培训教材。

《物流成本管理》是高职高专院校物流管理专业规划教材之一,内容包括:物流成本管理概述、物流成本构成及核算、物流成本预决策管理、物流成本控制、采购物流成本、仓储物流成本、物流运输成本、物流配送成本、客户服务及其他物流成本、物流信息系统成本管理、物流战略成本管理等。

参加本书编写工作的有:河南交通职业技术学院李建丽(编写第一、二、十一章)、郑文辉(编写第五、六章)、刘瑞红(编写第十章),四川交通职业技术学院吴秀林(编写第三章),内蒙古大学职业技术学院李春燕(编写第四章),山东交通职业学院陈祥义(编写第七、八章)、韩小霞(编写第九章)。全书由李建丽担任主编,陈祥义担任副主编,内蒙古大学职业技术学院贾春雷担任主审。

本套教材在编写过程中参阅和引用了国内外有关物流科学的论著和资料,无论在参考文献中是否列出,在此,对这些文献的作者和译者表示由衷的感谢和诚挚的谢意。由于作者水平有限,书中不妥之处在所难免,恳请专家和读者给予批评和指正。

交通职业教育教学指导委员会
交通运输管理专业指导委员会
2007.5

目 录 CONTENTS

任务一　物流成本管理认知 ··· 1
　项目一　物流成本认知 ··· 2
　项目二　物流成本管理的重要性 ······································· 6
　项目三　物流成本管理的历史及发展 ·································· 7
　项目四　物流成本管理的研究内容 ···································· 11
　项目五　物流成本相关理论学说 ······································ 12

任务二　物流成本核算 ·· 19
　项目一　物流成本核算的认知 ··· 20
　项目二　物流成本核算的一般方法 ···································· 26
　项目三　隐性物流成本的核算 ··· 34
　项目四　企业物流成本核算中存在的主要问题 ······················· 36

任务三　作业成本法在物流成本管理中的应用 ····················· 40
　项目一　物流作业成本法认知 ··· 41
　项目二　物流作业成本法的实施 ······································ 48

任务四　物流成本预算与控制 ·· 62
　项目一　物流成本预算认知 ··· 63
　项目二　物流成本预算编制方法 ······································ 64
　项目三　物流成本控制认知 ··· 68
　项目四　物流成本控制的方法 ··· 71

任务五　运输成本管理 ·· 88
　项目一　运输成本认知 ·· 89
　项目二　运输成本核算 ·· 94
　项目三　运输成本控制及优化 ·· 111

任务六　仓储成本管理 ··· 122
　项目一　仓储成本的认知 ·· 123
　项目二　仓储成本核算 ··· 126
　项目三　仓储成本控制与优化 ······································· 129

任务七　配送成本管理 ··· 137
　项目一　配送成本认知 ··· 139
　项目二　配送成本核算 ··· 144
　项目三　配送成本控制及优化 ······································· 149

任务八　装卸搬运成本管理 ·· 157

项目一　装卸搬运成本认知 …………………………………………………… 158
　　项目二　装卸搬运成本核算 …………………………………………………… 162
　　项目三　装卸搬运成本控制与优化 …………………………………………… 164
任务九　包装成本管理 ……………………………………………………………… 169
　　项目一　包装材料、包装机械与包装技术 …………………………………… 170
　　项目二　包装材料费的计算 …………………………………………………… 175
　　项目三　包装成本的控制与分析 ……………………………………………… 180
任务十　流通加工成本管理 ………………………………………………………… 187
　　项目一　流通加工成本的构成 ………………………………………………… 188
　　项目二　流通加工成本的计算 ………………………………………………… 191
　　项目三　流通加工成本分析与控制 …………………………………………… 202
任务十一　物流成本绩效评价 ……………………………………………………… 210
　　项目一　物流成本绩效评价认知 ……………………………………………… 211
　　项目二　物流企业绩效评价的指标体系 ……………………………………… 214
参考文献 ……………………………………………………………………………… 225

任务一　物流成本管理认知

内容简介

本任务首先介绍物流成本的概念、构成及其特征;然后重点介绍了物流成本管理的内容和重要意义,使读者明确物流成本管理的任务及其目的和重要性;随后简要介绍了物流成本管理在不同的国家或地区的不同发展情况,使读者基本了解物流成本的发展历程;最后介绍了与物流成本有关的理论学说,使读者深入了解对物流成本管理的有关研究。

教学目标

1. 知识目标
(1)掌握物流成本的含义、物流成本特性、物流成本的构成;
(2)了解物流成本管理的起源与重要性及其相关理论。
2. 技能目标
(1)能够运用所学物流成本知识对案例进行分析;
(2)具备应用物流成本管理理论指导实际企业物流成本管理的能力。

案例导入

美国物流成本管理经验

据测算,美国每年的经济规模为 10 万亿美元,如果降低 1% 的成本,就相当于多出 1000 亿美元的效益。我国现在是 1 万亿美元的经济规模,如果降低 1% 的物流成本就等于增长了 100 亿美元的效益。美国的物流成本管理经验对我国物流业有重要启示。

美国物流成本占 GDP 的比重在 20 世纪 90 年代保持在 11.4%~11.7% 范围内,而进入 20 世纪最后 10 年,这一比重有了显著下降,由 11% 以上降到 10% 左右,甚至达到 9% 左右,但物流成本的绝对数量还在一直上升。

分析发现,美国的物流成本主要由三部分组成:一是库存费用;二是运输费用;三是管理费用。比较近 20 多年来的变化可以看出,运输成本在 GDP 中比例大体保持不变,而库存费用比重降低是导致美国物流总成本比例下降的最主要的原因。这一比例由过去的接近 5% 下降到不足 4%。由此可见,降低库存成本、加快周转速度是美国现代物流发展的突出成绩。也就是说利润的源泉更集中在降低库存、加速资金周转方面。

宏观上,美国物流成本包括的三个部分,各自有其测算的办法。第一部分库存费用是指花费在保存货物上的费用,除了包括仓储、残损、人力费用及保险和税收费用外,还包括库存占压资金的利息。其中,利息是当年美国商业利率乘以全国商业库存总金额得到的。把库存占压的资金利息加入物流成本,这是现代物流与传统物流费用计算的最大区别,只有这样,降低物流成本和加速资金周转速度才能从根本利益上统一起来。

第二部分运输成本包括公路运输、其他运输方式与货主费用。公路运输包括城市内运送费用与区域间卡车运输费用。其他运输方式费用包括：铁路运输费用、国际国内空运费用、货物代理费用、油气管道运输费用。货主方面的费用包括运输部门运作及装卸费用。近十年来，美国的运输费用占国民生产总值的比重大体为6%，并且一直保持着这一比例，这说明运输费用与经济的增长是同步的。

第三部分物流管理费用，是按照美国的历史情况由专家确定一个固定比例，乘以库存费用和运输费用的总和得出的。美国的物流管理费用在物流总成本中的比例在4%左右。

另一个反映美国物流效率的指标是库存周期。美国平均库存的周期在1996～1998年间保持在1.38个月到1.40个月之间，但1999年发生了比较显著的变化，库存周期从1999年1月份的1.38个月降低到年底的1.32个月，这是有史以来的最短周期。库存周期减少的原因是销售额的增长超过了库存量的增长。降低物流成本、提高效益、减少库存支出是降低物流费用的主要来源，物流成本的概念必须拓展，美国的物流成本管理对我们有三大启示：

第一，降低物流成本是提高效益的重要战略措施。美国每年10万亿美元的经济规模，如果降低1%的成本，就相当于多出1000亿美元的效益。我国现在是1万亿美元的经济规模，如果降低1%的物流成本，就等于增长了100亿美元的效益。业界普遍认为我国物流成本下降的空间应该在10个百分点或更多，这是一笔巨大的利润源。

第二，美国的实践表明，物流成本中运输部分的比例大体不变，减少库存支出就成为降低物流费用的主要来源。减少库存支出就是要加快资金周转、压缩库存，这与同期美国库存平均周转期降低的现象是吻合的。因此，发展现代物流就是要把目标锁定在加速资金周转、降低库存水平上面。这是核心的考核指标。

第三，物流成本的概念必须拓展。库存支出不仅仅是仓储的保管费用，更重要的是要考虑它所占有的库存资金成本，即库存占压资金的利息。理论上还应该考虑因库存期过长造成的商品贬值、报废等代价，尤其是产品周期短、竞争激烈的行业，如PC、电子、家电等。

例如，1991年的海湾战争，美国在1个月左右的时间内，用最经济的方案，将50多万兵力、50多万吨的空运物资和300万吨的海运物资，从分布在世界各地的基地集结、发送到指定地点。这项庞大的军事活动被视为后勤学应用的一大典范，并成为企业物流成本管理、商品生产和流通管理的范例。

引导思路

（1）美国物流成本如何进行分类的？
（2）美国是如何降低物流成本的？对我国降低物流成本有什么启示？

项目一　物流成本认知

教学要点

（1）利用网络，收集物流成本资料；
（2）由小组讨论，从不同角度理解物流成本的含义。

教学方法

可采用讲授、案例教学和分组讨论等方法。

一、物流成本的概念

对于物流成本的概念,各国的经济管理学界以及相关组织机构都从不同角度给出了定义。

日本物流学术界对物流成本的界定简单而概括,认为物流成本是公司内部所有花费在物流上的费用总和,就是用金额评价某种物流活动的结果。

欧美学者则倾向于具体化的描述,认为物流成本主要由三部分组成:一是库存费用,二是运输费用,三是管理费用。其中,库存费用是指花费在保存货物上的费用,除了仓储、残损、人力费用及保险和税收费用以外,还包括库存积压资金的利息。运输费用包括公路运输费用、其他运输方式费用和货主费用;公路运输费用包括城市内运送费用与区域间的运输费用;其他运输方式费用包括铁路运输费、国际国内空运费用、货代费用、油气管道运输费用;货主费用包括运输部门运作及装卸费用。物流管理费用则是按照历史情况由专家确定一个固定比例,将其乘以库存费用和运输费用的总和而得出。

根据最新颁布实施的国家标准《企业物流成本构成与计算》,物流成本的定义为:物流成本指物流活动中所消耗的物化劳动和活劳动的货币表现,即产品在包装、运输、储存、装卸搬运、流通加工、物流信息、物流管理等过程中所耗费的人力、物力和财力的总和及与存货有关的资金占用成本、物品损耗成本、保险和税收成本。

标准中与存货有关的资金占用成本包括负债融资所发生的利息支出(即显性成本)和占用自有资金所产生的机会成本(即隐性成本)两部分内容,即物流成本是企业在经营过程中,消耗在物流业务方面的显性成本与隐性成本之和,大部分的显性成本可以通过原始凭证反映和计算。目前,在企业运营中,需要加强这些费用的计算,以进行物流成本的核算和控制;而对于隐性成本,既要加强成本控制,还需要深入探讨其核算标准和方法问题。

二、物流成本的构成

物流成本按物流所处的宏观和微观领域的不同分类,包括宏观物流成本和微观物流成本。

1. 宏观物流成本的构成

宏观物流成本又称社会物流成本,它是核算一个国家在一定时期内发生的物流总成本,是不同性质企业微观物流成本的总和。常用社会物流成本占国内生产总值(GDP)的比重来衡量一个国家物流管理水平的高低。国家和地方政府可以通过制定相关的物流政策,进行区域物流规划,建设物流园区等措施来推动物流产业的发展从而降低物流成本。目前,各国对宏观物流成本的测算方法各不相同,中国在宏观物流成本的测算方法上仍处于探索阶段。

2. 微观物流成本的构成

物流成本管理一般是按实体的不同而区别对待的。物流成本按物流所处企业领域不同分类,可分为商品流通企业物流成本、制造企业物流成本和物流企业物流成本。

1) 商品流通企业物流成本的构成

商品流通企业物流成本主要指商品批发企业、商品零售企业、连锁经营企业等。商品流通企业物流成本主要指在组织商品的购进、运输、仓储、销售等一系列活动中所消耗的人力、物力、财力的货币表现,其具体构成如下:

(1) 人工费用:与物流活动相关的员工工资、奖金、津贴以及福利费等。

(2) 运营费:物流运营中的能源消耗、运杂费、折旧费、办公费、差旅费、保险费等。

(3) 财务费用:经营活动中发生的存货资金使用成本支出,如利息、手续费等。

(4) 其他费用:与物流有关的税金、资产损耗、信息费等。

2) 制造企业物流成本的构成

制造企业的物流过程一般包括供应物流、生产物流、销售物流以及回收和废弃物流等。制造企业的物流成本是指企业在进行供应、生产、销售、回收等过程中所发生的运输、包装、仓储、配送等方面的费用。与商品流通企业相比,制造企业的物流成本大多体现在所生产的产品成本中,具有与产品的不可分割性。制造企业的物流成本一般包括以下内容:

(1) 供应、仓储、搬运和销售物流环节的员工工资、奖金、津贴以及福利费等。

(2) 生产材料的采购费用:包括运杂费、保险费、合理损耗成本等。

(3) 产品销售过程中的物流费用:如运输费、物流信息费、外包物流费等。

(4) 仓储保管费:如原材料和产品仓库的维护费、搬运费、合理损耗等。

(5) 有关设备和仓库的折旧费、维修费、保养费等。

(6) 营运费用:与物流相关的能源消耗费、物料消耗费、办公费、差旅费、保险费、劳动保护费等。

(7) 财务费用:仓储原材料、在产品和半成品、产成品等所占用的资金及利息。

(8) 回收废品发生的物流成本等。

3) 物流企业物流成本的构成

物流企业是为货主企业提供专业物流服务的,它包括一体化的第三方物流企业,也包括提供功能性物流服务的企业,如运输公司、仓储公司、货代公司等。物流服务企业通过提供专业化的物流服务,降低货主企业物流运营成本,并从中获得利润。可以说物流企业的整个运营成本和费用实际上就是货主企业物流成本的转移。物流企业的全部运营成本都可以看做是广义上的物流成本。

三、物流成本的一般性特征

1. 物流成本的隐含性

物流成本冰山理论认为,传统物流成本的计算大多数情况下只是了解显性物流支出的费用,计算的主要是人工、材料消耗及固定资产折旧等费用,而对隐性的成本很少涉及。在一般情况下,企业只把支付给外部运输、仓储企业的费用列入物流成本,物流基础设施建设费用和企业利用自己的车辆运输、利用自己的库房保管货物、由自己的工人进行包装装卸等的费用都没有列入物流费用科目内。通常,企业向外部支付的物流费用表面上看是很大的一部分,但真正的大头是企业内部发生的物流费用。

2. 物流成本的效益悖反特征

物流成本的效益悖反理论是指物流成本各要素之间存在的交替损益特性。所谓交替损益性是指改变系统中任何一个要素都会影响到其他要素的改变,具体地说,要使系统中任何一个要素增益,必将对系统中其他要素产生减损的作用。例如,随着仓库数量的减少会使运输次数增加从而导致运输成本的增加;简化产品包装,减少了包装成本,但货物就不能堆放过高,降低了保管效率。正是由于各物流活动之间存在着这种效益悖反效应,所以物流管理必须考虑整体成本最佳,使物流成本控制系统化、合理化。

3. 物流成本削减的"乘数效应"

物流成本削减的"乘数效应"是指物流成本削减对利润的影响相当于数倍的销售额增加的效应。举例来说,如果某企业的销售额为1000万元,物流成本占销售额的10%,即100万元。如果企业想要增加10万元利润,则有两个途径:一是物流费用降低10%;二是增加销售额。假设企业的销售利润率为4%,则企业必须增加250万元的销售额才能够创造10万元的利润。由此可见,该企业降低10%的物流成本的作用相当于增加25%的销售额的作用。

四、物流成本的分类

按照不同的标准,分为不同的类型,遮脸物流活动的不同功能环节可分为:包装成本、装卸成本、运输成本、储存成本、流通加工成本、配送成本和物流信息成本等七项构成。

1. 包装成本

包装成本一般包括:包装材料费用;包装机械费用,主要包括包装机械折旧费、低值易耗品摊销费、维修费等;包装技术费用,主要指实施缓冲包装、防潮包装、防雷包装等费用;包装辅助费用,包括包装标记设计费、印刷费、辅助材料费等;包装的人工费用,包括从事包装工作的工人及其他有关工作人员的工资、福利费等。

2. 装卸成本

装卸成本的构成为:人工费用;营运费用,主要指固定资产折旧费、维修费、材料费等;装卸合理损耗费,如装卸中发生的货物破损、散失等;其他费用,如办公费、差旅费、保险费及相关税金等。

3. 运输成本

运输成本包括:人工费用;营运费用,如营运车辆的燃料费、养路费、保险费等;其他费用,如差旅费、事故损失、相关税金等。

4. 储存成本

储存成本主要包括:储存持有费用、订货或生产准备费用、缺货费用、在途库存持有费用等。

5. 流通加工成本

流通加工成本的构成为:流通加工设备费用,如设备折旧、维修等费用;流通加工材料使用,主要指投入到加工过程中的材料成本;流通加工人工费用;其他费用,如加工过程中的电力、燃料、油料以及车间经费等。

6. 配送成本

配送成本的构成为:配送运输费,主要指配送运输中发生的车辆费用和营运间接费;分拣费用,主要指分拣过程中发生的人工费和设备费等;配装费用,主要指配装时发生的材料费用和人工费等;其他费用,主要指配送发生的设备使用费、折旧费等。

7. 物流信息成本

物流信息成本主要指信息处理费、信息设备费、通信费等。

项目二　物流成本管理的重要性

教学要点

（1）利用网络，收集物流成本管理的资料；
（2）由小组讨论，理解物流成本管理的重要性。

教学方法

可采用讲授、情境教学、分组讨论等方法。

一、物流成本管理的概念

物流成本管理是对物流成本进行调查、分析、预测及控制等管理活动,通过管理物流成本达到物流管理的目的,可以说是以成本为手段的物流管理,通过对物流活动的管理降低物流费用。

物流成本管理是物流管理的永恒课题,只是在经济发展的不同时期,物流成本的概念随着人们对物流管理的认识变化而变化。当人们认为物流处于PD(Physical Distribution)阶段时,物流成本管理的重心在于销售物流领域;当人们对物流的认识进入Logistics阶段时,物流成本管理扩展到供应物流、生产物流领域,物流总成本的意识得到增强;而到了现今,越来越多的人认为物流管理属于供应链的范畴(Supply Chain Logistics Management),对物流成本最小化的追求,已经超过个别企业的边界,追求的是整个供应链、整个流通过程物流成本的最小化。由此,考虑到供应链的因素,物流成本包括：供应物流成本、生产物流成本、销售物流成本、逆向物流成本。甚至考虑到人类的可持续发展,物流成本还必须包括由物流活动给环境带来的损害产生的环境资源耗损成本与环境治理成本,即物流的绿色成本也纳入物流成本管理的潜在对象。

二、物流成本管理的重要性

物流成本管理是物流管理的重要内容,降低物流成本与提高物流服务水平是企业物流管理最基本的工作。在企业实践工作中,管理者通过科学有效的物流成本管理,掌握企业物流成本实际状况,发现企业物流活动过程中存在的主要问题;根据物流成本核算结果,制定企业物流规划,确立物流管理战略;对物流活动的相关部门进行比较与评价,协调管理,满足服务要求条件下,实现物流系统成本最低。

1. 通过物流系统的标准化降低物流成本

物流作为一个大系统,需要制定系统内部设施、机械设备、专用工具等各个分系统的技术标准。制定系统内各个分领域如包装、装卸、运输等方面的工作标准,以系统为出发点,研究各分系统与分领域中技术标准与工作标准的配合性,统一整个物流系统的标准。物流标准化能使货物在运输过程中的基本设备统一规范,如果现有托盘标准与各种运输装备、装卸设备标准之间能有效衔接,就可大大提高托盘在整个物流过程中的通用性,可在一定程度上促进货物运输、储存、搬运等过程的机械化和自动化水平的提高,有利于物流配送系统的运作效率,降低物流成本。

2. 通过实现供应链管理达到供应链成本最低与效率最优化均衡

实行供应链管理不仅要求本企业的物流体制效率化,也需要企业协调与其他企业以及客户、运输业者之间的关系,实现整个供应链活动的效率化。正因为如此,为追求成本的效率化,企业中不仅物流部门或生产部门要加强控制,采购部门等各职能部门也要加强成本控制。提高对顾客的物流服务既可以确保企业利益,又是企业降低物流成本的有效方法之一。

3. 借助于现代信息系统的构筑降低物流成本

物流管理成本与物流信息标准化程度关系密切,物流信息标准化程度又影响着各个物流环节或不同企业,甚至不同国家物流活动衔接的效率与成本。要实现企业与其他交易企业之间的效率化的交易关系,必须借助于现代信息系统的构筑,尤其是利用互联网等高新技术来完成物流全过程的协调、控制和管理,实现从网络前端到最终端客户的所有中间过程服务。一方面,各种物流作业或业务处理能正确、迅速地进行;另一方面,能由此建立起战略的物流经营系统。通过现代物流信息技术可以将企业订购的意向、数量、价格等信息在网络上进行传输,从而使生产、流通全过程的企业或部门分享由此带来的利益,充分应对可能发生的各种需求,进而调整不同企业间的经营行为和计划,企业间的协调和合作有可能在短时间内迅速完成,从而可以从整体上控制物流成本发生的可能性。同时,物流管理信息系统的迅速发展,使混杂在其他业务中的物流活动的成本能精确地计算出来,而不会把成本转嫁到其他企业或部门。

总之,物流成本管理的意义在于,通过对物流成本的有效把握,利用物流要素之间的效益悖反关系,科学、合理地组织物流活动,加强对物流活动过程中费用支出的有效控制,降低物流活动中的物化劳动和活劳动的消耗,达到降低物流总成本,提高企业和社会经济效益的目的。

项目三 物流成本管理的历史及发展

教学要点

利用网络、图书馆收集并了解有关物流成本管理的历史及发展资料。

教学方法

可采用讲授、案例教学等方法。

一、物流成本管理的产生

对物流活动及物流管理的认识最初起源于美国。第二次世界大战期间,美国及其盟军需要在横跨欧洲、美洲、大西洋的广大空间范围内进行军需物品的补充调运。在军队人员调动,军用物品装备的制造、运输、供应、战前配置与调运、战中补给与养护等军事后期活动中,研究采用了一系列的技术、方法，使得这些后勤活动既能够及时保障供给、满足战争的需要，又能使费用最省、时间最短、成本最低，还可以安全、巧妙地回避敌方的攻击。由此，在美国军方形成了关于后勤管理(logistics management)的完整的思想、技术、方法体系，即通过对采购、运输、仓储、分发进行统筹安排、优化和全面管理，以求费用更低、速度更快、服务更好地实现军队、辎重和给养过程的移动保障。物流成本管理伴随着美国国家军方的后勤管理由此产生。

二、物流成本管理的发展

由于不同国家物流发展的程度不同，对物流的研究程度也各不相同，因此，不同国家物流成本管理的研究和发展也各不相同。

1. 美国物流成本管理的发展

物流成本管理的前提是物流成本计算，只有弄清物流成本的大小，才能实施物流成本分析，编制物流成本预算，控制物流成本支出。美国属于典型的自由经济体制，鼓励自由竞争，主要使用财政和货币政策来调控市场，不制定国家经济计划和系统的产业政策。美国对物流成本的管理主要是通过美国会计师协会下属的管理会计实务委员会所颁布的一系列"管理会计公告"来进行的。该公告对物流成本管理涉及的内容主要包括物流成本范畴的界定、物流成本计算、物流作业成本计算、物流管理的业绩计量以及物流信息在成本管理中的运用等，其目的在于帮助管理会计人员和其他人员确认、计量和管理物流成本。美国物流成本管理已经与目前兴起的供应链理论的发展紧密结合，形成了一套先进的管理体系。

就发展阶段而言，美国物流成本管理发展大致分为以下几个阶段：

(1) 物流成本认识阶段。第三利润源学说、利润中心学说等都说明了物流对提高企业利润水平、增强企业核心竞争力的重要意义。正是由于物流领域广泛的降低成本的空间，物流成本问题才引起经营管理者的重视。在这个阶段，人们对物流成本还停留在感性的、表层的认识阶段，尽管意识到了物流成本的重要性，但没有进行理性的、科学的物流成本管理。

(2) 物流项目成本管理阶段。在这一阶段，基于对物流成本的认识，根据不同部门或不同产品出现的特定问题，组织人员进行研究并着手进行管理，但系统的物流成本管理存在不足。不过，在这个阶段，物流管理组织开始出现。

(3) 引入物流预算管理制度阶段。随着物流管理组织的设置，对物流成本有了系统的理解和把握，开始引入物流预算管理制度，通过编制物流成本预算，比较预算和执行的差异，分析差异水平，进而达到管理和控制物流成本的目的。但是，这个阶段编制物流成本预算的准确程度低，对差异原因的分析缺乏全面性，并且对物流成本的把握仅限于对外支付的运费和仓储费用。

(4) 物流预算管理制度确立阶段。在这个阶段推出了物流成本的计算标准，物流预算及其管理有了较客观准确的依据，物流部门成为独立的成本中心或利润中心。物流成本预算的准确性大为提高，对差异原因的分析也更为全面，同时对物流成本计算范围的确定也由原来的仅限于对外支付的费用扩大到企业内部与外部所有与物流有关的费用支出。物流成本管理的科学水平得以大幅提高。

(5) 物流绩效评估制度确立阶段。当物流预算管理制度逐步建立和健全，物流部门作为独立的成本中心或利润中心后，随之而来的必然是对物流部门绩效的评价问题。这时，物流成本管理工作进一步深化,物流部门绩效评估制度得以确立。通过绩效评估,促进物流部门进一步降低物流成本,这是物流成本管理工作永恒的主题。

2. 日本物流成本管理的发展

日本作为当今物流强国,其近代物流业始于1965年——日本内阁会议通过了《中期经济计划》,该计划把物流现代化作为日本的国策。日本对物流的研究由重视功能转向重视成本,进而转向重视服务,在这一过程中对物流成本构成与计算的研究始终受到高度重视。日本也是市场经济体制,但日本与美国有所不同,日本政府采用严格的规章制度来使企业遵守市场规则,利用利益制诱导企业行为,利用计划和产业政策引导企业按指定方向发展,通过行政指导说服企业服从政府的意图。因此,日本是由政府制定企业物流成本核算标准而后强制执行的。日本影响较大的物流成本核算类国家标准是日本运输省在1977年制定的《物流成本计算统一标准》;随后,1992年日本通产省公布了《物流成本计算活用指南》;1996年,日本中小企业厅发布了《简单易懂的物流成本计算指南》;2000年,日本中小企业厅再次发布了《物流成本计算指南——不同行业》;日本最新的物流成本计算标准是2003年中小企业厅颁布的《物流作业成本法物流成本计算效率化指南》,该指南分解说集、事例集、用语集和应用软件,这一标准对中小企业应用新的成本管理方法计算物流成本起到了很好的推进作用。在长期的发展过程中,日本的物流成本与财务制度逐步相联结。

在日本,对物流成本管理的发展阶段问题存在几种不同的学术观点。

日本著名物流研究专家菊池康也教授在《物流管理》一书中,将物流成本管理的发展分为以下五个阶段:

(1) 了解物流成本的实际状况阶段。通过对物流成本实际状况的了解,明确物流活动过程中哪些成本应归为物流成本,提高对物流活动及物流重要性的认识。

(2) 物流成本核算阶段。在明确物流成本构成内容的基础上,通过一定的方法来计算物流成本,了解物流成本数额及其与总收入和总成本的比重,了解物流活动中存在的问题,为物流成本管理工作提供数据支撑。

(3) 物流成本管理阶段。在准确掌握物流成本数据的基础上,引入物流成本标准管理和预算管理机制,制定物流标准成本,编制物流成本预算,并通过实际成本支出与标准成本和预算成本的比较,分析成本差异产生的环节和原因,为进一步控制物流成本支出、降低物流成本提供科学依据。

(4) 物流收益评估阶段。在建立健全物流成本管理制度,控制物流成本支出的基础上,着手进行物流对企业贡献度的评估工作,科学评价物流对企业效益的贡献程度,进一步明确物流在企业经营管理中的地位和重要性。

(5) 物流盈亏分析阶段。对物流收益与支出进行比较,在此基础上进行物流盈亏分析,并通过建立数学模型进一步分析物流系统应如何优化或改革,从而提高企业物流净收益及企业总利润水平。

菊池康也教授认为,现在日本企业的物流成本管理大多处于第三阶段,还没有达到第四、第五阶段,物流部门的职能还落后于销售和生产部门的职能。

日本神奈川大学的唐泽丰教授认为,日本的物流成本管理的发展可以分为四个阶段,而目前日本企业物流成本管理处于第三阶段。

(1) 明确物流成本阶段。明确企业物流成本构成与计算方法,定量地掌握物流成本总额,并通过计算物流成本与销售收入的比率来进行物流成本管理。这一阶段是物流成本管理的前提和基础。

（2）建立预算管理制度阶段。在明确物流成本的基础上，通过建立预算制度，定期编制物流成本预算，比较预算和实际执行的差异，分析差异产生的原因，为进一步改进物流成本管理工作提供依据。

（3）设定物流成本基准值或标准值阶段。在长时期的时间跨度和丰富的成本数据累积的基础上，通过科学的方法，合理设定物流成本基准值或标准值，从而使物流成本预算的编制和物流成本管理有一个客观、合理的标准。

（4）建立物流成本管理会计制度的阶段。将物流成本计算及管理纳入会计制度和财务管理的范畴，实现物流成本管理与财务会计管理的一体化，以一体化、全局化的思想整合物流系统，使物流成本管理会计化。

3. 我国物流成本管理的发展

尽管物流各环节的经济活动很早就客观存在于我国国民经济的各个领域，但无论是物流的概念还是物流管理体系，在我国都属于舶来品，引入时间并不长。正因为如此，国内对物流成本的研究成果也多是以引进、介绍为主。20世纪90年代中后期，随着物流的重要性越来越多地被政府及企业接受和认识，国家在物流研究领域投入了大量人力、物力、财力，制定了一系列的物流政策和国家标准，以推进物流业的快速发展。一些企业在内部也开始设立专门的物流部门对物流进行专业化管理，同时，第三方物流企业也如雨后春笋般"一夜之间"遍布全国各地，我国物流业正以前所未有的速度迅猛发展。物流业的发展必然对高水平的物流管理提出现实的需求，而物流管理的核心和落脚点又是物流成本管理。鉴于我国物流业的发展现状，物流成本管理的研究还处于起步阶段。

从其他国家物流成本管理发展阶段的研究可以看出，物流成本管理的基础和前提即第一阶段是要了解物流成本的构成和金额。但在我国，物流成本管理的这一前提和基础性工作才刚刚起步。

首先，从社会宏观物流成本的角度看，在2004年10月由国家统计局、国家发改委发布的《社会物流统计制度及核算表式（试行）》的通知实施前，我国社会物流成本没有统一、权威的数据来源，来自不同渠道、不同统计口径的社会物流成本占GDP的比重各不相同。在我国尚未对社会物流成本进行测算时，国外一些机构和公司却先于我们对我国社会物流成本进行了测算，但结果各不相同。例如，国际货币基金组织（IMF）测算的我国1997年的社会物流成本占GDP的比重为16.9%；世界银行估算的我国2000年的社会物流成本占GDP的比重为16.7%；摩根士丹利亚太投资研究组测算的我国2000年的社会物流成本占GDP的比重为15%；美智（Mercer）管理顾问公司在2001年与中国物流与采购联合会合作编写的《中国第三方物流市场调查》中，认为我国物流成本占GDP的比重为20%左右。直到2004年《社会物流统计制度及核算表式（试行）》发布后，我国社会物流成本才有了统一的核算标准，数据发布才得以权威化和定期化。

其次，从企业微观物流成本的角度看，由于我国现行的财务会计制度中没有"物流成本"这一科目，物流成本分散于企业的成本费用科目，且物流活动涉及面广、关联性强，界定和核算较为复杂，很多成本项目企业都无法准确掌握，统计时常常挂一漏万。同时，不同企业对物流成本有不同的界定和理解，计算标准不统一，不同企业物流成本不具有可比性。2006年国家标准《企业物流成本构成与计算》颁布实施后，企业物流成本的计算才有了统一、明确的依据，系统的物流成本管理工作才得以启动。

项目四　物流成本管理的研究内容

教学要点

利用网络、图书馆收集并了解有关物流成本管理的研究内容。

教学方法

可采用讲授、案例教学方法。

物流成本管理的研究内容包括物流成本预测、物流成本决策、物流成本计划、物流成本控制、物流成本核算、物流成本分析等内容。

一、物流成本预测

在物流成本管理中许多环节都存在成本预测问题,如仓储环节的库存预测、流通环节的加工预测、运输环节的货物周转量预测等。

现代成本管理着眼于未来,它要求做好事前的成本预测工作,制定出目标成本,然后据此对成本加以控制,以促进目标成本的实现。物流成本预测是企业正确进行物流成本决策和编制物流成本计划的前提条件。合理的物流成本预测可以提高物流成本管理的科学性和预见性。

二、物流成本决策

物流成本决策是指为了实现目标物流成本,在现有已知资料的基础上,借助一定的手段、方法,进行计算和判断,比较各种可行方案在不同状态下的物流成本,或将预测的物流成本与收益进行比较,从中选定一个技术上先进、经济上合理的最佳方案的过程。

从物流整个过程来看,物流成本决策包括配送中心新建、改扩建的决策,搬运设备、设施的决策,流通加工合理下料的决策等。进行物流成本决策、确定目标物流成本是编制物流成本计划的前提,也是实现物流成本事前控制、提高经济效益的重要途径。

三、物流成本计划

企业进行物流成本决策之后,就要根据企业经营目标编制物流成本计划。物流成本计划是以货币指标反映企业在计划期内物流活动情况的一项综合性计划。物流成本计划是根据成本决策所指定的方案、计划期的生产任务、降低成本的要求及有关资料,通过一定的程序,运用一定的方法,以货币形式规定计划期物流各环节耗费水平和成本水平,并提出保证成本计划顺利实现所采取的措施。物流成本计划是物流企业计划体系中的重要组成部分,是物流成本决策的具体化和数量化,同时也是企业组织物流成本管理工作的主要依据。

四、物流成本控制

物流成本控制是指在物流企业整个经营过程中,按照既定的目标,对构成物流成本的一切耗费进行严格的计算、调节和监督,及时揭示偏差,并采取有效措施纠正不利的差异,发展有利的差异,使物流成本控制在预定的目标范围之内。

从整个经营来看,物流成本控制包括物流成本的事前控制、事中控制和事后控制。

(1)物流成本事前控制是整个成本控制活动中最重要的环节,它直接影响到以后各作业流程成本的高低。事前成本控制活动主要有物流配送中心的建设控制,物流设施、设备的配备控制,物流作业过程的改进控制等。

(2)物流成本的事中控制是对物流作业过程中实际劳动耗费的控制,包括设备耗费的控制、人工耗费的控制、劳动工具耗费的控制和其他费用的控制等方面。

(3)物流成本的事后控制是通过定期对过去某个阶段物流成本控制的总结、反馈来控制物流成本。通过物流成本控制,可以及时发现存在的问题,采取纠正措施,保证成本目标的实现。

五、物流成本核算

物流成本核算是根据企业的成本核算对象,采用相应的成本核算方法,按规定的成本项目,将一系列的物流费用进行归集与分配,从而计算出各物流活动成本核算对象的实际成本和单位成本。通过物流成本核算,可以如实反映生产经营过程中的实际耗费;同时,它也是对各种活动费用实际支出的控制过程。

六、物流成本分析

物流成本分析是在成本核算及其他有关资料的基础上,运用一定的方法,揭示物流成本水平的变动,进一步查明影响物流成本变动的各种因素。通过物流成本分析,可以提出积极的建议,采取合理的措施,合理地控制物流成本。

项目五 物流成本相关理论学说

教学要点

利用网络、图书馆收集并了解物流成本相关理论学说。

教学方法

采用讲授等方法。

归纳国内外学术界对物流理论与实践的分析和研究,物流成本相关理论研究所涉及的问题复杂而繁多,但许多理论和学说已经形成了一定的共识,这些理论成果主要有以下几个方面:

一、"黑大陆"学说

在财务会计中先把生产经营费用大致划分为生产成本、管理费用、营业费用、财务费用，然后再把营业费用按各种支付形态进行分类。这样，在利润表中所能看到的物流成本在整个销售额中只占极小的比重，因此物流的重要性当然不会被认识到，这就是物流被称为"黑大陆"的一个原因。

鉴于物流成本管理存在的问题及有效管理对企业盈利和发展的重要作用，1962年，著名的管理学家彼得·德鲁克在《财富》杂志上发表了题为《经济的黑色大陆》一文，他将物流比作"一块未开垦的处女地"，强调应高度重视流通及流通过程中的物流管理。彼得·德鲁克曾经讲过"流通是经济领域的黑暗大陆"。德鲁克泛指的是流通，但由于流通领域中物流活动的模糊性特别突出，它是流通领域中人们认识不清的领域，所以"黑大陆"学说主要针对物流而言。

在"黑大陆"学说中，如果理论研究和实践探索照亮了这块黑大陆，那么摆在人们面前的可能是一片不毛之地，也可能是一片宝藏之地。"黑大陆"学说是对20世纪中叶经济学界存在的愚昧认识的一种批驳和反对，它指出在市场经济繁荣和发达的情况下，无论是科学技术还是经济发展，都没有止境。"黑大陆"学说也是对物流本身的正确评价，即这个领域未知的东西还很多，理论与实践皆不成熟。

二、"第三个利润源"说

"第三个利润源"的说法是日本早稻田大学教授、日本物流成本学说的权威学者西泽修在1970年提出的。

从历史发展来看，人类历史上曾经有过两个大量提供利润的领域。在生产力相对落后、社会产品处于供不应求的历史阶段，由于市场商品匮乏，制造企业无论生产多少产品都能销售出去，于是就大力进行设备更新改造、扩大生产能力、增加产品数量、降低生产成本，以此来创造企业剩余价值，即"第一利润源"。当产品充斥市场，供大于求，销售产生困难时，也就是第一利润达到一定极限，很难持续发展时，便采取扩大销售的办法寻求新的利润源泉。人力领域最初是廉价劳动，其后则是依靠科技进步提高劳动生产率，降低人力消耗或采用机械化、自动化来降低劳动耗用，从而降低成本，增加利润，称为"第二利润源"。然而，在这两个利润源潜力越来越小，利润开拓越来越困难的情况下，物流领域的潜力开始被人们重视，于是出现了西泽修教授的"第三个利润源"说。

这三个利润源着重开发生产力的三个不同要素：第一个利润源的挖掘对象是生产力中的劳动对象；第二个利润源的挖掘对象是生产力中的劳动者；第三个利润源的主要挖掘对象则是生产力中劳动工具的潜力，同时注重劳动对象与劳动者的潜力，因而更具全面性。

三、物流冰山说

物流冰山说是由日本早稻田大学西泽修教授提出来的，他潜心研究物流成本时发现，现行的财务会计制度和会计核算方法都不可能掌握物流费用的实际情况，因而人们对物流费用的了解是一片空白，甚至有很大的虚假性，他把这种情况比作"物流冰山"，如图1-1所示。

西泽修指出,盈亏计算表中"销售费用和管理费用"栏中记载的"外付运费"和"外付保管费"的现金金额,不过是冰山之一角。冰山的特点是大部分沉在水面以下,是看不到的黑色区域,即隐性成本;而看到的不过是它的一小部分,即显性成本。物流便是一座冰山,其中沉在水面以下的是看不到的黑色区域,而看到的不过是物流成本的一部分,人们过去之所以轻视物流,正是因为只看见了冰山的一角,而没有看见冰山全貌。

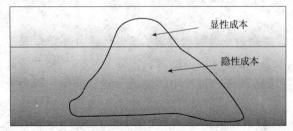

图 1-1 物流成本冰山学说示意图

在企业财务会计中,向企业外部支付的物流成本能体现出来,即为显性成本;而企业内消耗的物流成本一般是不能体现出来的,即为隐性成本。如果把会计报表中记载的物流成本,只认为是企业外部支付的部分,把它误解为"冰山全貌",企业就会面临险境。只有对物流成本进行全面计算,才能够解释清楚混在有关费用中的物流部分成本。

四、效益悖反理论

"效益悖反"又称二律悖反,原出希腊文 ANTINOMI,指规律中的矛盾,在相互联系的两种力量的运动规律之间存在的相互排斥、此消彼长的现象。效益悖反理论认为物流的若干功能要素之间存在着损益矛盾,即某一功能要素的优化和利益发生的同时,必然会存在另一个或几个功能要素的利益损失,反之也如此。物流系统的效益悖反主要包括物流成本与服务水平的效益悖反和物流各功能活动的效益悖反。

1. 物流成本与服务水平的效益悖反

一般来说,提高物流服务,物流成本即上升,它们之间存在着效益悖反;物流服务与物流成本之间并非呈现线性的关系,如图 1-2 所示,投入相同的成本并非可以得到相同的物流服务的增长。一般而言,当物流服务处于低水平阶段追加成本的效果较佳。

2. 物流各功能活动的效益悖反

物流的各项活动处于这样一个相互矛盾的系统中,想要较多地达到某个方面的目的,必然会使另一方面的目的受到一定的损失,这便是物流各功能活动的效益悖反。

例如,减少物流网络中仓库的数目并减少库存,必然会使库存补充变得频繁而增加运输的次数;简化包装,虽可降低包装成本,但却由于包装强度的降低,在运输和装卸的破损率也会增加,且在仓库中摆放时亦不可堆放过高,这样容易降低保管效率;将铁路运

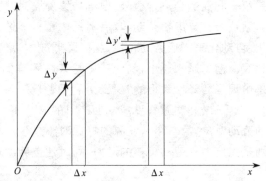

图 1-2 物流成本与服务水平的关系

输改为航空运输,虽然增加了运费,却提高了运输速度,不但可以减少库存,还降低了库存费用。所有这些都表明,在设计物流系统时,要综合考虑各方面因素的影响,使整个物流系统达到最优,任何片面强调某种物流功能的企业都将会蒙受不必要的损失。

由此可见,物流系统就是以成本为核心,按最低成本的要求,使整个物流系统化。它强调的是调整各要素之间的矛盾,把它们有机地结合起来,使成本变为最小,以追求和实现部门的最佳效益。

五、服务中心论

该理论是在"效益悖反"理论基础上,由欧美学者于 20 世纪 60 年代提出的,认为企业物流成本与物流服务水平存在悖反关系,企业在进行物流成本管理时并不能一味地强调节约耗费、降低成本,而应该立足于在保持和提高企业对客户服务水平的基础上,通过寻求物流成本与服务之间的平衡点,保持企业的整体竞争优势。服务中心论认为物流活动的最大作用并不在于为企业节约了成本或增加了利润,而是在于提高了企业对用户的服务水平,进而提高了企业的竞争力。该理论对物流的描述采用"后勤"一词,强调物流活动的保障职能,通过对企业竞争优势与能力的培养,从整体上压缩企业的综合经营成本和发展潜力。

六、成本中心说

物流在整个企业战略中,只对企业营销活动的成本发生影响。物流是企业成本的重要的产生点,是"降低成本的宝库",因而解决物流的问题,并不只要搞合理化、现代化,不只为了支持保障其他活动,重要的是通过物流管理和物流的一系列活动降低成本。所以,成本中心既是指主要成本的产生点,又是指降低成本的关注点,物流是"降低成本的宝库"等说法正是这种认识的形象表述。

七、战略中心论

战略中心论认为物流具有战略性。对企业而言,物流不仅是一项具体的操作性任务,还是发展战略的一部分。这一学说把物流提升到相当高的位置,认为物流会影响到企业总体的生存与发展,而不是在哪一个或哪几个环节搞得合理一些,节省了多少费用的问题,应该站在战略的高度看待物流对企业长期发展所带来的深远影响。

八、绿色物流论

绿色物流论是指从环境的角度对物流体系进行改进,形成环境共生型的物流管理系统。这种物流管理系统建立在维护地球环境和可持续发展的基础上,改变原来的经济发展与物流、消费生活与物流的单向作用关系,在抑制传统直线型的物流对环境造成的危害的同时树立与环境和谐相处的概念和全新理念,去设计和建立一个环型的、循环的物流系统,使到达物流末段的废旧物质能回到正常的物流过程中来。

九、系 统 论

1973 年,美国哈佛大学教授詹姆斯·海斯凯特在著作《企业物流》(Business Logistics)中,用系统论的方法对企业物流活动进行了深入的阐述。其主要观点有:企业各物流活动之间、物流与其他经营活动和客户服务之间存在着普遍的内在联系。所以在考察个别物流活动的变化时,应尽可能从总体和系统的角度进行比较,分析要素间的互动关系。他认为,对物流活动应当进行系统管理,要对各种物流活动成本及其相互关系,在既定的客户服务水平约束下,进行有效协调和权衡。也就是说,不管是显性成本,还是隐性成本,所有的物流活动和结果都可以换算成物流成本。该理论通过物流成本对物流活动进行管理,成为研究物流管理的切入点。

十、利润中心说

物流可以为企业提供大量直接和间接的利润,是形成企业经营利润的主要活动。对国民经济而言,物流也是国民经济中创利的主要活动。

任务小结

物流成本管理是物流管理的核心内容,无论采取什么样的物流技术与管理模式,其最终目的在于在保证一定物流水平的前提下实现物流成本的降低。本任务从介绍物流成本的概念入手,重点介绍了物流成本管理的内容和重要意义,使读者明确物流成本管理的任务及其目的和重要性。

物流成本管理在不同的国家或地区经历了不同的发展阶段。欧美、日本等国家或地区无论在物流成本管理的实践还是在其研究领域均走在世界的前沿。本任务介绍了这些国家或地区的物流成本管理的历史及其发展,并在此基础上分析了我国物流成本的发展状况,使读者对中外物流成本管理有基本的了解。

本任务最后介绍了与物流成本有关的理论学说,使读者对物流成本管理的重要性、特征等有了更加深刻的认识,为以后的深入学习奠定坚实的理论基础。

思考与练习

1. 简答题

(1) 什么是物流成本? 开展对物流成本的课堂讨论。
(2) 物流成本是由哪些内容构成的?
(3) 如何理解物流成本的特征?
(4) 物流成本管理是什么? 如何进行成本管理?
(5) 为什么要进行物流成本管理?
(6) 以课堂讨论的形式对物流成本管理相关学说进行总结。

2. 案例分析题

中国企业的物流成本

物流产业的发展已成为21世纪中国经济发展的一个重要的产业部门和新的经济增长点,它对我国市场经济体制的建立和完善都起到积极的保证和促进作用。但在世界经济一体化的逐步推进及物流行业放开后跨国物流企业纷纷抢滩中国市场的背景下,我国物流企业将面临巨大的、全方位的国际竞争压力。

根据中国仓储协会的一项调查显示,中国有45.3%的企业面临物流成本过高的压力;同时中国的物流企业多数是由传统的仓储企业转变而来,服务方式和手段比较原始和单一,技术装备和管理手段仍比较落后,难以提供"门对门"的一站式服务,只能简单地提供运输(送货)和仓储服务;更缺乏必要的服务规范和内部管理规程,经营管理粗放,不能实现产业化,低效率、高投入,不能从根本上降低企业的运营成本、节约社会资源、创造更多的价值。

目前我国海关信息化管理系统先进性超过美国,高速公路里程全球第二,但为什么我国的物流成本还会居高不下?

商务部部长助理黄海说,流通效率低是中国普遍存在的问题,我们国家的物流成本很高,几乎高出发达国家一倍,很难具有国际竞争力。

例如,没有一个合理的运输体系设计,是物流成本居高不下的主要原因。数据研究表明,57.9%的生产企业以及51.7%的物流企业车辆空驶率在30%~50%。这种运输车辆去时满载、回时空载,空驶率过高,而空载的费用耗用则被分摊到总成本中,总成本必然居高不下。

再如,物流基础建设规划缺少合理统筹。内陆交通运输设施建设缓慢,特别是集装箱运输中转站发展较慢,集装箱"门对门"的多式联运未得到充分发展。目前,我国内地进出口货物有70%左右是由内地以散杂货形式集运到香港,再拼箱或拆箱后以散杂货形式运到内地。这无疑又提高了物流成本。

此外,由于存在各自为政的物流建设现象,使企业面临不断重新装卸、运输和组织,进而造成更多成本耗用,其中还包括时间成本。基础资源分割最直接的后果是,企业往往选择单一途径运货,以避免衔接中产生新的成本。比如,只用公路运输,这也是公路超载超限屡禁不止的重要原因。

再者,中国物流企业数量繁多,但质量普遍不高。由于我国企业对物流业务流程的不熟悉,也导致了个别企业物流成本加大。

那么,在降低物流成本方面,有何经验可供借鉴呢?

第一,建立物流成本数据库。要实现物流成本的降低,首先,必须了解物流的实际情况,通过物流成本数据库来对物流系统进行分析。有了基础数据,就有了比较基础,就可以发现问题并加以改进;有了比较基础,才可能制定目标,建立新的物流系统。

第二,明确物流成本的构成与归属。企业物流成本的全貌应该包括支付形态、运作范围和功能形式三部分。就支付形态而言,它包括:人工、材料耗用、运输设施和仓库折旧、合理损耗、资金占用利息、管理费用、委托外包等。就功能形式而言,它包括:包装、搬运、保管、装卸、流通加工、信息交换、物流管理等。

第三,建立完善的管理模式,以降低物流成本。根据不同企业的性质,要设计符合自己特点的管理方法对物流活动实施管理,以实现降低物流成本的目的。

以联想集团为例,联想集团在沪成功运作 VMI(Vendor Managed Inventory,供应商管理库存)物流管理模式,实行一年多来,已较先前节省了九成物流成本,联想集团的国际竞争力因此得到明显的提高。

自 2004 年 3 月起,联想集团与第三方物流企业伯灵顿全球货运物流有限公司开展 VMI 项目合作,联想将其从国外采购来的电脑零配件存放于伯灵顿设在外高桥保税区的仓库内,根据生产需求,再将货物发送至上海联想电子有限公司进行装配加工。为力促联想集团 VMI 管理模式在上海顺利运作,上海海关设立了快速转关通道,实施 7(天)×24 小时全程通关。通过海关仓储电子监管系统实现 VMI 仓库与海关联网,随时申报,方便货物入出库。伯灵顿与联想 VMI 项目在海关监管下实现自动数据交换,企业及时掌握库存变化情况,提高市场反应速度。

到 2005 年上半年,从伯灵顿公司仓库运至上海联想电子有限公司的货物共计 520 余票,整体物流运作时间从原先的 30~100 小时缩至 3~5 小时,库存周转期从 7~10 天缩至半天。

第四,资源整合。前面提到过,物流资源配置效率低下是导致物流成本居高不下的一个重要方面。由于物流资源不能有效配置,我国物流效率低下,资源浪费严重。因此,必须对原有的物流资源实施整合,使其效率最大化。

以汽车行业为例,作为企业营运成本的组成部分,中国汽车企业的物流成本占据了相当大的比重。有数据显示,欧美汽车制造企业的物流成本占销售额的比例是 8% 左右,日本汽车厂商只有 5%,而中国汽车生产企业这一数字普遍在 15% 以上。可见,中国汽车企业的物流成本明显偏高。

由于目前大部分汽车生产企业的物流活动以公路运输为主,运输成本的偏高大大加重了企业的负担,使企业物流成本所占比率过高,企业竞争能力也因此受到影响。一汽丰田销售公司副总经理王法长指出:产品物流成本在一汽丰田的产品中所占比例很大,由于是单向运输,第三方运输企业的优势没有体现,空驶回程浪费的成本太多,而只能让厂家倒贴。

有资料显示,从长春运输到广州的轿车,每辆车的陆路运输成本为 3800~4000 元,而海运只需要 2500~2800 元,比陆路运输节省 30% 的成本。但在目前中国汽车工业每年轿车产量超过 500 万辆的背景下,只有不到 10% 的汽车运输通过水路完成。

因此,根据企业货物的多少和运输距离来调整水路和陆路运输比重,使其达到一个合理的比例对于许多汽车企业来说已经是当务之急。

任务二　物流成本核算

内容简介

本任务首先介绍了物流成本核算的内容及成本核算的程序,然后具体介绍了几种物流成本核算的方法;最后简单介绍了隐性成本核算的方法及我国物流成本核算中存在的问题。

教学目标

1. 知识目标
(1)理解物流成本核算的含义;
(2)掌握物流成本核算的一般方法;
(3)理解及掌握隐形成本的计算;
(4)理解物流成本核算中存在的问题。
2. 技能目标
(1)能够运用所学知识分析案例;
(2)正确应用一定的方法对物流成本进行核算。

案例导入

家电生产企业的物流成本核算

某家电生产企业拥有4个产品事业部,分别是电视、冰箱、洗衣机和空调事业部。4个事业部的产品统一由销售公司销售,销售公司的销售网络遍布全国,有7个销售分公司。销售公司不仅负责4类产品的销售推广和销售组织,也全面负责销售物流的组织与管理。整个企业的销售物流成本没有进行单独的核算,包括运输费用、仓储费用、物流管理费用等在内的销售物流成本大部分都分散在企业"销售费用"账户的各个费用项目中。

为了加强物流管理,适应商流与物流分离的发展趋势,企业提出把销售物流职能从销售公司中分离出去,成立单独的物流公司,由物流公司以第三方物流的形式开展公司的物流销售业务。为了更好地进行决策,公司的决策层要求财务部门提供一份目前的物流成本实际发生额信息。由于过去没有对物流成本进行单独核算,财务人员只能统计出外包的运输和仓储业务的成本,而不能明确地提供整个销售物流成本的全面情况。于是,企业决策层以及财务人员都认识到物流成本的核算对于企业作出物流管理决策以及进行物流系统优化的重要性,准备在下一个会计期开始进行物流成本的核算。

为了更好地进行物流成本的核算,财务经理认真学习了有关物流管理和物流成本的知识。他认为物流成本可以按照物流范围、物流成本支付形态或者物流功能等作为成本核算对象进行核算。

考虑到销售物流与各个事业部以及销售公司都有关系,财务经理又就物流成本的核算对象问题征求了各事业部和销售公司有关领导的意见。各事业部领导的意见是：事业部管理的体制应该越来越完善，因此，物流成本的核算也应该按照各个事业部作为成本核算对象，也就是说应该分别核算电视、冰箱、洗衣机和空调4类产品的物流成本，以利于各事业部的内部利润核算以及绩效考核。而销售公司的总经理认为，为了更好地对下属销售分公司进行管理控制，物流成本的核算应该以各个分公司作为物流成本的核算对象，分别核算各区域的物流成本。而负责销售费用会计核算的会计人员则认为，由于目前的销售费用是按照人工费、材料费、折旧费、差旅费、办公费等费用项目进行核算的，因此，他建议物流成本的核算口径应该与之相对应，也就是按照费用项目来进行物流成本的核算，这样物流成本的核算才更有可操作性，否则，难度会比较大。

在这么多意见中，财务经理一时也很难确定物流成本的核算对象和核算方式。于是，他拜访了一位物流成本管理专家。专家了解情况之后，向财务经理说了下面一番话："企业物流成本核算的最终目标肯定是降低物流成本，但是如何实现物流成本的降低呢？必然是通过各种管理手段来实现。物流成本核算对象的确定要根据你的企业管理的要求来确定，比如通过对各区域分公司物流成本的绩效考核来进行物流成本的控制，那么就应该按区域作为物流成本核算对象；如果你的企业想完善事业部制度，加强事业部的内部利润考核，就应该以各事业部作为物流成本核算的对象；如果是要进行物流系统的完善，就最好按照物流功能作为成本核算的对象，等等。总而言之，物流成本核算对象的确定要根据你的企业自身的管理要求决定。确定成本核算对象之后，物流成本核算方法的选择就简单了。你是财务专家，核算方法的选择对你来说不是问题。"

资料来源：鲍新中. 物流成本管理与控制. 北京：电子工业出版社，2006.

引导思路

（1）你认为物流成本核算的对象有哪些？

（2）你认为这位财务经理应该如何进行物流成本核算？

项目一　物流成本核算的认知

教学要点

利用网络，收集有关物流成本核算的资料。

教学方法

可采用讲授、分组讨论等方法。

一、物流成本核算的概念

物流成本核算是根据企业确定的成本计算对象，采用相应的成本计算方法，按照规定的成本项目，通过一系列物流费用的汇集与分配，从而计算出各物流环节成本计算对象的实际总成本和单位成本。

二、物流成本的核算对象

计算物流成本,首先要明确物流成本核算对象。物流成本核算对象是指企业或成本管理部门为归集和分配各项成本费用而确定的、以一定期间和空间范围为条件而存在的成本核算实体。成本计算对象的选取不同,得出的物流成本的计算结果也就不同。因此,正确地确定成本计算对象,是进行成本核算的基础。

总的来说,物流成本核算的对象有以下几种:

1. 以某一物流成本项目为对象

它是指把一定时期的物流成本,从财务会计的计算项目中抽出,按照成本费用项目进行分类计算。方法是将企业的物流成本分为企业自家物流费、委托物流费和外企业代垫物流费等项目分别进行计算。其中,企业自家物流费包括按相应的分摊标准和方法计算的为组织物流活动而发生的材料费、人工费、燃料费、办公费、维护费、利息费、折旧费等;委托物流费包括企业为组织物流向外单位支付的包装费、保管费、装卸费等;外企业代垫物流费包括在组织原材料(商品)采购和商品销售过程中由外单位(企业)代垫的物流成本。

2. 以某种物流功能为对象

它是指根据需要,以包装、运输、存储等物流功能为对象进行计算。这种核算方式对于加强每个物流功能环节的管理,对于提高每个环节作业水平,具有重要的意义,而且可以计算出标准物流成本(单位个数、质量、容器的成本),进行作业管理,设定合理化目标。将物流功能作为成本核算对象,可以核算得到的物流成本信息如表 2-1 所示。应该注意的是,尽管这里按照物流的每项功能进行物流成本的归集,但一般仍然可以得到每项物流功能成本中各个成本项目的构成,因为按照成本费用项目进行成本的分类是最基本的成本分类方法。

按功能核算物流成本 表 2-1

成本项目 \ 功能		运输	保管	装卸	包装	流通加工	物流信息	物流管理	合计
企业内部物流成本	材料费								
	人工费								
	维修费								
	水电费								
	…								
	其他								
小 计									
委托物流费									
合 计									

3. 以某一服务客户作为核算对象

这种核算方式对于加强客户服务管理、制定有竞争力且有营利性的收费价格是很有必要的。特别是对于物流服务企业来说,在为大客户提供物流服务时,应认真分别核算对各个大客户提供服务时所发生的实际成本。这有利于物流企业制定物流服务收费价格,或者为不同客户确定差别性的物流水平等提供决策依据。按客户进行物流成本核算可以得到的物流成本信息,如表2-2所示。从表2-2中可以看到,对于大客户,可以独立设置账户核算其发生的物流成本,以进行有效的管理;如果物流企业服务的对象还包括许多中小客户,则可以把这些客户进行分类(如按照同类产品归类,或者按照同等服务水平要求归类),统一核算物流成本,然后按照归类的属性再将成本分摊给这些客户,以有效地进行每个客户的成本与收费价格的管理,也有利于进行有效的物流服务水平管理。

按成本核算物流成本 表2-2

成本项目 \ 功能		A大客户	B大客户	…	N大客户	P类中小客户	P类中小客户	其他客户	合计
企业内部物流成本	材料费								
	人工费								
	维修费								
	水电费								
	…								
	其他								
小计									
委托物流费									
合计									

4. 以某一产品为对象

这主要是指货主企业在进行物流成本核算时,以每种产品作为核算对象,计算为组织该产品的生产和销售所形成的物流成本。以产品作为物流成本计算对象主要适用于生产流通企业。它是指生产流通企业在物流成本计算时,可以以产品作为成本计算的对象,计算为组织该产品的购、产、销等过程中所形成的物流成本,据此可进一步了解各产品的物流成本开支情况,以便进行重点管理。以产品为物流成本核算对象的成本汇总表与表2-1和表2-2类似,这里不再列出。

5. 以企业生产的某一过程为对象

如以供应、生产、销售、退货等某过程为对象进行核算,它的主要任务是从材料采购费及企管费中抽出供应物流成本,如材料采购账户中的外地运输费、企管费中的市内运杂费、原材料仓库的折旧修理费、保管人员的工资等;从基本生产车间和辅助生产车间的生产成本、制造费用及企业管理费等账户中抽出生产物流成本,如人工费部分按物流人员比例或物流工时比例确定计入,折旧费、大修费按物流固定资产占用资金比例确定计入;从销售费用中抽出销售物流成本,如销售过程中发生的运输、包装、装卸、保管、流通加工等费用和委托物流费等。这样就可以得出物流成本的总额,可使企业经营者一目了然地了解各范围(领域)物流成本的全貌,并据此进行比较分析。

6. 以某一物流部门为对象

以部门作为物流成本计算对象获取物流成本信息,对于内部划分子运输部门、仓储部门、装卸搬运等部门的企业而言,意义尤为重大。这种物流成本计算对象便于明确物流成本责任中心,有利于开展物流责任成本管理。通过对不同责任部门物流成本的趋势分析,了解各责任中心物流成本的升降趋势,可进一步为部门绩效考核提供依据。如以仓库、运输队、装配车间等部门为对象进行核算。这种核算对加强责任中心管理,开展责任成本管理方法及对于部门的绩效考核是十分有利的。

7. 以某一地区为对象

核算在该地区组织供应和销售所形成的物流成本,据此可进一步了解各地区的物流成本开支情况,以便进行重点管理。对于销售或物流网络分布很广泛的物流企业或者产品分销企业来说,这种以地区为物流成本核算对象的成本核算就显得更加重要,它是进行物流成本日常控制、各个地区负责人绩效考核及其他物流系统优化决策的有效依据。以地区为核算对象的物流成本汇总信息如表 2-3 所示。从该表中可以看出,管理者不仅可以获得每个地区的物流总成本,还可以得到物流成本按照物流功能(运输费、仓储费、配送费、流通加工费等)的构成情况。实际上,企业也可以按照每个地区物流成本的成本项目构成进行物流成本的归集。

按地区核算物流成本汇总信息　　　　　表 2-3

成本项目 \ 功能		东北分公司	华北分公司	西北分公司	西南分公司	华南分公司	华东分公司	中南分公司	合计
企业内部物流成本	运输								
	保管								
	装卸								
	包装								
	…								
	物流管理								
小计									
委托物流费									
合计									

三、物流成本核算对象的三个基本构成要素

1. 物流成本核算期

成本核算期,是指汇集生产经营费用、计算生产经营成本的时间范围。物流活动是连续不断地进行的,难以对某一项物流经营活动确定经营期和单独计算成本,必须截取其中的一段时间作为汇集物流经营费用、计算物流成本的时间范围。这个时间范围就是物流成本核算期。一般以月份为计算期,也可以以季、年为计算期,对于一些特殊的物流活动也可以用经营周期作为成本核算期,应当视具体情况而定。

2. 物流成本核算空间

成本核算空间是指成本费用发生并能组织企业成本核算的地点或区域。企业的物流成本核算空间的划分一般是指物流功能范围和物流活动范围,是物流成本核算的具体内容,即应取哪些成本费用项目来进行物流成本核算。根据物流成本分析与控制的需要,从物流活动范围的角度看,供应物流费、企业内物流费、销售物流费、回收物流费和废弃物物流费中的哪些应纳入物流成本核算范围;从物流功能范围的角度看,在运输、装卸搬运、仓储、包装、流通加工、配送等物流功能中,应选取哪些功能作为物流成本核算对象。

3. 物流成本承担实体

成本承担实体是指其发生并应合理承担各项费用的特定经营成果的体现形式。物流成本的承担实体应根据具体情况,可以是某一类作业、某一客户、物流责任中心等,主要的承担实体是各种不同类型的物流活动或物流作业。

四、物流成本核算程序

物流成本核算的一般程序是指对企业在生产经营过程中发生的各项物流费用,按照成本核算的要求,逐步进行归集和分配,最后计算出各项期间费用、物流总成本和各种成本对象的物流成本的基本过程。根据前述的物流成本计算原则、要求和费用的分类,可将物流成本计算的一般程序归纳为如下8个方面。

1. 明确物流范围

物流范围作为成本的计算领域,是指物流的起点和终点的长短。人们通常所讲的物流有:

(1) 原材料物流,即原材料从供应商转移到工厂时的物流;

(2) 工厂内物流,即原材料、半成品、产成品在企业的不同工序、不同环节的转移和存储;

(3) 从工厂到仓库的物流;

(4) 从仓库到客户的物流,这个范围相当广阔。

所以,从哪里开始到哪里为止,作为物流成本的计算对象,会引起物流成本发生很大的变化。

2. 确定物流功能范围

物流功能范围,是指在运输、保管、配送、包装、装卸、信息管理等众多的物流功能中,把哪种物流功能作为计算对象。可以想象,把所有的物流功能作为计算对象的成本与只把运输、保管这两种功能作为计算对象,所得到的成本会相差悬殊。

3. 审核原始记录

成本核算是以有关的原始记录为依据的,如计算材料费用的领料单或领料登记表、计算工资费用的考勤记录和业务量记录等。为了保证成本核算的真实、正确和合法,成本核算人员必须严格审核有关的原始记录。审核其内容是否填写齐全,数字计算是否正确,签章是否齐全,费用应不应该开支,所耗费用的种类和用途是否符合规定,用量有无超过定额或计划等。只有经过审核无误后的原始记录才能作为成本计算的依据。

审核原始记录要对企业发生的各项支出进行严格的审核和控制,并按照国家的有关规定确定其是否计入物流成本,以及应计入生产成本还是期间费用。也就是说,要在对各项支出的合理性、合法性进行严格审核、控制的基础上,对不符合制度和规定的费用,以及各种浪费、损失等加以制止或追究经济责任。

4. 确定成本计算对象

成本计算的过程,就是按照一定的成本计算对象分配、归集物流费用的过程。成本计算对象是指成本计算过程中归集、分配物流费用的对象,即物流费用的承担者。成本计算对象不是由人们主观随意规定的,不同的生产经营类型从客观上决定了不同的成本计算对象。企业可以根据自己生产经营的特点和管理要求的不同,选择不同的成本计算对象来归集、分配物流费用。确定成本计算对象,是设置成本明细账、分配物流费用和计算物流成本的前提。不同的成本计算对象,也是区分不同成本计算方法的主要标志。

5. 确定成本项目

为了正确反映成本的构成,必须合理地规定成本项目。成本项目要根据具体情况与需要设置,既要有利于加强成本管理,又要便于正确核算物流成本。企业一般应设置直接材料、燃料及动力、直接人工和间接费用等成本项目。在实际工作中,为了使成本项目更好地适应企业的生产经营特点和管理要求,企业可以对上述成本项目进行适当的调整。在规定或者调整成本项目时,应考虑以下几个问题:

(1)各项费用在管理上有无单独反映、控制和考核的需要;

(2)各项费用在物流成本中所占比重的大小;

(3)某种费用专设成本项目所增加的核算工作量的大小。

对于管理上需要单独反映、控制和考核的费用,以及在物流成本中所占比重比较大的费用,应专设成本项目;否则,为了简化成本核算工作,不必专设成本项目。

6. 处理跨期费用的摊提工作

跨期费用是指按照权责发生制原则,虽在本期支付但应由本期和以后各期共同负担的物流费用,以及本期尚未支付但应由本期负担的物流费用。对于这类物流费用,在会计核算上采用待摊或预提的办法处理。将在本月开支的成本和费用中应该留待以后月份摊销的费用,计为待摊费用;将在以前月份开支的待摊费用中本月应摊销的成本和费用,摊入本月成本和费用;将本月尚未开支但应由本月负担的成本和费用,预提计入本月的成本和费用。

7. 进行成本归集和分配

从一定意义上讲,物流成本计算,就是成本归集和成本分配两大工作。首先是成本归集,然后是成本分配。两者是密切联系、交错进行的。

物流成本的归集,是指对企业生产经营过程中所发生的各种物流费用,按一定的成本位置和成本对象,如各种产品、作业各个车间或部门所进行的成本数据的收集或汇总。对于直接材料、直接人工,应按成本计算对象,如物流服务的品种、批次、步骤进行归集;而对于间接费用,则应按发生地点或用途进行归集,然后再计入各成本对象的成本。

在有多个物流成本计算对象的情况下,为求得各成本计算对象的成本,对不能直接计入成本计算对象的费用,在按照费用发生的地点和用途归集后,按一定分配标准进行分配。成本的分配,是指将归集的间接成本分配给成本对象的过程,也叫间接成本的分摊或分派。

成本分配要使用某种参数作为成本分配基础。成本分配基础是指能联系成本对象和成本的参数。可供选择的分配基础有许多,如人工工时、机器台时、占用面积、直接人工工资、订货次数、采购价值、品种数、直接材料成本、直接材料数量等。

例如,用生产工时比例法对成本进行分配:

【例 2-1】 某车间生产甲、乙两种产品,共发生制造费用 4200 元。甲产品实际耗用生产工时 24000 小时,乙产品实际耗用工时 32000 小时。

制造费用分配率 = 制造费用总额/各产品生产工时之和

$$= 4200/(24000 + 32000) = 0.075$$

甲产品应分配的制造费用 = 24000 × 0.075 = 1800 元

乙产品应分配的制造费用 = 32000 × 0.075 = 2400 元

8. 设置和登记成本明细账

为了使成本核算结果真实、可靠、有据可查,成本计算的过程必须要有完整的记录,即通过有关的明细账或计算表来完成计算的全过程。要正确计算各种对象的成本,必须正确编制各种费用分配表和归集的计算表,并且登记各类有关的明细账,这样才能将各种费用最后分配、归集到成本的明细账中,计算出各种对象的成本。

物流成本核算程序是指从物流费用发生开始,到计算出物流总成本和单位成本对象的成本为止的整个成本计算的步骤。物流成本计算的基本步骤如图2-1所示。

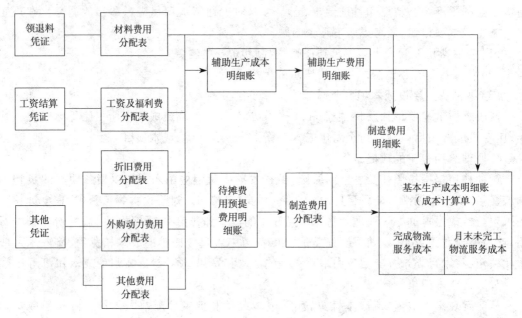

图 2-1　物流成本计算的基本步骤

项目二　物流成本核算的一般方法

教学要点

利用网络、图书馆,收集有关物流成本核算方法的资料。

教学方法

可采用讲授、案例教学和例题解答等方法。

一、物流成本核算的一般方法

对于物流成本计算可以采用会计核算方法和统计方法。

1. 会计核算方法

所谓会计核算方法,就是通过凭证、账户、报表对物流耗费予以连续、系统、全面的记录、计算和报告的方法。会计核算方法的物流成本计算,具体包括两种形式:

一是双轨制,即把物流成本核算与其他成本核算截然分开,单独建立物流成本核算的凭证、账户、报表体系,对每项物流业务,由基层编制一式两份记账凭证,一份与原始凭证交财务,一份留基层,如图2-2所示。在单独核算的形式下,物流成本的内容在传统成本核算和物流成本核算中得到双重反映。

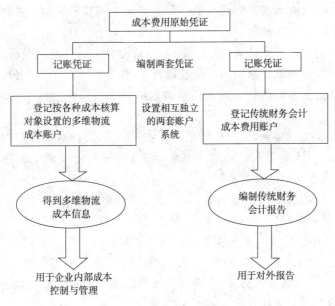

图 2-2 双轨制物流成本核算模式示意图

二是单轨制,即物流成本核算与企业现行的其他成本核算,如产品成本核算、责任成本核算、变动成本核算等结合进行,建立一套能提供多种成本信息的共同的凭证、账户、报表核算体系,如图 2-3 所示。在这种情况下,要对现有的凭证、账户、报表体系进行较大的改革,需要对某些凭证、账户、报表的内容进行调整,同时还需要增加一些凭证、账户和报表。这种结合无疑是比较困难的,但不是不可能。

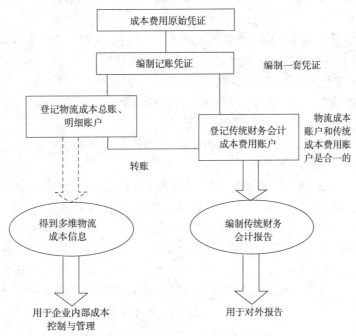

图 2-3 单轨制物流成本核算模式示意图

会计核算方法的优点是提供的成本信息比较系统、全面、连续、准确和真实。但采用这种方法计算物流成本复杂,工作量大,需要在不违反现行财务会计制度的前提下,设计新的凭证、账户和报表体系,或者需要对现有的体系进行较大的甚至是彻底的调整。

2. 统计方法的物流成本核算

所谓统计方法的物流成本核算,是在不影响当前财务会计体系的基础上,通过对有关物流业务的原始凭证和单据进行再次的归类整理,从中抽出物流成本的部分,然后再按物流管理的要求对上述费用按不同的物流成本核算对象进行重新归类、分配、汇总,加工成物流管理所需的成本信息。

统计方式的物流成本核算,平时不需进行额外的处理,会计人员按照财务会计制度的要求进行会计核算,在会计期末(月末、季末或者年末)才进行物流成本的统计计算。具体来说,统计方法物流成本核算的基本步骤如下:

(1) 通过材料采购、管理费用账户的分析,抽出供应物流成本部分,如材料采购账户中的外地运输费、管理费用账户中材料的市内运杂费、原材料仓库的折旧修理费、库管人员的工资等,并按照功能类别或者支付形态类别进行统计核算。

(2) 从生产成本、制造费用、辅助生产、管理费用等账户中抽出生产物流成本,并按照功能类别、形态类别进行分类核算,如人工费部分按照物流人员的数量或者工作量占全部人员或者工作量的比例确定物流作业成本。

(3) 从销售费用中抽出销售物流成本部分,具体包括销售过程中发生的运输、包装、装卸、保管、流通加工等费用。

(4) 企业对外支付的物流成本部分。根据企业实际订货情况确定每次订货的装卸费、运输成本、专门为该次订货支付的包装费用等,有时,企业还需要为外购货物支付仓储费。

(5) 物流利息的确定,可以按照企业物流作业占用资金总额乘以同期银行存款利率上浮一定的百分比或者企业内部收益率来计算。其实质是计算物流活动占用资金的机会成本。

(6) 从管理费用中抽出专门从事物流管理的人员耗费,同时推算企业管理人员用于物流管理的时间占其全部工作时间的比例。由于客户退货成本及相应物流成本都计入管理费用,也应该在计算物流成本时,将退货物流成本剥离出来。

(7) 废弃物流成本较小时,可以将其并入其他物流成本一并计算。核算物流成本时总的原则是,单独作为物流作业所消耗的费用直接计入物流成本,间接为物流作业消耗的费用以及为物流作业和非物流作业同时消耗的费用,应按照从事物流作业人员比例、物流工作量比例、物流作业所占资金比例等确定。

与会计核算方法的物流成本核算比较,由于统计方法的物流成本核算没有对物流耗费进行系统、全面、连续的计算,因此,虽然其计算较简便,但其结果的精确度受一定的影响。

3. 会计核算和统计相结合的物流成本核算方法

采用会计核算与统计相结合获得物流成本数据的方法,就是指物流耗费的部分数据采用会计核算方法获得,另外一部分内容通过统计方法核算。运用这种方法也需要设置一些物流成本账户,但不像第一种方法那样全面、系统,而且这些物流成本账户不纳入现行成本核算的账户体系,对现行成本核算来说,它是一种账外核算,具有辅助账户记录的性质。具体做法如下:

(1) 设置物流成本辅助账户。按照物流活动范围设置供应、生产、销售和退货、回收、废弃物流成本二级明细账户(物流成本总账是一级账,核算企业发生的全部物流成本),在各明细账户下按照物流功能设置运输费、保管费、装卸费、流通加工费、包装费及物流信息费和物流管理费等三级账户,并按照费用支付形态设置人工费、材料费、办公费、水电费、维修费等专栏。实际上账户的设置不是固定的,而是可以根据企业自身的要求来确定。

(2)对相关的物流成本辅助账户进行登记。对现行的成本核算体系中已经反映但分散于各科目之中的物流成本,如计入管理费用中的对外支付的材料市内运杂费、物流设施设备的固定资产折旧、本企业运输车队的费用、仓库保管人员的工资、产成品和原材料的盘亏损失,计入制造费用的物流人员工资及福利、物流相关固定资产折旧、修理费、保险费、在产品盘亏或毁损等,在按照会计制度的要求编制凭证、登记账簿、进行正常成本核算的同时,据此凭证登记相关物流成本辅助账户,进行账外的物流成本核算。

【例2-2】 企业以银行存款支付购进材料账款及运输费用共9000元,其中材料买价8000元,运费1000元。企业可根据这项业务做如下会计分录:

  借:材料采购　　　　8000
    物流成本　　　　1000
   贷:银行存款　　　　9000

据此分录,一方面登记材料采购和银行存款账户,另一方面在有关的物流成本总账、二级账、三级账户中登记。

(3)对于现行成本核算中没有包括但应该计入物流成本的费用,根据有关统计资料进行计算,并单独设置台账反映。其计算方法与统计方式下的计算方法相同。

(4)月末根据各物流成本辅助账户所提供的资料编制范围类别、功能类别、形态类别等各种形态的物流成本报表。

这种方法的优点是:物流成本在账外进行计算,既不需要对现行成本核算的账表系统进行系统的调整,又能相对全面地提供物流成本资料,方法也较为简单,易于财会人员采用。它没有会计方式的物流成本核算方法复杂,操作相对简单,但可能没有会计方式得到的成本信息准确;而与统计方式的物流成本核算相比较,这种方法提供的物流成本信息相对准确,但要比统计方式的物流成本核算要复杂一些。

二、产品成本计算方法

"产品"在这里是广义的。实际上,它是指企业的产出物,即最终的成本计算对象,它不仅可以指企业生产的产成品,还可以指企业提供的劳务,如运输、保管、装卸、包装等,因而"产品"是指企业最终完成的各项物流服务。

产品成本是在生产经营过程中形成的,产品的生产经营过程和生产组织不同,所采用的产品成本计算方法也应该有所不同。计算产品成本是为了加强成本管理,因而还应该根据管理要求的不同,采用不同的产品成本计算方法。因此,企业只有按照自己生产经营的特点和管理要求,选用适当的成本计算方法,才能正确、及时地计算产品成本,为成本管理提供有用的成本信息。

最基本的成本计算方法有品种法、分批法、分步法。

1. 品种法

这是一种以产品的品种(如劳务作业种类)作为成本计算对象来归集生产经营费用,计算产品成本的计算方法。这种方法适用于大量、大批、单步骤的企业,也可用于不需要分步骤计算成本的多步骤、大量、大批的企业。在品种单一的情况下,可采用简单法计算产品成本。在生产经营多品种的情况下,就需要按产品的品种分别设置成本明细账。

对于物流活动的产品成本计算,常常用到品种法中一种计算工作比较简单的方法。这种方法一般运用于大量大批单步骤的简单生产,如运输作业等。这类生产往往品种单一,封闭式生产,月末一般没有在产品存在。即使有在产品,数量也很少,所以一般不需要将生产经营费用在完工产品与在产品之间进行划分。当期发生的物流费用总和就是该种完工产品的总物流成本。总物流产品除以作业量,就可以计算出该产品的单位成本。在这种简单的方法下,生产经营中发生的一切费用都属于直接费用,可以直接计入该种产品成本。由于简单法不存在完工产品与在产品成本划分的问题,计算方法比较简单,故称为简单法。

【例 2-3】 某运输企业有 10 辆客运汽车和 2 辆货运汽车,企业以客运、货运划分产品品种,分别计算客运、货运的成本。6 月份发生制造费用 135000 元,根据生产费用凭证及汇总表登记制造费用明细账如表 2-4 所示。

某运输企业制造费用明细表(单位:元)　　　　　表 2-4

月份	工资和福利费	折旧费	修理费	办公费	水电费	其他	合计
6月份	4000	36000	12000	41000	37000	5000	135000

制造费用按生产工人工资为标准分配计入客运和货运中,制造费用分配表如表 2-5 所示。

某运输企业制造费用分配表(单位:元)　　　　　表 2-5

产品	直接工资	分配率	分配额 = 制造费用 × 分配率
客运	10000		15000
货运	80000		120000
合计	90000	1.50 = 135000/90000	135000

根据生产费用凭证及汇总表和制造费用分配表登记客运生产成本明细账、货运生产成本明细账表 2-6 和表 2-7 所示。

客运生产成本明细账(单位:元)　　　　　表 2-6

月　份	直接材料	直接工资	制造费用	合　计
6月份	25000	10000	15000	50000

货运生产成本明细账(单位:元)　　　　　表 2-7

月　份	直接材料	直接工资	制造费用	合　计
6月份	100000	80000	1200000	300000

最后,编制客运成本、货运成本计算单如表 2-8 和表 2-9 所示。

客运成本计算单　　　　　表 2-8

成本项目	总成本(元)	单位成本(元/辆)
直接材料	25000	2500
直接人工	10000	1000
制造费用	15000	1500
合　计	50000	5000

货运成本计算单   表2-9

成本项目	总成本(元)	单位成本(元/辆)
直接材料	100000	50000
直接人工	80000	40000
制造费用	120000	60000
合计	300000	150000

2. 分批法

产品成本计算的分批法,是一种按照产品批别(如劳务作业的批次)归集生产经营费用,计算产品成本的方法。它主要适用于单件小批,管理上不要求分步骤计算成本的多步骤的作业。

分批法成本计算的主要特点如下:

(1)成本计算对象是产品的批次(单件生产为件别)。

在小批和单件生产中,产品的种类和每批产品的批量,大多是根据用户的订单确定的,因而按批、按件计算产品成本,往往也就是按照订单计算产品成本。因此,这种方法又称为订单法。

(2)在分批法下,为了保证各批产品成本计算的正确性,各批产品成本明细账的设立和结算,应与生产任务通知单的签发和结束紧密配合,因此产品成本计算是不定期的。成本计算期与产品生产周期基本一致,而与核算报告期不一致。

(3)在分批法下,由于成本计算期与产品的生产周期基本一致,因而在计算月末产品成本时,一般不存在完工产品与在产品之间分配费用的问题。

【例2-4】 某物流企业以运送产品批次为成本核算的对象,6月份发生货物运送4批,编号分别为601号、602号、603号、604号。6月份发生制造费用135000元,根据生产费用凭证及汇总表登记制造费用明细账如表2-10所示。

制造费用明细表(单位:元)   表2-10

月份	工资和福利费	折旧费	修理费	办公费	水电费	其他	合计
6月份	4000	36000	12000	41000	37000	5000	135000

制造费用按生产工人工资为标准分配计入各批次中,制造费用分配表如表2-11所示。

制造费用分配表(单位:元)   表2-11

批次	直接工资	分配率	分配额=制造费用×分配率
601	10000		15000
602	20000		30000
603	20000		30000
604	40000		60000
合计	90000	1.50 = 135000/90000	135000

根据生产费用凭证及汇总表和制造费用分配表登记各批次产品生产成本明细账如表2-12~表2-15所示。

601号生产成本明细账(单位:元)   表2-12

月份	直接材料	直接工资	制造费用	合计
6月份	10000	10000	15000	35000

31

602号生产成本明细账(单位:元) 表2-13

月 份	直接材料	直接工资	制造费用	合 计
6月份	15000	20000	30000	65000

603号生产成本明细账(单位:元) 表2-14

月 份	直接材料	直接工资	制造费用	合 计
6月份	30000	20000	30000	80000

604号生产成本明细账(单位:元) 表2-15

月 份	直接材料	直接工资	制造费用	合 计
6月份	70000	40000	60000	107000

最后,编制成本计算单,如表2-16～表2-19所示。

601号成本计算单 表2-16

成本项目	总成本(5辆车)	单位成本(元/辆)
直接材料	10000	2000
直接人工	10000	2000
制造费用	15000	3000
合 计	35000	7000

602号成本计算单 表2-17

成本项目	总成本(5辆车)	单位成本(元/辆)
直接材料	15000	3000
直接人工	20000	4000
制造费用	30000	6000
合 计	65000	103000

603号成本计算单 表2-18

成本项目	总成本(10辆车)	单位成本(元/辆)
直接材料	30000	6000
直接人工	20000	4000
制造费用	30000	6000
合 计	80000	106000

604号成本计算单 表2-19

成本项目	总成本(10辆车)	单位成本(元/辆)
直接材料	70000	7000
直接人工	40000	4000
制造费用	60000	6000
合 计	1070000	107000

3. 分步法

产品成本计算的分步法是一种按照产品的生产步骤归集生产经营费用,计算产品成本的方法。它适用于大量大批的多步骤生产,即适用于多环节、多功能、综合性营运的物流企业。在这类企业中,产品生产可以分为若干个生产步骤的成本管理,往往不仅要求按照产品品种计算成本,而且还要求按照生产步骤计算成本,以便为考核和分析各种产品及各生产步骤的成本计划的执行情况提供资料。分步法成本计算的主要特点如下:

(1)成本计算对象是各种产品的生产步骤。因此,在计算产品成本时,应按照产品的生产步骤设立产品成本明细账。如果只生产一种产品,成本计算对象就是该种产品及其所经过的各生产步骤,产品成本明细账应该按照产品的生产步骤开立;如果生产多种产品,成本计算对象就是各种产品及其所经过的各生产步骤,产品成本明细账应该按照每种产品的各个生产步骤开立。

(2)由于大量大批单多步骤生产的产品往往跨月陆续完工,月末各步骤如有未完工的在产品,为计算完工产品成本,需要将归集在生产成本明细账中的生产经营费用在完工产品和在产品之间进行费用分配。

(3)除了按品种计算和结转产品成本外,还需要计算和结转产品的各步骤成本。其成本计算对象,是各种产品及其所经过的各个加工步骤。

【例 2-5】 假定甲产品由两个步骤生产,第一步骤生产的半成品,不通过半成品仓库收发,而直接为第二个步骤所领用,半成品成本在各步骤的产品成本明细账之间直接结转。这种情况在物流企业中也比较常见,比如物流企业为客户的货物提供仓储服务,待货物卖出时再提供运输服务。在分步法下,各步骤逐步结转如图 2-4 所示。

图 2-4 中甲产品第二步骤所耗半成品费用,恰好是第一步骤生产的半成品成本,两者可以抵消,如要进行成本还原,方法很简单,只要将所耗半成品费用略而不计,而将两个步骤的原材料、工资及福利费和制造费用分别汇总即可。这样,还原后的成本构成为:

原材料:300 元;

工资及福利费:450(200+250)元;

制造费:250(100+150)元;

合计:1000 元。

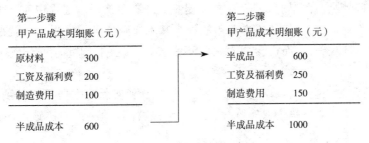

图 2-4 各步骤成本结转示意图

但是在实际工作中,第二个步骤所耗用的半成品与第一个步骤所生产的半成品往往数量并不相等,这就需要进行成本还原。通常所采用的还原方法是:将本月产成品所耗上一步骤半成品的综合成本,按照本月所生产这种半成品的成本构成进行还原,还原成原材料、工资及福利费和制造费用这些项目。

假定第二步骤计算出本月产成品所耗上一步骤半成品费用为 15000 元,按照第一步骤产品成本明细账中算出的本月所产该种半成品成本 10000 元的成本构成进行还原,得出按原始成本法反映的甲产品成本。

第一步，计算还原分配率。

$$还原分配率 = \frac{本月产成品所耗上一步骤半成品成本合计}{本月所产该种半成品成本合计}$$

$$= \frac{15000}{10000} = 1.5$$

第二步，用还原分配律分别乘以本月所生产该种半成品各个项目的费用，即可得出本月产成品所耗半成品的综合成本。

假定第一步骤中，原材料费用为 3000 元，工资及福利费为 2000 元，制造费用为 5000 元，则还原计算出第二步骤所耗半成品费用为：

原材料：4500(3000×1.5)元；

工资及福利费：3000(2000×1.5)元；

制造费用：7500(5000×1.5)元。

还原后 3 个项目之和等于还原对象，可以与产成品所耗用的半成品费用相抵消。

项目三 隐性物流成本的核算

教学要点

利用网络、图书馆，收集有关隐性物流成本的界定范围以及核算方法的资料。

教学方法

可采用讲授、案例教学和例题解答等方法。

一、显性物流成本与隐性物流成本的含义

按照我国《企业会计准则》的规定，费用是指企业在生产经营过程中实际发生的、能够用货币计量的各种耗费，企业确认成本费用的一个基本原则是实际发生。也就是说，只有实际发生的成本费用才被确认，而机会成本由于不是实际发生的，因此，不能确认为企业的实际成本。

在这里，我们把在会计核算中实际发生的、计入企业实际成本费用的各项物流支出称为显性物流成本。那些并不是企业实际发生的，而在物流管理决策中应该考虑的机会成本被称为隐性物流成本。

在物流活动中实际发生的人工费、材料费、运输费、办公费、水电费等都是显性物流成本，而主要的隐性物流成本则包括存货所占压资金的机会成本以及由于物流服务不到位所造成的缺货损失等。

物流成本是企业在经营过程中，消耗在物流业务方面的显性物流成本与隐性物流成本之和，大部分的显性物流成本可以通过一些费用单据反映和计算。目前，在企业运营中，只是加强了这些费用的计算，以进行物流成本的核算和控制，而对于隐性物流成本，由于缺乏相关的核算标准与恰当的方法，因此在这方面不仅仅是加强成本控制的问题，还需要深入探讨其核算方法问题，这是当前急切需要解决的。

二、库存隐性物流成本的核算

根据美国对社会物流成本的统计方法,社会物流成本包括运输费用、存货持有成本和物流管理费三个部分。其中,存货持有成本是指花费在保存货物的费用,除了包括仓储、残损、人力费用及保险和税收费用外,还包括存货占压资金的利息。

在计算存货持有成本时,一般把存货持有成本分成保险费(Insurance)、仓储费(Storage Facilities)、税费(Taxes)、运输费(Transportation)、搬运费(Handling Costs)、贬值(Depreciation)、利息(Interest)、过时(Obsolescence)等项目。可以看到,保险费、仓储费、税费、运输费、搬运费都是实际要发生的成本,属于显性物流成本的范畴。而贬值、利息和过时的支出在会计的核算中,并不被当做一项实际的成本,而在物流决策中,这些成本却是非常重要的,可以看成是一种机会成本,属于隐性物流成本。

在企业微观物流成本的核算中,该隐性物流成本的核算原理应该和社会物流成本中该项成本的核算相一致。库存隐性物流成本的计算公式可以表示为:

库存隐性物流成本 = 库存平均余额 × (贬值比率 + 利息比率 + 过时比率)

式中,贬值比率可以用每年的通货膨胀率计算,利息比率可以用当年一年期商业贷款利率确定,而过时比率则要根据不同的行业和产品自身特点来确定。例如笔记本电脑、手机等品种型号更新比较快的产品,其过时比率可能要比较高,而有些产品价格变动不是很大的产品,过时比率就比较低,甚至可以不计过时成本。

也有人认为,存货持有的成本中,除了贬值和过时成本外,存货的利息成本计算时不能用商业贷款利率作为利息比率,而应该用投资者期望的报酬率(或者有价证券投资收益率)作为持有存货的机会成本计算基础。

把存货占压的资金利息等隐性物流成本加入物流成本的核算,这是现代物流与传统物流成本计算的一个最大区别,只有这样,降低物流成本和加速资金周转速度才从根本利益上统一起来。美国存货占压资金的利息在美国企业平均流动资金周转次数达到10次的条件下,约为库存成本的1/4,为总物流成本的1/10,数额之大,不可小视。在我国,由于库存管理水平较低,企业的库存量相对较高,从而这种库存隐性成本在企业物流成本中所占的比例更大,应引起企业的高度重视。

三、缺货成本的核算

1. 缺货成本的类型

缺货对企业的影响很大,由于存货供应中断,可能造成停工损失、丧失销售机会等。缺货对企业造成的隐性成本一般有以下几种:

1) 延期交货

如果客户不转向其他企业,一旦恢复存货供应时,客户再来购买,则不发生缺货损失。但如果公司为了不失去客户而进行紧急加班生产或进货,利用速度快、收费高的运输方式运输货物,则这些成本就构成了延期交货成本。从这种角度看,这种成本将在实际的会计核算中发生,也可以说不构成隐性成本的内容,而成为一种显性的附加成本。

2）失去某次销售机会

尽管有些客户可以允许延期交货,但是某些客户在缺货时会转向其他竞争者,而当下次购买时,又会回来再购买本企业的商品。在这种情况下,缺货就造成失销。这时,缺货成本主要就是未售出商品的利润损失,这时的缺货成本就是一种隐性的物流成本。另外,失销的隐性成本除了利润损失外,还包括当初负责这笔业务的销售人员的人力、精力浪费。

3）永远失去某些客户

有些客户在本企业缺货时,会永远地转向其他供应商,这时的缺货成本损失最大,由企业每年从客户身上获得的利润和该客户的寿命期限决定。这种缺货损失很难估计,需要用管理科学的技术以及市场营销研究方法加以分析和计算。另外,除了利润损失外,还有缺货造成的信誉损失。信誉很难度量,在库存成本决策中往往很容易被忽视,但是它对未来的销售以及企业经营活动却是十分重要的。

当然,这种缺货成本在传统的财务会计核算中也是不体现的,也是一种隐性成本。

2. 缺货成本的计算

在企业的库存决策中,对缺货损失的估算是十分重要的。缺货成本的确定往往用如果发生缺货发生的期望损失来计算。

1）某次缺货成本的计算

要进行某次缺货成本的计算,首先要分析缺货成本的类型,分析发生缺货可能造成的后果,包括延期交货、失销和失去客户。其次,计算与可能结果相关的成本,即利润损失。

2）平均一次缺货成本的计算

在企业缺货成本的计算中,如果每次缺货都计算各自的缺货成本是比较困难的,因此可以在充分调查研究的基础上,计算出缺货一次的平均成本,然后企业根据每期缺货的次数就可以估算每期的缺货成本数额。平均一次缺货成本的计算可以按照下列步骤进行:

(1) 进行市场调查,分析确定 3 种缺货成本类型的比例;

(2) 计算 3 种情形下各自的缺货成本;

(3) 利用加权平均法计算平均缺货成本。

项目四 企业物流成本核算中存在的主要问题

教学要点

思考企业物流成本核算中存在的主要问题。

教学方法

可采用讲授、情境教学、案例教学和例题解答等方法。

一、计算物流成本的目的缺乏整体性

物流成本之所以被列入管理成本会计范畴,是为了更好地实现企业物流管理的优化。但在实际工作中,由于对物流成本信息的作用和价值缺乏系统的认识,企业计算物流成本的目的往往比较单一,主要表现在以下三个方面:

(1)许多企业只是单纯地想了解物流费用究竟是多少,至于如何运用物流成本数据还不够清晰明确,物流成本管理的视野局限于财务会计的范围。

(2)计算物流成本的目的,只是单纯地为了降低某一项或几项物流成本,未能与企业的经营战略和有关技术措施有效地联系起来。

(3)物流部门不能够向企业高层管理人员或生产、销售部门提供有关物流成本确切的有价值的信息和分析资料等。

这些都表现为物流成本的计算仅为企业的个别或少数部门或临时性的项目及决策的一时之需提供服务,缺乏长远的通盘考虑和整体目标,因而导致以下结果:

(1)计算方法和标准经常发生变化,有关成本数据缺乏连续性、可比性和及时性。

(2)计算所得的成本信息残缺不全,也就不可能通过运用物流成本信息从物流一体化的角度去分析和优化企业的整个物流作业链。

(3)计算所得的物流成本数据效用性差,反过来又影响了企业对物流成本的关注和重视程度。

二、现行企业会计核算制度存在技术障碍

虽然国内有关成本管理的法规和制度越来越完善,但物流成本在现行会计制度框架下仍然存在难以确认和分离的问题。按照国内现行的会计制度,在企业物流成本的确认、物流成本会计科目的设置及物流成本在会计报表中的列示等方面都没有明确规定,总的成本科目体系没有将物流成本纳入常规的结构之中,同时也没有负责物流会计的专门人员,在现行会计核算体系的框架内无法直接得到物流成本数据。计算物流成本在制度上存在以下技术性缺陷:

1. 物流成本数据不完整

企业物流成本在会计核算中只涉及或来源于部分物流费用,导致企业物流成本数据不完整。从物流成本会计核算的范围来看,目前企业日常物流会计核算范围着重于采购物流和销售物流环节,忽视了其他物流环节的核算。一般情况下,企业会计科目中,只把支付给外部运输、仓库企业的费用列入成本,实际上由于各种物流成本数据混杂在生产成本、销售费用及财务费用中,因而物流成本容易被忽视。

同时,哪些费用应该归为物流费用也没有明确界定。在现有会计报表中可以得到直接反映的物流成本属于显性成本,但它只是企业物流成本的一部分,而另一类物流隐性成本,如库存积压降价处理、库存呆滞产品、回程空载、产品耗损、退货、缺货损失等不能够在有关报表中直接反映出来。

2. 物流成本中的间接物流费用分配不合理

企业现有的会计核算制度是按照劳动力和产品来分摊企业成本的,这种方法不能够反映企业的成本与各项活动之间的联系,导致经济基础区别很大的活动的成本合并,而属于同一项活动的劳动、原材料和间接成本等相关部分成本又被人为分离。

在企业的物流成本中,部分物流费用是企业间接费用的一部分,按照现行的核算方法其分配是以产量或人工工时等为基础动因,对间接成本进行主观分配。由于企业加快物流设施设备更新的速度和扩大生产规模,造成以折旧和资金成本为主的间接费用大幅度上升,由于间接物流费用比例较高,产量和人工工时等动因与间接费用之间的相关性越来越弱,采用

以产量或人工工时等为基础动因的核算方法不能够满足物流成本核算准确性的需要。

3. 物流成本数据时效性差

在企业会计报表中，可以经过加工后提取有关物流成本信息的两个主要报表是资产负债表和损益表。资产负债表反映的是一个企业在特定时点上的财务状况，其目的在于归结企业的资产和负债，并指明所有者的盈利；损益表反映的是企业在一定时期内，与企业经营相关的收入和费用成本，其目的在于确认企业的利润。但这些报表中没有物流成本的直接记录，如果企业要对物流成本进行核算，就必须从两个报表数据中重新进行剥离。这样，不仅会影响企业物流成本信息的完整性，势必影响对物流成本数据趋势变化的及时掌握和对成本信息的有效利用。

任务小结

物流成本管理的内容、范围不全面，只涉及了部分物流费用。从核算内容来看，相当一部分企业只把支付给外部运输、仓储企业的费用列入了专项成本，而企业内部发生的物流费用，由于经常和企业的生产费用、销售费用、管理费用等混在一起，因而容易被忽视，甚至未被列入成本核算。导致核算结果缺乏真实性，不利于企业内部管理者的决策。

本任务主要介绍了物流成本核算的内容及成本核算的程序，并具体介绍了几种物流成本核算的方法，最后简单介绍了隐性成本核算的方法及我国物流成本核算中存在的问题。

思考与练习

1. 简答题

（1）物流成本核算的三个构成要素是什么？
（2）课堂讨论了哪几类物流成本核算对象？
（3）什么是物流成本的归集？
（4）什么是物流成本的分配？
（5）物流成本的基本核算方法包括哪些？
（6）简述品种法、分步法和分批法的特点。
（7）什么是隐形成本？该如何核算？
（8）课堂讨论企业物流成本核算中存在的问题，并寻求解决思路。

2. 案例分析题

美国的物流成本

1）美国物流成本占GDP的比例

美国物流成本占国内生产总值（GDP）的比重在20世纪90年代大体保持在11.4%~11.7%的范围内，而进入20世纪最后10年，这一比重有了显著下降，由11%以上降到10%左右，甚至达到9.9%。必须指出的是，物流成本的绝对数量还是一直上升的，但是由于上升的幅度低于国民经济的增长幅度，所以占GDP的比例在缩小，从而成为经济效益提高的源泉。

从物流成本的构成上分析，美国的物流成本主要由三部分组成：一是库存费用；二是运输费用；三是管理费用。比较近20多年的变化可以看出，运输成本在GDP中比例大体保持不变,而库存费用比重降低是导致美国物流总成本比例下降的最主要的原因。这一比例由过去接近5%下降到不足4%。由此可见,降低库存成本、加快周转速度是美国现代物流发展的突出成绩。也就是说利润的源泉更集中在降低库存,加速资金周转方面。

2)美国物流成本的计算方法

宏观上,美国物流成本包括的三个部分各自有其测算的方法。第一部分库存费用是指花费在保存货物上的费用,除了包括仓储、残损、人力费用及保险和税收费用外,还包括库存占用资金的利息。其中利息是当年美国商业利率乘以全国商业库存总金额得到的。把库存占用的资金利息加入物流成本,这是现代物流费用与传统物流费用计算的最大区别,只有这样,降低物流成本和加速资金周转速度才能从根本利益上统一起来。美国库存占用资金的利息在美国企业平均流动资金周转次数达到10次的条件下,约为库存成本的1/4,为总物流成本的1/10,数额之大,不可小视。仓储成本数字既包括公用仓库,也包括私人仓库。

第二部分运输成本是基于伊诺运输基金会出版的年度运输丛书得到的货运数据。运输成本包括公路运输费用、其他运输方式费用和货主费用。公路运输费用包括城市内运送费用与区域间载货汽车运输费用。其他运输方式费用包括铁路运输费用、国际国内航空运输费用、油气管道运输费用。货主方面的运输费用包括运输部门运作及装卸费用。近10年来,美国的运输费用占国民生产总值的比重大体为6%,一直保持着这一比例,说明运输费用与经济的增长是同步的。

第三部分物流管理费用,是按照美国的历史情况由专家确定一个固定比例,乘以库存费用和运输费用的总和得出的。美国的物流管理费用在物流总成本中比例大体在4%左右。另一个反映美国物流效率的指标是库存周期。美国平均库存的周期在1996~1998年间保持在1.38~1.40个月。但1999年发生了比较显著的变化,库存周期从1999年1月份的1.38个月降低到年底的1.32个月,这是有史以来的最低周期。库存周期减少的原因是由于销售额的增长超过了库存量增长,1999年库存增长了4.6%,而同时,产品销售额增长了9.2%,是库存量增长的2倍。

3)几点启示

从上面的分析可以得出几个清晰而重要的启示:

(1)降低物流成本是提高企业效益的重要战略措施。美国每年10万亿美元的经济规模,降低1%的成本,就相当于多出1000亿美元的效益。我国现在是1万亿美元的经济规模,降低1%的物流成本就等于增加了100亿美元的效益。相关人士普遍认为我国物流成本下降的空间应该在10个百分点或更多,这是一笔巨大的利润源泉。

(2)美国的实践表明,物流成本中运输部分的比例大体不变,减少库存支出就成为降低物流费用的主要来源。减少库存支出就是要加快资金周转、压缩库存,这与同期美国平均库存周转期降低的现象是相吻合的。因此,发展现代物流就是要把目标锁定在加速资金周转、降低库存水平上面。这是核心的考核指标。

(3)物流成本的概念必须拓展。库存支出不仅仅是仓储的保管费用,更重要的是要考虑它所占有的库存资金成本,即库存占用资金的利息。理论上还应该考虑因库存期过长造成的商品贬值、报废等代价,尤其是产品周期短、竞争激烈的行业,如 PC 机、电子、家电等。总之,只有在物流成本中包含资金周转速度的内涵,才能真正反映出物流的作用,作出准确的评价。目前,我国现行的财务制度还很不适应这样的要求,应该逐步与国际接轨。

任务三 作业成本法在物流成本管理中的应用

内容简介

作业成本法将物流成本的核算深入到作业层次,以作业为单位收集成本,并把"作业"或"作业成本池"的成本按作业动因分配到产品。本任务介绍了物流作业成本法的概念、基本思路,对物流作业及成本的定义进行了分析,最后着重分析作业成本法在物流业中的实施。

教学目标

1. 知识目标
(1)了解作业成本法与传统成本计算方法的区别;
(2)熟悉作业成本法在物流业中应用的基本思路和步骤;
(3)掌握确定物流作业的原则和基本方法;
(4)掌握物流作业成本动因的选择;
(5)掌握物流作业成本的二阶段成本分摊模式的应用。

2. 技能目标
能够运用作业成本法进行物流成本分析。

案例导入

某仓储配送物流公司对客户物流成本的核算

某仓储配送型物流公司同时为五个客户提供货物仓储、配送、流通加工以及其他相关增值服务。五个客户的货物都储存在同一个配送中心内,配送中心内的人员、装卸搬运机器设备以及其他设施设备都是共用的,配送的作业也往往是共同实施。五个客户的货物种类有所不同、客户要求提供的服务内容和服务质量要求也有所区别。

引导思路

(1)公司是不是应该为五个客户单独地核算各自发生的物流成本,以有利于定价和改善物流服务质量?
(2)如果需要,共同发生的仓储成本、配送成本甚至行政管理成本如何分摊给五个客户?
(3)能不能按照五个客户各自的流转货值的比例进行分配?

项目一　物流作业成本法认知

教学要点

（1）利用网络,收集物流作业成本法的资料；
（2）由小组讨论作业成本法与传统成本计算方法的区别。

教学方法

可采用讲授、案例教学和分组讨论等方法。

一、作业成本法的概念

作业成本法(Activity-Based Costing,ABC)是基于活动的成本管理,以作业为基础,把企业消耗的资源按资源动因分配到作业,把作业收集的作业成本按作业动因分配到成本对象。

二、物流作业成本法的基本思路

目前,作业成本法是被认为确定和控制物流成本最有前途的方法。作业成本法应用于物流成本核算的理论基础是——产品消耗作业,作业消耗资源并导致成本的发生。作业成本法把成本核算深入到作业层次,它以作业为单位收集成本,并把"作业"或"作业成本池"的成本按作业动因分配到产品。因此,应用作业成本法核算企业物流成本并进而进行管理的基本思路如下：

（1）界定企业物流系统中涉及的各个作业。作业是构成工作的各项任务,作业的类型和数量会随着企业的不同而不同。例如,在客户服务部门,作业可以包括处理客户订单、解决产品问题以及提供客户报告三项工作。

（2）确认企业物流系统中涉及的资源。资源是成本的源泉,一个企业的资源包括直接人工、直接材料、生产维持成本(如采购人员的工资成本)、间接制造费用以及生产过程以外的成本(如广告费用)。资源的界定是在作业界定的基础上进行的,每项作业必涉及相关的资源,与作业无关的资源应从物流成本核算中剔除。

（3）确认资源动因,将资源分配到作业。作业决定着资源的耗用量,这种关系被称做资源动因。资源动因联系着资源和作业,它把总分类账上的资源成本分配到作业。

（4）确认成本动因,将作业成本分配到产品或服务中。作业动因反映了成本对象对作业消耗的逻辑关系,例如,问题最多的产品会产生最多客户服务的电话,故按照电话数的多少(此处的作业动因)把解决客户问题的作业成本分配到相应的产品中。

作业成本法计算物流成本的逻辑图见图3-1。

根据我国企业物流成本管理发展的现状,要实施作业成本的核算与管理,首先要转变传统的会计成本为作业成本。现以某典型制造企业供应物流核算为例进一步阐述这个问题。

某汽车配件生产厂商,部分原材需要进口。我国加入WTO后,汽车价格面临压力,企业希望通过物流成本的核算发掘成本下降的潜力。由于在原有的会计体系中,无法直接得到物流成本,因此它采用作业成本进行了核算。该企业利用作业成本法的基本思路如下:

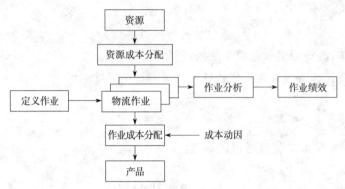

图 3-1 作业成本法计算物流成本的逻辑图

(1)确认物流系统中涉及的各个作业(见表 3-1)

确 定 作 业　　　　　　　　　　　表 3-1

	作业1	作业2	作业3	作业4	作业5	作业6
计划管理	计划编制	档案管理				
采购	价格管理	谈判	发订单	委托采购		
储运	入库检验	仓库租赁	流通加工	报关运输	搬运装卸	流通加工
供货	运输	搬运装卸				
供应商建设	月供应会	年供应大会	访问	评审		

(2)确认企业物流系统中涉及的资源(见表 3-2)

确 定 资 源 费 用　　　　　　　　　　　表 3-2

	费用1	费用2	费用3	费用4	费用5	共同费用
计划管理	材料费					人工费、办公用品等低值易耗品、水电等
采购	差旅费	业务招待费				
储运	资金占用费	仓库租赁费	搬运器具折旧	包装用材料	报关运输费	
供货	运输费		搬运器具折旧	包装用材料		
供应商建设	会议费	业务招待费	差旅费			

(3)确认资源动因,将资源分配到作业

以人工费为例,将其分配到各个作业成本池时可选择工时为资源动因。

(4)确认成本动因,将作业成本分配到产品或服务中

以采购成本池为例,将其分配到各个产品时可选用采购材料在各产品中的比例为成本动因。比较基于作业成本法的核算结果与基于传统会计核算的结果,成本的计算结果也许会有较大的差别,说明利用作业成本法核算物流成本能达到揭示"物流冰山"的目的,是物流成本核算的有力工具。

三、物流作业分析

1. 作业的种类

物流作业成本法在物流企业或者货主企业物流部门的应用,需要解决的首要问题是定义各项物流作业。

一般来说,作业可以分为四个层次(Cooper & Kaplan,1991):

(1)单位水准作业(Unit Activities),是指针对每个单位产出所要执行的作业活动,这种作业的成本与产出量成比例变动。

(2)批次水准作业(Batch Activities),是指针对每批产品生产时,所需要从事的作业活动,如对每批产品的机器准备、订单处理、原料处理、检验及生产规划等。这种作业的成本与产品批次数成比例变动,是该批产品所有单位产品的固定(或共同)成本,与该批的产量多少无关。

(3)产品水准作业(Product Activities),是指为支持各种产品的生产而从事的作业活动,这种作业的目的是服务于各项产品的生产与销售。例如,对一种产品编制材料清单(Bills of Materials)、数控规划、处理工程变更、测试线路等。这种作业的成本与单位数和批次数无关,但与生产产品的品种成比例变动。

(4)维持水准作业(Facility Activities),是为维持工厂生产而从事的作业活动,它是为支持厂务一般性制造过程的作业活动,如暖气、照明及厂房折旧等。这种作业的成本,为全部生产产品的共同成本。

Cooper & Kaplan(1991)以厂房营运费用为例,说明了作业层次与相关费用之间的关系,如图3-3所示。从图中可以看出,与单位水准作业有关的费用大部分是共同分摊的间接费用,且该费用与产量相关。这里要说明的是,单位水准作业的成本并不一定就是直接成本,例如,电费是共同消耗的费用,很难直接归属到某一种产品,而该作业的成本却是与产出量的多少直接正相关的。所以,如果这种单位水准作业所占的比例越大,以传统数量为基础(Volume-based)的成本分摊方法造成的成本扭曲也就相对越小。相反,如果批次水准、产品水准以及维持水准的作业越多,传统成本分摊方法造成的成本转移就会越加明显。显然,在目前少批量、多批次、多品种生产和作业的情况下,批次水准、产品水准和维持水准的作业越来越多,从而利用作业成本法也就显得更加必要。

厂房营运作业层次与相关费用关系表 表3-3

作 业	费 用	作 业	费 用
维持水准作业	厂房管理成本 建筑物和土地成本 电力和照明成本	批别水准作业	调整准备成本 材料移动成本 采购成本 检查成本
产品水准作业	流程规划成本 产品规格说明成本 工程改变成本 产品改进成本	单位水准作业	共用材料成本 能源成本

2. 物流作业的定义和选择

作业的选定要根据流程的每一个细部作业来确定。对物流作业的定义要求在对企业生产工艺流程和物流过程进行深入了解和分解的情况下进行，把企业物流运营的全过程划分为一定数量的作业。由于细部作业的数目过于庞大，因此，过细的作业划分会增加信息的处理成本。在确定作业数量时，究竟应划分和确定多少作业，应遵循"成本—效益"原则，在"粗分"和"细分"之间进行权衡。划分过"粗"，会导致在一项作业中含有不相关作业成本，但划分过"细"，工作量太大，企业为此付出的成本就会过高。

为了简化作业的数量，某些细部作业(Micro Activity)可以进一步合并为粗部作业(Macro Activity)。细部作业可以作为成本改善与绩效评估的单位来使用，因为每一个细部作业都可能由不同的员工和机器操作，因此可以单独进行绩效考核和作业改善，如果仅仅是为了达到正确的成本累积，粗部作业就足够了。作业的合并一般需要遵循以下三个基本原则：

(1) 合并的作业必须属于同一层次；
(2) 合并的作业必须使用相同的成本动因；
(3) 合并的作业必须具有相同的功能。

建立作业中心时，一般是首先确定一个核心作业，然后根据作业"质的相似性"原则，将上下游工序中一些次要任务或作业与之合并，归集为一个作业中心。在每一个作业中心中，都有一个同质成本动因。

3. 主要的物流作业

物流公司或货主企业的物流部门在进行物流作业(或作业中心)的划分时，其作业主要包括下述项目：

1) 采购作业

采购作业包括供应商管理、向供应商订货、货物验收以及货物入库等作业。

(1) 供应商管理：具体包括采购合约签订、订货、进货、验收、付款等作业。

(2) 向供应商订货：向供应商订货的作业一般先由电脑考虑周转率、缺货率、前置时间、存货状况等，自动建议订货，再由人工决定。由电脑考虑季节性因素，算出过去出货资料的平均预估出货量，到了订购点，电脑会自动打印出"订购建议表"，经过人工修订后就可将信息传给上游厂商。该项作业的成本主要包括存货控制、操作电脑的人工以及订单处理成本等。

(3) 货物验收作业：每进一托盘就要仔细清点，包括品质、制造日期等。当货物送来时，原则上采取诚信原则，以点箱数方式验收，但对高单价商品以开箱点数验收。

(4) 货物入库作业：如果货物为整箱则放置在托盘上，所使用的托盘若为标准托盘，则可直接入库；若厂商使用非标准托盘，则需第二次搬运至标准托盘上，可通过洽商由上游厂商自行负责搬运。如果货物是非整箱进货，则需人力搬运。

2) 销售订单处理

订单若采用电子订货系统(EOS)传递，则无需输入工作；以传真方式，必须有专人做输入工作。若通过网络传到仓库现场的电脑，则不需打印拣货单；若未与仓库现场联网，则需有人按批次打印拣货单，交给仓库现场人员拣货。

在销售订单处理作业上，也需花人力在接电话时确认、回答客户咨询等工作上面。

3）拣货作业

拣货方式若为半自动化拣货，则不必人为判断商品，只看编号，人工动作主要为搬运货物及电动拖板车的行进。

4）补货作业

补货作业通常有以下几个步骤：

（1）人工从事割箱工作；

（2）人工从事补货工作，一箱一箱补货；

（3）由专人操作堆高机从事堆高机补货工作，在此情况下补货单为托盘一个。

5）配送作业

配送作业的基本工作流程与步骤包括：

接受订单后由电脑系统依货量、路线、质量因素做配车工作，再由人工依需要调整：

（1）电脑打印派车单，配送人员根据派车单到现场拉货并与各门市做送货品项的核对。

（2）拉货上车。

（3）配送运输。

（4）卸货。这是配送人员最辛苦的工作，有些商家要求直接卸在店内，有些则要求卸货上架。

（5）点收。

6）退货作业

采购进货时验收不符则当场退货。储存在仓库的损坏，则依合同退货给厂商。客户退回商品退入仓库后，由专人将商品整理分类。其中一些商品要报废，一些则要重新上架，另外一些可以退回给厂商。

四、资源费用分析

作业成本法的基本思路是首先要按照作业来归集各项资源费用，然后按照成本动因将各项作业成本分配到成本标的（成本核算对象）。因此，确定了各作业或作业中心之后，就要明确各项作业所包含的资源费用，并进行归集。

(1) 采购作业资源包括采购人员成本、采购处理成本、采购设备折旧及维护；

(2) 验收作业资源包括验收人员成本、设备工具折旧、货架、托盘；

(3) 销售订单处理使用资源包括销售订单处理人力、电脑设备信息处理、通信费用；

(4) 拣货使用资源包括拣货人员成本、拣货准备成本、拣货设备折旧、拣货设备维修成本；

(5) 补货使用资源包括补货人员成本、电动板车折旧、堆高机折旧、货架折旧、输送带折旧、自动分流设备折旧、物流箱、活动托盘、储存托盘；

(6) 配送作业使用资源包括配送车辆折旧、配送人员工资、油料、过路费、维修费等；

(7) 仓储作业使用资源包括工具折旧、厂房租金、厂房管理员成本、设备折旧、保养。

五、成本动因的认知与分析

成本动因是指每个物流成本标的（成本核算对象）消耗各作业中心成本的动因。选择作业成本动因,即选择驱动成本发生的因素。一项作业的成本动因往往不止一个,应选择与实耗资源相关程度较高且易于量化的成本动因作为分配作业成本、计算产品成本的依据。成本计量要考虑成本动因材料是否易于获得;成本动因和消耗资源之间相关程度越高,现有的成本核算被扭曲的可能性就会越小。成本动因相关程度的确定可运用经验法和数量法,经验法指利用各相关的作业经理,依据其经验,对一项作业中可能的动因做出评估,确定权数;数量法指用回归分析比较各成本动因与成本间的相关程度。

常见的物流作业成本动因主要有直接人工工时、托盘数量、订单数量、货物的货值等,这些成本动因也需要在日常的工作中加以统计计量。

成本动因的选择要考虑两个因素:

(1)成本动因的计量性以及计量成本的合理性;

(2)成本动因与作业中心消耗资源的相关程度。

有些资源成本动因是会计资料中现有的,如货值等;而有些资源成本动因需要在日常工作中进行计量,如订单数、托盘数等。

各项作业可能耗用的资源通过有系统的记录方法,可以清楚地了解到各项作业的成本。找出各项作业成本的成本动因,就可将作业成本客观地分摊至成本标的。表3-4为常见物流作业的可能成本动因。

物流作业的可能成本动因示例 表3-4

作业序号	作 业	累积成本	可能的成本动因
1	采购处理	采购人员成本、采购处理成本、采购设备折旧及维护	采购次数
2	进货验收	进货验收人员成本、验收设备折旧及维护	托盘数
3	进货入库作业	进货人员成本、堆高机设备折旧	托盘数
4	仓储作业	仓库管理员成本、仓库租金、折旧费用、维护费用	体积、所占空间
5	存货盘点	盘点人员成本、盘点设备折旧及维护	盘点耗用时间
6	客户订单处理	接受订单人员成本、订单处理成本	订单数
7	拣货准备	拣货人员成本、拣货准备成本	订单数
8	拣货	拣货人员成本	拣货次数
9	合流	处理合流人工成本、合流设备成本	每一订单跨区数
10	配送	车辆调配、油料、车辆维护折旧、配送人员成本	出货托盘数
11	装车	装车人工成本、辅助设备折旧	订单量
12	人工补货	开箱人员成本、搬运人员成本、设备折旧维护	补货箱数
13	堆高机补货	堆高机人员成本、堆高机折旧、维护费用	补货托盘数
14	卸货	卸货人员成本	订货标准箱
15	销管作业	财会人员成本、文具用品费用、电脑设备、管理、行政人员成本、通信成本	营业金额

六、成本累计模式的认知与分析

成本是定价的基础,为使定价能反映物流成本,需要有一套能反映服务内容的成本模式,通过作业成本分析,可以清楚地看出各项订单所需要的物流服务内容,以及各项服务内容所要消耗的资源费用。图3-2是以某物流中心(配送中心)为例反映的各个成本标的的累计物流成本。

由图3-2可知,物流成本基本上包含两部分:一部分是与订单相关的成本,此成本的多少与订单的订购数量无关。另一部分成本则与订单的订购量相关,也就是数量越多,物流成本越高。

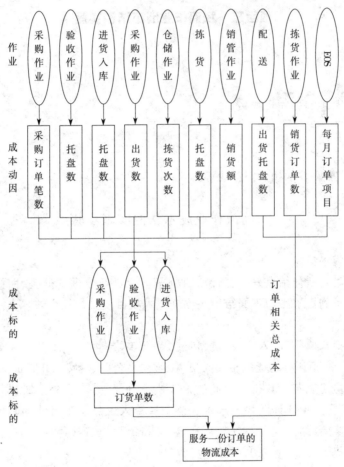

图 3-2　某物流中心物流成本分摊模式和流程

七、作业成本法与传统成本计算方法的比较

传统的成本计算是货主把物流成本以单一的尺度,即"计算出平均每个产品的物流成本",应用于结算报告、绩效评估或决策分析,此外货物运费的计算是使用每吨多少钱或每吨公里多少钱,仓库保管费的计算则使用质量或体积。因此,"平均每个产品多少"作为基准,结果是个数增加则物流成本就随之增加,个数相同的话,即使其他条件不同,物流成本也不

会增加。

如果能够充分利用作业成本法,则能反映物流作业的变化而计算其物流成本。虽输送个数相同,但会因对应的作业不同,使得物流成本有所差异。换言之,若进行多品种、少批量、多频率物流,则会显示出物流成本增加,甚至不划算而亏损。这样的结果可以提醒对多品种、少批量、多频率物流需求的注意。

随着物流作业成本管理的使用,可以更清楚地分析造成物流成本增加的原因,并要求相应的责任人负担相应的成本部分,并且在物流绩效考核和物流定价中发挥更大的作用。

因为物流也是一种商品,商品则应按照不同的物流成本对象来计算其成本,并据以决定其价格,则"物流产品有价化"就可以实现。

项目二　物流作业成本法的实施

教学要点

物流作业成本法的实施步骤与应用。

教学方法

可采用讲授、案例教学和分组讨论等方法。

一、物流作业成本法的实施步骤

1. 取得物流成本信息

管理物流成本的最佳始点是对会计科目的子科目进行合理的分类,即按照所需信息的要求将子科目分类到足够细。下面给出各物流成本项目及其估算方法。

1) 直接人工

直接人工包括仓储行政、入库、拣货、包装、贴标等,是物流成本的一大要素。为此首先确认执行物流(仓管、配送)功能的相关人员,按照约当全职人数(Full Time Equivalent)计算,也就是说如果某员工只花费其工作时间的 1/3 执行仓管功能,另外 2/3 执行其他非物流功能,则将该员工工资的 1/3 计做物流成本。至于直接人工除了工资外的其他部分包括保险费、退休金、年终奖金、绩效奖金及其他福利等,可将每月工资按照企业的福利政策估算,如将工资乘以一定倍数,如 1.5 或 1.6 倍等。

2) 仓储厂房费用

它包括仓储空间的租金或折旧,货架、仓储设备折旧等。仓储厂房费用要根据不同情况进行考虑。

仓储空间若是租用则可按照租金计算,若是自建则可按照机会成本概念,即因为自用而不能外租损失的市场可取得租金收益作为约当费用;货架等的投资则可依照使用年限或租赁期间计提折旧。

3) 装卸设备

装卸设备的成本费用按照使用年限计提折旧。

4)车辆相关成本

它包括自有车辆折旧费、租用车辆租金、车船使用税等。如为外车运输直接以所付运费计算,如为自有车辆则按照其使用年限计算每年折旧。其他如燃料费用、车船使用税等按照实际成本计算。

5)其他材料费

其他材料费如包装材料、胶带、标签等可以按照实际成本计算,也可以每件产品平均成本乘以产品总数推估。

2. 作业及成本分摊

作业成本制度以作业活动为基础,成本的归属或累积是以作业活动为中心,然后再将各作业活动的成本归属或分摊到成本标的(Cost Objects)。如果成本标的是产品,则最后可算出各产品的成本;如果成本标的为客户,则可算出为服务不同的客户所投入的成本。这种分摊方式就是"二阶段分摊"(Two-stage Allocation),即先分摊或直接归属到作业,再将作业成本分摊到成本标的,如图3-3所示。

图3-3中的间接资源成本包括间接材料、间接人工、折旧、水电费等无法直接归属至产品的成本。而这些成本按照目前的会计制度,均将其记录于分类账中。然而分类账中的余额往往是指同质性的成本科目的总额,如水费、电费、保险费,因而无法辨认究竟是哪项作业造成了成本的增加。所以在实行作业成本制度时,问题之一是如何将间接资源成本归属至作业。

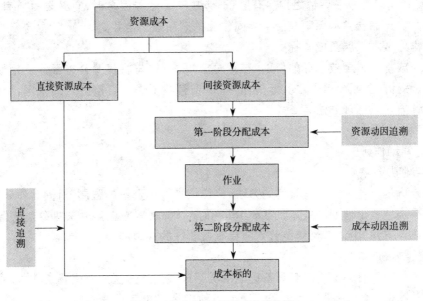

图3-3 作业成本制度的二阶段分摊

总的来说,将资源成本归属至作业的方法有以下三种:

(1)直接归入(Direct Charging);

(2)估计(Estimation);

(3)武断分摊(Arbitrary Allocation)。

在这些方法中,直接归入法最能正确提供正确的信息。如果直接归入法无法达到时,则应该以与成本变动有因果关系的动因来归属;如果再得不出动因,则只能采取武断的分摊法来完成,但此法能不用就最好不用。图3-4所示为资源成本的归属方法及其选择方法的偏

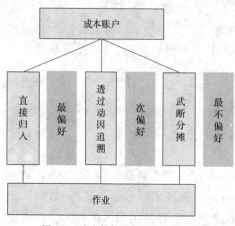

图3-4 成本的归属方法及其偏好程度

好程度。

虽然直接归入法是较好的方法,但在实际中大多不可行。因为成本账户与作业级别往往没有直接关联性,所以在实际应用中往往需要使用估计方式进行。估计方法包括问卷或访谈,根据经验,对现场领班或部门经理做访谈可能是最有效的方法。

3. 选定成本标的

在作业成本法中,成本标的(成本核算对象)的定义可随研究的目的而有所不同。若研究的目的在于探讨每一客户的成本分析,则成本标的要定义为客户。若目的在于探讨每一产品的成本,则成本标的要定义为产品。

一般来说,企业可以按照所经销或制造的所有产品作为产品类别,但是,当企业所经销或制造的产品很多时,就显得过于烦琐而可能不切实际。在这种情况下,除非在分摊作业成本时不依"实际"动因使用量,而用"标准"成本动因使用量,否则只收集每一产品的成本动因使用量便是一大问题。即使在作业成本分摊时采用"标准"使用量,仍需知道每一产品的"实际"使用量,以做事后评估之用。有鉴于此,在产品品种很多时,有必要对所有产品进行必要的合并。产品合并的原则是使用共同作业的产品必须合并。

4. 将作业成本归属至成本标的

将作业成本分摊至成本标的(成本核算对象)的方法与将资源分摊至作业相似,可选择直接归入、估计或武断分摊。在实际应用中,很难有数据作为直接归入的依据,所以往往只有使用估计方法。估计方法有三类:

(1)回归分析;

(2)时间动作研究;

(3)实地访谈。

回归分析是一项可行而有效率的方法,但往往受限于资料的限制;时间动作研究方法可以客观且准确地找出作业的成本动因,但其耗时耗费,故常在应用时被排除。实际中,大多采取实地访谈方法,由访谈资料综合判断具有代表性的成本动因。

5. 分析物流成本

一般企业在没有物流成本管理基础的情况下可按上述方法分离出物流成本。取得物流成本信息并不是目的,只是作为加强管理的一种工具。如何根据分离出的物流成本信息加强管理是问题的关键所在。物流成本分析可以从下面几个方面进行分析:

1)总物流成本/总营业收入

观察其变化趋势,既可观察物流成本占营业收入的趋势变化,也可以就各种不同类别物流成本计算其占总物流成本的百分比。

2)各项物流成本/总物流成本

如此可以分析物流管理之重点、应当改善的重点,并按一定期间观察其变化趋势。

3)按照作业进行成本管理

对每作业所消耗的物流成本进行分析,考虑每项作业成本消耗的合理性,并以此为基础制定作业的成本消耗定额或成本消耗指标,作为对每项作业进行改善和绩效考核的基础。

6. 管理物流成本

物流成本的高低受许多因素的影响,良好的事前作业规划可以降低物流成本。在物流成本管理中可以从下面几个方向降低物流成本:

1) 客户的特殊需求

(1) 订单所需协调的复杂度。不同客户的订单,需要不同程度的协调。例如,对准时送货的要求,若为 15 分钟区间,则其所需的协调工作,肯定比 3 天区间复杂,成本也就相应提高。单项商品订购,其所需协调复杂程度则比整套系统更简单。

(2) 运输点的特殊要求。每位客户的运输条件可能不同,有些人只要求送至商店门口,有些客户可能要求入仓,另有些客户甚至要求每项产品依店面摆设上架。

2) 订单的特性

(1) 每一订单所要求的反应时间、到达频率及订购数量。反应时间越快,越会提高物流处理的复杂性及成本;下单频率越不规则,越会造成规划的困难。

(2) 产品运输属性。产品是整箱上车,或是零星散装,会极大地影响物流配送效率。此外,运输点的位置与集中程度、是否需做不合格产品回收,这些与成本有关的因素均会影响配送效率。

(3) 加工及处理要求。产品加工及处理的特殊要求不同,其发生的物流成本会产生很大的差异。例如,干货与冷冻产品在物流处理上有极大的不同,会大大影响物流成本。此外,产品的加工需求、是否需开箱逐一贴标签再装回,也会影响最终的物流成本及复杂度。

(4) 产品特性。产品间的可替代性不同,物流成本的差别会很大。可替代性程度高的产品,会降低物流作业的复杂度,并会相对降低仓储的需求,因为不需提供超额存货,以备不确定的需要。

当管理者仔细思考上述问题之后,则可按照订单与产品的特性,拟订适合的物流管理政策,以提高客户满意度及物流效率,从而有效地管理物流成本。

二、作业成本法在物流业中的应用

(一) 作业成本法实施的基础工作

不论是货主企业的物流部门还是物流企业,要导入作业成本制度,需要从系统设计的角度考虑该制度实施的一系列准备工作。

1. 明确实施目的

作业成本制度的实施可以有多种目的,因此物流企业或货主企业物流部门在设计作业成本制度时,首先要做深入的需求分析,根据需求分析的结果来决定制度实施的目的,再依据明确的目的进行详细的设计。

如果实施的目的是为了降低成本,则可能需要针对作业归集比较详细的作业成本信息;如果作业成本制度的目的在于协助做出策略性的营销决策时,则可能需要归集较多的有关产品或者客户方面的成本信息。另外,对于货主企业的物流部门来说,其作业成本制度的实施也可能与整个企业作业成本法的实施相结合,在整个企业范围内推行作业成本制度,以达到更高层次的目的。

2. 确定实施的范围

一般来说,作业成本制度实施目的的确定就决定了作业分析的范围,而作业分析范围的大小会影响到投入时间和人力的多少。为了避免贸然地进行全面实施而导致成效不佳,企业可以先以小规模先导示范的方式(Pilot Study)进行。先导示范法先对组织中有限的范围进行研究,范围的选择可以考虑下列因素:

(1) 实施地点的多少;
(2) 所有或部分成本标的;
(3) 所有或部分作业;
(4) 全部或部分会计期间;
(5) 历史的或者预算成本数;
(6) 单一期间或者产品生命周期观点。

3. 所需要的基础资料

构建一套作业成本制度模型,首先要归集与此模型相关的公司内各单位的有关资料,主要包括:

(1) 公司组织结构图;
(2) 公司会计科目设置;
(3) 成本会计制度及其相关的记录表格;
(4) 工作说明书;
(5) 厂房配置图;
(6) 作业流程等。

4. 作业与成本动因分析的基本方式

收集到上述基本资料之后,就可以采用一定的方式进行作业与成本动因分析。进行作业和成本动因分析的基本方法有如下5种。

(1) 观察。这需要由对此项工作有经验的人来进行,可以迅速地收集到与作业有关的资料。但这种方法归集的资料相对较少,一般只能当补充使用。

(2) 记录时间。让员工使用工作日志之类的工具,记录执行某项工作所使用的时间。若员工对填写记录表不热心时,应考虑给予一定的激励以获取正确的信息。

(3) 问卷调查。使用此法可以当做访谈前的准备工作,也可以当做主要的信息收集工具。使用此法时要注意问卷的题目必须完整、清楚,以避免资料收集不够完整或受访者误解题意而提供错误的信息。

(4) 访谈。这是一种最主要的且被普遍采用的信息收集方法。其优点在于通过双向的访谈,一方面可以收集到可以信赖的信息,另一方面可以教育使用者;缺点是相当费时。访谈的问题可以包括部门内的各项重要作业是什么、作业所需要的资源有哪些、作业为什么发生、绩效考核指标是什么? 确认成本标的(可能是客户、产品或其他部门)等。

(5) 工作抽查。以观察的方式衡量员工从事于某一特定作业的时间。使用这种方式要注意抽查的时段要具有代表性。

作业与成本动因的分析往往是混合使用以上各种方法,总的来说,需要的信息越准确,其花费的时间和成本就越高,企业可以根据所需信息的精确程度来选择适当的分析方法。

5. 作业成本制度与会计制度

普通的会计制度都是建立在对外公布财务报告的规定基础上的,而作业成本法的实施则是为了更好地做好企业的成本管理。为此,会计科目的设置需要分类到更细的层次,如按照客户单位或者内部各部门进行分类等。

总分类账是建立作业成本制度成本分配流程的起点,但在设计作业成本制度时要注意到,分类账往往是为了编制财务报表的目的而编制的,为此在做成本分配之前需要将总分类账做适当的调整和细化。调整和细化的基本原则有两条:

(1)分解至部门层次。大部分的作业资料都是直接从部门取得的,将资源成本分解到各个部门层次将有助于把资源成本分配到作业上。

(2)调整不符合经济事实的项目。因为作业成本制度的主要目的是在于改善营运状况而不是财务报告目的,因此,不需要符合一般公认会计原则。例如,可以按照实际的使用年限而不是法定的会计使用年限来计提折旧;将研发费用逐期分摊而不是作为当期费用等。

(二)作业基础信息系统规划

作业成本制度可以提供较为准确的成本资料,企业除了可以利用这些成本资料做出较佳的定价决策外,还可以据以从事作业基础的成本管理。然而,作业成本制度的成功实施有赖于许多财务性和非财务性资料的提供。企业要应用作业成本制度,加强成本管理,首先必须改善其现有的会计信息系统,用以归集实施作业成本制度所需要的各种资料信息。我们把为实施作业成本制度而建立的信息系统称为作业基础信息系统(Activity-Based Information System)。

1. 设置作业基础信息系统的目的

一个良好的作业基础信息系统能够归集并提供及时、准确的成本信息,满足管理者的以下目的:

(1)满足客户的需求,包括及时运交客户所需的货品以及提供货品的市场销售分析;

(2)将存货库存控制在一定的水平,避免缺货或者存货过多;

(3)有效率地使用人力、机械以及设备等资源;

(4)制定合理的服务价格。

2. 作业基础信息系统的特点

(1)资料归集涵盖的范围要广泛;

(2)包含各种详细的成本分类方式;

(3)同时归集财务性和非财务性的资料,以作为成本分摊的基础;

(4)富有弹性,可以适时地提炼出各种成本管理决策分析所需要的不同信息。

3. 建立作业基础信息系统的步骤

1)分析信息系统所需要归集的资料项目

为了实现作业基础信息系统的既定目的,首先需要确定其所需要归集的资料项目,其基本步骤依次为:

(1)探讨管理者所需要做出的重要管理决策;

(2)辨认各管理决策所涉及的成本标的;

(3)辨认各成本标的所使用到的作业活动;

(4)辨认各作业活动所耗用的资源;

(5)辨认各作业活动的成本动因。

经过上述步骤,一个企业可以决定其作业基础信息系统必须对哪些资源和成本动因的耗用数量进行衡量并记录。

2) 设计作业基础信息系统

在设计一套包含交易处理程序以及软、硬件设施的信息系统时,在提供上述资料的前提下,再按照下列步骤进行:

图 3-5　作业基础成本管理系统基本框架

(1) 将系统依照企业的重要活动划分为各个应用子系统;

(2) 决定资料产出所须满足的信息需求;

(3) 确定资料的交流关系;

(4) 确定资料来源;

(5) 确定归集及记录资料的方法。

3) 实施作业基础信息系统

作业基础的信息系统与企业传统的或者原有的信息系统可以并存使用。一方面使用作业基础信息系统从事管理决策,另一方面仍然使用传统的信息系统从事财务信息的归集和对外报告。其配合使用的方法又可以有两种,一种是新系统完全独立,另一种是两者彼此进行整合,如图3-5所示。

图中,作业基础成本计算模块包含的模块如图3-6所示:

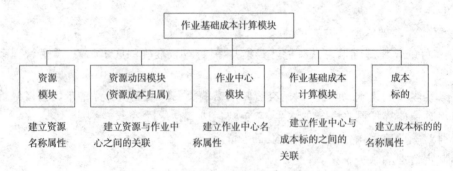

图 3-6　作业基础成本计算模块组成

4. 作业基础成本制度与现行制度的整合

1) 作业资料

作业资料的处理可以按以下两种方式进行组织:

(1) 依照部门将作业分类。一般而言,依照部门将作业分类是最合乎大多数人需求的一种选择,对部门内的作业按照工作内容自上而下一层一层地分解开。

(2) 依照业务程序将作业分类。如果按照作业流程分类,就可以按照作业的顺序,依次在作业模块中建立。

这两种方式的选择,完全依赖于使用者想如何将资源成本归属到作业,以及如何将作业成本归属到成本标的。作业的组织可以完全按照设计者的想法以及管理者的需求,将有些作业成本不直接分摊给成本标的,而是先将其分摊至另一项作业,再通过该作业将成本分摊下去。

作业方面的信息,可能还包含成本以及绩效或者其他方面的信息,如果能同时将这些信息融入作业基础成本模式中,便可以利用这些非财务信息进行作业管理或分析。使用者可以归集一些关于作业的属性资料结合到作业模块中,如表3-5所示。运用这些属性资料,就可以追踪关键作业(如有附加值或者无附加值作业)、作业的成本动因、所属程序及绩效评估指标等。最后在产生管理报表的时候,也可以通过属性将作业分类,使管理者缩小应注意资料的范围。

作业属性资料表　　　　　　　　　　　　　　　　　　表 3-5

作业代码	作业名称	成本动因	附加值大小（高、中、低）	绩效评估指标	程序
A0001	作业 1				
A0002	作业 2				
A0003	作业 3				
A0004	作业 4				

2) 成本标的资料

在资源与作业资料都加以组织之后,最后要进行成本标的资料的组织。成本标的模块的组织,完全视使用者的决策需要或者报表报告的目的而确定。成本标的不仅仅限于产品,客户、部门、市场、区域等都可以作为成本标的。使用者可以为不同的成本标的建立其资源与作业,再分别建立其与作业之间的关联,这样就可以按照不同的需求产生不同成本标的的管理报表。

3) 成本归属路径关联

资源、作业以及成本标的三者彼此之间的归属和分摊方式是作业成本制度实施的关键所在,也就是要将资源模块组的成本信息与作业模块组、成本标的信息相结合。不同的模块之间的账户可以定义其相关联的归属成本。

4) 作业基础管理报表

系统所提供的标准管理报表种类及其报表内容,可以经由三种方式产生:直接显示在画面上、直接打印产生和存档。

5) 作业基础成本管理

前面比较详细地阐述了如何建立作业基础成本信息系统,以及归集资料进行作业成本制度的成本分摊。但是,成本分摊并不是实施作业成本制度的最终目标。实际上,实施作业成本制度的真正的目标在于成本管理。

许多公司的现有资料无法进行有效的成本管理。如果按照前面的原则建立起作业基础成本信息系统,然后逐月统计各作业的累积成本,以及相关的成本动因数量,则可以通过作业成本的每月变动及分析,清楚地看出究竟哪些作业消耗公司的资源较多。

通过每月收集的资料,利用作业基础成本信息系统,可以统计产生出许多作业基础管理报表,并做出相关分析。

(三) 物流企业作业成本法的实施案例

本例选择一销售型物流企业(销售型物流企业是指向上游供应商买断商品,再转售给下游零售门市商店的企业,属于商品批发型流通企业性质)进行。

【例 3-1】 某销售型物流公司的仓库布置如图 3-7 所示。

该物流公司在作业成本制度的实施上主要从以下几个方面展开:

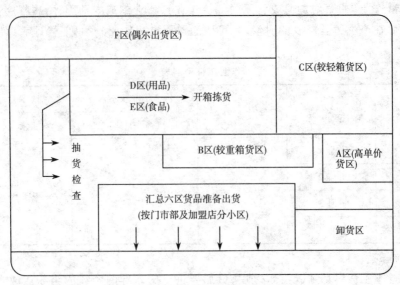

图 3-7 销售型物流公司仓储平面布置

1. 作业的确定

根据实际了解该公司物流作业流程以及分析各种相关资料,再合并一些相关作业,归纳出下述作业来涵盖该公司的整个物流处理程序,如表 3-6 所示。

销售型物流企业的作业划分　　　　表 3-6

作业序号	作业	累计成本	可能的成本动因
1	采购处理	采购人员成本、采购处理成本、采购设备的折旧及维护	采购次数(笔数)
2	进货验收	进货验收人员成本、验收设备的折旧及维护	验收托盘数(ABCDE 区)
3	进货入库作业	进货人员成本、叉车设备折旧	托盘数(ABCDE 区)
4	仓储作业(ABCDE 区)	仓库管理员成本、储存仓库的租金、折旧费用、维护费用、财产税、杂项费用(包括拣货储存区的空间费用)	所占空间、体积
5	人工补货(DE)区	开箱人员成本、搬运人员成本、设备	补货箱数(DE 区)
6	叉车补货(BC)区	叉车驾驶员成本、叉车折旧、维修费用、托盘成本	补货托盘数(BC 区)
7	EOS 作业	接收订单人员成本、订单处理成本	一般订单数
8	BC 区拣货准备	拣货人员等待成本、拣货设备折旧及其维护	订单数

续上表

作业序号	作 业	累 计 成 本	可能的成本动因
9	BC区拣货作业	拣货人员成本(约占总拣货人员成本的百分比)	箱数
10	DE区拣货准备	拣货准备成本、拣货设备折旧及维护、人员等待成本	订单数
11	DE区拣货作业	拣货人员成本	包数
12	A区拣货	拣货人员成本、拣货准备成本	拣货次数
13	出货作业	车辆调配、油料、车辆维修折旧、驾驶员成本	出货托盘数
14	营销管理作业	人员成本、文具用品费用、电脑设备、通信费用、教育培训费用	营业金额

2. 成本标的的选择

在作业成本制度的实施中,成本标的的选择可以随着分析目的的不同而有所不同。如果分析的目的是探讨每一个便利店的成本,则成本标的一定是每一个便利商店;如果这里设定研究目的是探讨每一个商品的物流成本,则成本标的就定义为商品。

虽然该公司经销的商品种类繁多,但其流程仍大致按不同区位的商品而有所不同,为此可以把商品分成 A、B、C、D、E、F 六大类,而 F 区中商品因属于非经常性销售项目,因此建议将其排除,最终用来计算成本分摊的商品被分为 A、B、C、D、E 五大类。该公司作业成本制度下的成本分摊二阶段模式如图3-8所示。

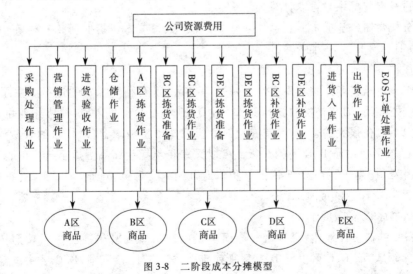

图3-8 二阶段成本分摊模型

3. 作业成本分析

由于人工成本以及折旧费用等都是按月计算的,因此,公司每月都要根据表3-6中的作业,累计计算各项作业的成本。再按照各成本标的的成本动因消耗量,将作业成本分摊到各区域的商品中。

1) 采购处理作业

采购处理就是公司对外的采购作业,由于每个区域商品的采购频率不同,所以在分摊采购成本上也应该有所区别。根据实地研究观察,采购处理作业的成本动因选择为每个区域的"订单笔数"。每种产品采购一次,不管其每次的订货量或者订货金额多少都视为一笔。

采购处理作业的成本主要是人事成本和订单服务费用。月末采购处理作业的成本分摊系数计算公式为:

每笔采购处理作业成本 = 采购处理成本总额(人事成本 + 折旧费 + 订单服务费 + 耗材)/(A区 + B区 + C区 + D区 + E区)订单总笔数

2) 进货验收作业

进货验收作业为对外采购商品入库前的检验工作,因每一个区域的商品采购量不同而不同,采购量越大则验收成本越高,因此,应按照采购量的多少作为验收成本分摊的动因,而托盘数的多少反映了采购量的多少,因此以托盘数验收作为入库作业的成本动因。月末验收作业成本分摊系数的计算公式为:

每托盘货物验收作业成本 = 验收成本总额(人事成本 + 折旧费 + 耗材等)/(A区 + B区 + C区 + D区 + E区)托盘数

3) 进货入库作业

进货入库作业是指将对外采购商品搬入仓库的作业,入库成本当然也与采购量成正比,从而可以以托盘数作为进货入库作业的成本动因。计算公式与上面相类似。

4) 仓储作业

由于仓库作业人员都承担着入库、补货等作业,因此,这里的仓储作业成本主要是仓库的租金(包括仓储设施的折旧)。而每个区域的面积已经事先固定,除非仓库布置重新改变,否则很少变动。显然,仓储作业的相对成本动因为每个商品区域所分配的库存面积。仓储作业成本的月末分配系数可以计算为:

单位面积仓储作业成本 = 仓储作业成本总额(人事成本 + 折旧费 + 耗材等)/(A区 + B区 + C区 + D区 + E区)总面积

5) 补货作业

补货作业是指将商品由仓库搬运至拣货等待区,以有利于拣货的进行。由于B、C区的商品属于重型商品,因此补货需要用叉车,而D、E区属于轻型商品,补货作业由人工完成,在成本结构上存在很大的差异,尤其在机器的折旧与维护成本上,B、C区的补货作业成本要高出D、E区很多。由于B、C区的补货大多以叉车将整托盘商品搬运至拣货区,因此其对应的成本动因为"托盘数";而D、E区的补货作业则为人工搬运,对此,可以用"补货搬运箱数"作为D、E区补货作业的成本动因。

6) 拣货准备以及拣货作业

A区商品的拣货作业比较简单,一般而言是由载货车驾驶员在出货时按照拣货单直接到A区仓库领取,而B、C区以及D、E区所牵涉的作业就比较麻烦,B、C区内的商品有轻有重,D、E区内的商品种类多样化,因此在作业划分时有必要将拣货作业区分成两段,前段称为拣货准备作业,后段称为真正的拣货作业。

就"拣货作业"而言,每个区域商品的成本动因都是"拣货次数"。但是每区使用的销售单位有所不同,A区商品销售按"条"计,B、C区商品销售按"箱计",而D、E区商品销售则按"包"计。此外,每个区域的拣货作业成本的构成也不同,A区以人事成本为主;B、C区除人事成本外,则需要计算拣货搬运设备的折旧费和维修成本;而D、E区除人事成本外,也要包括传送带的折旧费和维护费用。

B、C区和D、E区的商品需要经过"拣货准备"作业,此项作业是拣货作业的规划设计以及拣货单的准备工作,以使得拣货作业更加具有效率。拣货准备作业成本以人事成本为主,其成本动因为"订单张数",也就是假设每一张订单所耗用的拣货准备成本不会因订单内容或订购数量而影响其准备成本。

7) 出货作业

出货作业包括拉货上车、运输、卸货以及车辆维护与指派等作业。从理论上讲,该作业应该进行更进一步的细化,但由于该公司在该作业的成本资料追踪和归集上有困难,因此只好将这些作业合并为一项出货作业。出货作业的成本主要包括驾驶员的成本以及外包车辆的费用、内部车辆的维修费、折旧费、保险和油料费等。出货作业的成本与运输量有关,由于等待出货的商品均放置在托盘上,因此合理的出货作业动因选择为"出货托盘数"。

8) 营销管理作业

营销管理作业是指行政管理部门的支持性作业,由于管理成本必须分摊到三个物流中心,而这里只讨论了一个物流中心,因此,这里只需摊提部分的营销管理成本。营销管理费用的分摊以"销货金额"作为成本动因,其理由是营销管理成本往往是按照销售额的固定百分比提取的,随着公司业务量和销售金额的提高,公司的营销管理费用也会随之提高。

9) EOS订单处理作业

EOS为处理各便利商店向公司订购的作业,其作业成本包括人事成本、EOS机器的折旧费与维护费用。随着商品订货项目的增加,EOS的成本也会随之增加。EOS订单处理作业成本以订单笔数作为成本动因。

划分了作业,明确了每项作业消耗的资源成本并进行日常的统计工作,再按照图3-8所示的二阶段成本分摊模型,就可以按照既定的成本标的来进行公司作业成本的计算,并在此基础上开展相应的作业附加值分析、作业成本标的的确定以及客户的获利能力分析。

任务小结

作业成本法实施的基本思路是取得物流成本基础信息,将物流成本分摊到各项作业,选定成本标的,将作业成本归属至成本标的、计算和分析物流作业成本并进行相关管理。物流作业成本法实施中的关键在于确定各项作业的成本动因、确定成本标的及确定物流作业成本累计模式。作业基础信息系统是企业全面推行作业成本制度的基础。物流企业或者货主企业的物流部门在作业成本的实施过程中,要完善各方面的基础工作,同时要关注作业基础信息系统的开发和利用。

思考与练习

1. 简答题

(1) 与传统成本计算方法比,作业成本法的优点是什么?

(2) 作业有哪些种类?作业的确定要考虑哪些因素?

(3) 成本动因的确定要考虑哪些因素?

(4) 应用作业成本法时,如何确定成本标的?

(5) 物流业中运用作业成本需要做好哪些基础工作?

2. 案例分析题

索尼集团全球物流的增减之道

索尼集团公司的物流理念是:必须从战略高度去审视和经营物流,每时每刻都不能忽视物流。索尼集团全球物流公司通过不断革新物流经营模式,根据全球市场需求而不是根据索尼工厂的生产计划彻底重振全球物流网络渠道,千方百计紧缩存货,率先在美国物流市场积极推广,大胆开创和增设智能型多功能配送渠道,成效卓著。

索尼集团公司拥有和经营分布于全世界的数十家工厂和200个多全球性的销售网络。据国际物流专家估计,仅仅在电子产品方面,索尼集团公司每年的全球集装箱货运量已经超过16万标准箱,是世界上规模比较大的生产厂商和发货人之一。为了充分发挥跨国经营的杠杆作用,扩大其在国际市场上的竞争能力,进一步改善物流供应链,竭尽全力缩短从产品出厂到客户手中的过程和所用的时间,特别是要缩短跨国转运、多式联运和不同类型运输方式之间货物逗留的时间,保证"零逗留时间,零距离,零附加费用,零风险"物流服务全面到位,大力加强索尼集团公司和物流链服务供应方之间的合作关系和始终保持电子数据信息交换联系的畅通,最终确保索尼物流增收节支。

索尼公司认为,仓储成本过高对于物流十分不利,索尼物流在美国年均产生仓储费用就高达2000万美元,其中还没有包括昂贵的内陆公路和铁路运输费用、集装箱货物被盗窃所产生的货损货差赔偿费用、集装箱货物运输保险费用。减少物流仓储必然会减少物流成本、加快供应链运转速度和确保物流的安全操作。

在2001年至2003年之间,索尼物流公司在美国的仓储场所被削减一半以上,供应链存货量也被减少一半,从原来的15天存货储备改为6天半存货。其中包括把索尼物流公司设立在美国西海岸原来众多的仓库撤销,通过所谓交叉式站台集散服务面和提高快速货递频率,从一个月仅仅送货一次改为一周几次的供应链模式,把仓储业务全部集中到在美国西海岸的洛杉矶港附近卡森专门建立的一座物流中心,该中心内的集装箱装卸设备非常先进,以此为中心,以点带面,用快件速递方式把集装箱货物向美国腹地发运,大约3天,从美国西海岸港口卸下的集装箱货物就可以抵达美国东海岸。

任何事物都是一分为二的,索尼物流公司把其在美国西海岸几乎全部物流业务集中在洛杉矶附近的卡森物流中心确实是有一定的风险,但是索尼公司认为这些风险在目前经营管理技术条件下是可以克服的,其最大的优势是减少管理层面,把原来错综复杂的物流业务集中到一个中心,不仅避免不必要的财力、物力、人力等资源浪费,进一步减少物流基础设施的投资总额,而且提高了物流的效率和效益。迄今索尼公司在美国经营的物流配送所发生的成本是世界上最低廉的。

由于实施多国拼箱的方法,索尼公司把半箱货物的集装箱从某一个产地发往新加坡或者高雄,在那里把其他产品补充装入箱子,变成满箱货物的集装箱,然后继续运输,直至北美或者欧洲某目的港。这种物流方法的最大好处,首先是避免了等候时间,同时也大幅度减少通关时间。

索尼新加坡公司在船舶或者航空货机开航前7天准备货物托运手续,由于采用若干出口优先规划,海运已经缩短到4天,空运缩短到1天。索尼物流公司所采用的零配件采购经营方式是独一无二的,即通过第三方经营人控制和实施索尼物流公司的供应链管理业务,所有的物流费用也是通过第三方经营人收取的。

由外及里的索尼物流经营管理模式在最大限度内提高物流服务销售量,同时却大幅度减少索尼公司物流资源的浪费。例如索尼物流公司在美国各地总共拥有9家零配件采购基地,其员工总数不过300人,同时索尼物流公司在美国各地拥有106家成品配送中心,其员工总数仅仅700人,职工队伍人数少,却以少胜多,创造出令人瞩目的物流业绩。索尼美国公司在索尼中国公司的密切配合和支持下,在美国经营的零配件和成品物流年均收益曾达到27.6亿美元。

思考:

(1)索尼公司采取了哪些措施使其配送成本最低廉?

(2)它的运输方式有哪些?对国内的物流配送中心有何启发?

任务四 物流成本预算与控制

内容简介

物流成本预算是用货币单位表示的物流系统成本计划,是企业控制物流活动的重要依据和考核物流部门的绩效标准;而物流成本控制则是根据预定的物流成本目标,对企业物流活动过程中形成的各种耗费进行约束和调节,发现偏差,纠正偏差,实现乃至超过预定的物流成本目标。本任务介绍了物流成本预算与控制的概念、原则、思路等,重点分析物流成本预算的编制方法及物流成本控制的方法与途径,使学生能够在对基本概念的认知基础上灵活应用相关方法进行物流成本预算与控制。

教学目标

1. 知识目标
(1)了解物流成本预算与成本控制的含义、原则;
(2)掌握物流成本预算的基本方法;
(3)掌握物流成本控制的基本方法。
2. 技能目标
(1)运用弹性预算和零基预算进行物流成本预算的编制;
(2)运用目标成本法、标准成本法、责任成本法等方法进行物流成本控制。

案例导入

沃尔玛的成功之道——物流成本控制

在沃尔玛超市里,"天天低价"是其最醒目的标签,但这只是沃尔玛的表象。

虽然薄利多销是沃尔玛恒久的原则,就像沃尔玛的创始人山姆·沃尔顿的名言:"一件商品,成本8毛,如果标价1元,可是销量却是标价1.2元时的3倍,我在一件商品上所赚不多,但卖多了,我就有利可图。"但沃尔玛从来都是以合理的利润率决定价格,而非刻意低价。中国国内某些企业也一度把"低价策略"视为至宝,却成了价格战的牺牲品。沃尔玛"天天低价"的背后有一整套完善的物流管理系统,因为它的物流成本永远控制在最低,所以才能保持"天天低价"。通过高效的供应链管理体系来降低物流成本和保持最大销售量是沃尔玛保持高效的存货周转的核心竞争力。

引导思路

(1)沃尔玛是如何能够做到"天天低价"的?
(2)沃尔玛是如何实现将物流成本控制到最低的?

项目一　物流成本预算认知

教学要点

（1）利用网络,收集有关物流成本预算的资料；
（2）掌握物流成本预算的含义、编制内容。

教学方法

可采用讲授、案例教学方法。

一、物流成本预算的概念

物流成本预算是指所有的以货币形式及其他数量形式反映的有关企业未来一定时期全部物流活动的行动计划与相应措施的数量说明。

物流成本预算作为计划实施与控制的中间环节,它的作用表现在:使物流成本计划进一步具体、明确,通过设定目标和相关责任,将现状与设定目标进行对比分析,以此来协调企业的物流活动,同时它还是控制日常物流活动的标准,也是考核物流业绩的依据,因此,企业在开展物流活动时就必须做好物流成本预算。

二、物流成本预算的编制内容

物流成本预算的编制可以按照各种不同的分类标准进行编制。

1. 按物流流程编制

企业物流流程成本包括供应物流成本、企业内物流成本、销售物流成本、回收物流成本、废弃物流成本等。

以某制造企业为例,以企业上年的物流成本统计数据为基础,根据物流成本控制目标,制定出本年的物流成本预算,见表4-1。

按物流范围进行编制的物流成本预算（单位:万元）　　　表4-1

成 本 项 目	上年实际数	预计增减比率(%)	本年预算金额
供应物流成本	100	10	110
生产物流成本	150	—	150
销售物流成本	20	−5	190
回收物流成本	10	−40	6
废弃物流成本	20	−10	18
总计	480		474

在上述预算中,首先要确定预计增减比率,它随着物流业务量的增减而增减,同时还要考虑控制物流成本。其次是对每一项物流成本的预算,应当采取一定的技术手段将其细化,例如将供应物流成本细化为材料费、人工费、折旧费、办公费等。此外物流成本预算除了按照年度进行编制以外,也可以按照季度、月度进行编制。

2. 按物流功能编制

它包括物品流通成本、物流信息流通成本和物流管理成本三个部分。

物品流通成本是指为完成商品物理性流通而发生的费用,包括包装成本、运输成本、配送成本、仓储成本、流通加工成本、装卸搬运成本等。物流信息流通成本是指因处理、传输有关的物流信息而产生的费用,包括与储存管理、订货处理、顾客服务有关的费用。物流管理成本是指进行物流计算、调整和控制所需的费用,包括作业现场的管理费,也包括企业物流管理部门的管理费。

3. 按支付形式编制

它包括材料费、人工费、公益费、维护费、一般经费、委托物流费和向其他企业支付的物流费等。其中各项费用包含的内容如下:

(1) 材料费:物资材料费、燃料费、消耗性工具、低值易耗品摊销以及其他物料消耗等费用。

(2) 人工费:工资、奖金、福利、医药、劳动保护以及职工教育培训费。

(3) 公益费:给公益事业单位所提供的公益服务支付的费用,如水费、电费、燃气费、煤气费、冬季取暖费和绿化费等。

(4) 维护费:土地、建筑物、机械设备、车辆、船舶、搬运工具、工具器具备件等固定资产使用、运转和维修保养所产生的费用,如维修保养费、折旧费、房产税、土地车船使用费、租赁费和保险费等。

(5) 一般经费:差旅费、交通费、会议费、书报资料费、文具费、邮电费和零星购进费等。

(6) 特别费用:企业内利息等。

(7) 委托物流费:物流业务委托给物流业者时向企业外支付的费用。

(8) 向其他企业支付的物流费:如商品购进时采用送货制时包含在购买价格中的运费和商品销售采用提货制时因顾客自己取货而扣除的运费等虽未进行物流活动却产生的物流费用。

项目二 物流成本预算编制方法

教学要点

掌握物流成本预算的三种方法。

教学方法

可采用讲授、案例教学等方法。

物流成本预算的编制方法通常包括弹性预算法、零基预算法和滚动预算法。在企业实际工作中,由于预算控制法可操作性强,应用灵活,往往与企业财务预算控制相结合,在物流企业不具备目标成本、标准成本制定条件的情况下,大都采用预算成本控制法。

一、弹性预算法

弹性预算也称为变动预算或滑动预算,它是相对于固定预算而言的一种预算。它在编制成本预算时,会预先估计到计划期内业务量可能发生的变化,编制出能分别适应各种业务量的成本预算。由于这种预算随着业务量的变化而变化,本身具有弹性,因而叫做弹性预算。

1. 弹性预算的基本原理

按照物流成本习性,在编制弹性预算时首先应将预算中的全部成本费用分为变动费用和固定费用两个部分。固定费用在相关范围内,其总额不随业务量的增减而变动,因此在按照实际业务量对预算进行调整时,只需调整变动成本即可。

设固定预算中的费用预算总额为:

$$Y = a + bX \tag{4-1}$$

式中:a——固定费用总额;

b——单位生产变动成本;

x——计划业务量。如果实际业务量为 Z,按照实际业务量调整以后的预算总额为:

$$Y = a + bZ \tag{4-2}$$

2. 弹性预算的编制步骤

1) 选取业务量计算单位

要选择代表性强的业务量作为计算单位,例如运输成本预算选择吨千米作为计量单位,仓算选择仓储作业量(托盘数、吨)作为计量单位,供应成本预算选择材料采购量(吨)作为计量单位,等等。

2) 确定业务量变动范围

确定业务量变动范围时应满足业务量变动的实际需要,有以下三种方法:

(1) 把业务量范围确定在正常业务量的 60%~120%。

(2) 把历史上的最低业务量和最高业务量分别作为业务量范围的上限和下限。

(3) 对企业预算期的业务量做出悲观和乐观预测,分别作为业务量范围的上限和下限。

3) 选择弹性预算的表达方式

表达方式主要有列表法和公式法。

(1) 列表法先确定业务量变化范围,划分出若干个业务量水平,再分别计算出各项物流成本项目的预算成本,汇总列入预算表格。

(2) 公式法:将所有物流成本项目分解为固定成本和变动成本,确定预算成本计算公式为:

$$Y = a + bX$$

式中:a——混合成本中的固定部分和固定成本的和;

b——混合成本中的单位业务量变动成本和变动成本的和;

X——业务量。

【例 4-1】 假定某企业业务量(物流商品流转量)由 40000、30000、20000 到 16000 个单位发生变化,物流成本的弹性预算见表 4-2。

物流费用弹性预算(单位:元) 表 4-2

成本明细项目	变动费用分配率	物流商品流转量			
		40000	30000	20000	16000
变动费用					
包装费	0.4	16000	12000	8000	6400
运输费	0.6	24000	18000	12000	9600
搬运费	0.3	12000	9000	6000	4800
流通加工费	0	20000	15000	10000	8000
装卸费	0.2	8000	6000	4000	3200
小计		80000	60000	40000	32000
固定费用					
保管费		10000	10000	10000	10000
订货处理		10000	10000	10000	10000
信息流通		15000	15000	15000	15000
物流管理		5000	5000	5000	5000
客户服务		1500	1500	1500	1500
小计		41500	41500	41500	41500
物流成本费用		121500	101500	81500	73500

二、零基预算法

零基预算,也称为"以零为基础编制计划预算"。在编制间接费用或固定费用预算时,传统的方法是:以过去各种费用项目的实际开支数为基础,考虑到预算期业务变化,对以往的开支数作适当的增减调整后加以确定。这种方法的不足之处在于:以往的开支中势必有不合理的费用支出,如果仅笼统地在此基础上加以增减,很有可能会使这些不合理的费用开支继续存在下去,无法使预算发挥其应有的作用。

为广解决这个问题,人们提出零基预算的预算编制方法。

零基预算法以零为基础,不考虑以往的费用开支情况,提出物流成本预算目标;然后进行成本效益分析,对每一个预算项目的收益与耗费进行比较,在权衡各个物流费用开支项目轻重缓急的基础上决定所有预算项目资金分配的先后顺序;最后根据确定的先后顺序将企业物流活动在预算期内可动用的资源,在有关项目之间进行分配。这样,既保证优先项目的资金需要,又使预算期内各项物流活动得以均衡协调,从而保证资源的有效利用。因此零基预算法可以有效地节约经费开支,优化资金的使用效果。

1. 零基预算的特点

(1)零基预算以零为起点,根据成本发生对于预算单位目标实现的必要性,来确定成本预算。

(2) 零基预算要求对一切业务活动,不论过去做过还是没有做过,都毫无例外地逐个进行成本—效益分析。

(3) 零基预算首先从业务活动本身考虑问题,对每一项业务活动逐个分析之后,再确定其成本支出水平和收益率。

(4) 零基预算对待所有业务,不论新旧,都看成整体的组成部分,同等看待并统一安排。一律根据成本—效益分析来确定它们的重要程度,根据重要程度增加或削减开支。

2. 零基预算的编制步骤

(1) 划分和确定基层预算单位:基层预算单位可以是物流运作的基层部门。

(2) 编制本单位的费用预算方案:企业提出总体预算目标,各基层预算单位根据总目标和自身的责任目标,从零出发,编制本单位费用预算方案,详细说明项目的目的、性质、作用以及开支项目。

(3) 进行成本—效益分析:基层预算单位按下达的"预算年度业务活动计划",确认业务项目及其费用开支,基层预算单位的业务项目一般分为三个层次:第一层次是必要项目;第二层次是需要项目,即有助于提高质量效益的项目;第三层次是改善工作条件的项目。管理层进行成本—效益分析,判断各个项目费用开支的合理程度、先后顺序以及对本单位业务的影响。

(4) 审核分配资金:依据项目的轻重缓急次序,分配资金,落实预算。

(5) 编制并执行预算:资金分配方案确定后,制定零基预算正式稿,经批准后下达执行。

【例 4-2】 某物流部门根据企业目标以及自身所承担的经营任务,提出计划期各项费用见表 4-3。企业下达可供物流部门使用的资金为 730000 元,采用零基预算法编制 2009 年物流费用预算。

物流部门计划期费用(单位:元) 表 4-3

费用项目	费用标准	费用项目	费用标准
人员工资及福利	200000	广告宣传费	350000
设施设备折旧费	50000	仓库保管费	25000
材料采购费	35000	物流信息费	120000

1) 根据有关历史资料,对各种费用进行"成本—效益分析"

物流部门人员工资及福利设施设备折旧费属于约束性固定成本,是企业必不可少的开支项目;材料采购费和仓库保管费属于变动性物流费用,与业务量有关,是完成计划规定的物流业务必不可少的开支。

广告宣传费和物流信息费要作进一步分析。根据以往的平均费用金额和相应的平均收益金额,计算成本比率,见表 4-4。

"广告宣传费和物流信息费"成本—效益分析(单位:元) 表 4-4

明细项目	平均费用	平均收益	成本效益比率(%)
广告宣传费	20000	400000	5
物流信息费	40000	400000	10

2) 安排各项费用开支顺序

采购费用和仓库保管费用是必需的开支项目,需全额保证,列为第一层次;人员工资及福利和设施设备折旧费,列为第二层次;广告宣传费成本收益水平高于物流信息费,列为第三层次;物流信息费,列为第四层次。

3)分配资金,落实预算

物流部门可使用的资金为 730000 元,分配结果见表 4-5。

物流部门零基预算报告(2009 年)(单位:元)　　　表 4-5

费用项目	优先级	预算费用
材料采购费	第一层次	35000
仓库保管费		25000
设施设备折旧费	第二层次	50000
人员工资及福利		200000
以上费用合计		310000
广告宣传费	第三层次	(730000 − 310000)×20/30 = 280000
物流信息费	第四层次	(730000 − 310000)×10/30 = 140000

三、滚动预算法

通常情况下物流成本预算的预算时间是一年,以便和会计年度相一致,对预算执行结果进行评估和分析。但是,这种固定年限的预算在实际工作中存在诸多缺陷,由于实际执行情况下每个月都会发生变化,固定年限的预算对今后每个月的情况只能做大致的预测,而预测与实际往往存在误差,造成执行上的困难。为解决上述问题,企业可以采取滚动预算(Rolling Budget)方法编制物流成本预算。这种方法要求始终保持 12 个月的时间跨度,前几个月的预算做得详细完整一些,后几个月的可以笼统概括一些,每过一个月(或季度),就根据际情况对后面的预算做一些调整和修正,并在原有的预算期补充一个月(或季度)的预算,逐期向后滚动。

滚动预算符合企业持续经营的一般假设,预算具有连续性和完整性,它帮助管理者通过动态预算过程对企业一段时期的物流经营活动做出详细和全面的安排。此外,滚动预算方法符合人们对事物的发展认识过程,允许人们对预算做出调整和修正,以适应客观情况的变化,提高了预算的科学性和有效性。

项目三　物流成本控制认知

教学要点

掌握物流成本控制的定义与分类。

教学方法

可采用讲授、案例教学方法。

一、物流成本控制认知

物流成本控制，就是物流过程中，对物流成本形成的各种因素，按照事先拟定的标准严格加以监督，发现偏差就及时采取措施加以纠正，从而使物流过程中的各项资源的消耗和费用开支限制在标准规定的范围之内。

二、物流成本控制的原则

进行物流成本控制需遵循以下原则：
1. 经济原则

所谓经济原则指的是以较少的投入取得尽可能大的经济效果，也就是对人力、物力、财力的节省，强调效益观念，这是物流成本控制的核心，也是物流成本控制的最基本原则。

2. 全面原则

全面原则包括全员控制、全方位控制以及全过程控制。全员控制是指物流成本控制不仅有专职成本管理机构的人员参与，还要求企业全体人员的广泛参与，才能取得良好的控制效果。全方位控制指的是不仅对各项费用产生的数额进行控制，还要对发生费用的时间、用途进行控制，讲求物流成本开支的合理性、合法性和经济性。全过程控制是指物流成本控制不局限于生产过程，还要将其向前延伸到物流系统设计、研发，向后延伸到客户服务成本的全过程。

3. 目标控制原则

物流成本控制是企业目标控制的一项重要内容。目标控制原则是指企业管理以既定的目标作为人力、财力、物力管理的基础，从而实现企业的各项经济指标。物流成本控制是以目标物流成本为依据，控制企业的物流活动，达到降低物流成本、提高经济效益的目的。

4. 责、权、利相结合的原则

要加强物流成本控制就必须发挥经济责任制的作用，就必须坚持责、权、利相结合的原则，这就要求企业内部各部门、各单位要承担相应的物流成本控制职责，赋予相应的权利，并享有相应的利益，才能充分调动各方面对物流成本控制的积极性和主动性，取得良好的效果。

5. 重点控制原则

重点控制原则指的是加强对物流成本关键点的控制。企业日常的物流成本费用项目众多，计划与实际的差异点也非常多，如果平均使用力量进行管理，往往要花费大量的时间和精力，而且效果不佳。通过关键点的控制来降低物流成本，是一些物流发达国家的盛行做法，有利于提高物流成本控制的效率。

三、物流成本控制的分类

作为企业物流成本管理的一个重要手段，物流成本控制有广义和狭义之分。广义的物流成本控制，是指按照成本发生的时间划分为事前控制、事中控制和事后控制；狭义的物流成本控制仅指事中控制。

1. 物流成本事前控制

物流成本事前控制指的是运用目标成本法进行物流成本控制,或者采用预算法进行控制,属于前馈控制。目标成本法是指经过物流成本预测和决策,确定目标成本,并将目标成本进行分解,结合经济责任制,层层进行考核。物流成本事前控制主要内容包括物流系统的设计,如配送中心、仓库的建设,物流设施设备的配备,物流信息系统的建设,作业流程的改进优化等。据估计,60%～80%的物流成本在物流系统的设计阶段就已经确定了,因此物流成本事前控制是物流成本控制最重要的环节,直接影响到物流作业流程成本的高低。

2. 物流成本事中控制

物流成本事中控制指的是运用标准成本法进行物流成本控制,也就是日常控制,它对物流过程中所发生的各项费用(如设备费用、人工费用、工具设备费用和其他费用支出等)按预定的成本费用标准,进行严格的审核和监督,计算实际费用和标准之间的差异,并进行分析,一旦发现偏差,采取措施加以纠正,并进行及时的信息反馈。

3. 物流成本事后控制

物流成本事后控制指的是在物流成本形成之后,对物流成本的核算、分析和考核,属于反馈控制。物流成本事后控制通过实际物流成本和标准的比较,确定差异,分析原因,确定责任者,对物流成本责任单位进行考核和奖惩。通过分析,为企业今后的物流成本控制提供意见和措施,制定物流成本控制制度,从而降低物流成本。

四、物流成本控制的步骤

物流成本控制贯穿于企业生产经营的全过程,包括以下步骤:

1. 制定物流成本标准

物流成本标准是物流成本控制的准绳,是对各项物流费用开支的数量限度,是检查、衡量、评价物流成本水平的依据。物流成本标准应包括物流成本计划规定的各项指标,由于这些指标通常比较综合,不能用于具体控制,可以采用计划指标分解法、预算法、定额法等来确定具体的指标,还要进行充分的调查研究和科学计算,同时处理好与其他技术经济指标的关系。

2. 监督物流成本的形成

根据控制标准,经常对物流成本的各个项目进行检查、评比和监督,不仅要检查指标本身的执行情况,还要检查影响指标的各个条件,如设施设备、技术水平、工作环境等。

要加强物流费用开支的日常控制,要有专人负责监督,还要加强执行者的自我控制,明确经济责任制,调动全体员工的积极性。

3. 及时揭示和纠正偏差

揭示实际物流成本偏离标准成本的差异,分析差异的原因,明确责任的归属,提出改进措施并加以贯彻执行。一般采取以下步骤:

(1)提出降低物流成本的课题。从各种物流成本超支项目中寻找降低物流成本的课题,课题一般是成本降低潜力大、可能改进的项目,提出课题的目的、内容和预期要达到的效益。

(2)讨论和决策。发动有关部门人员进行广泛的研讨,尽可能提出多种解决方案,从中选择最优方案。

(3)确定方案实施的方法、步骤和负责执行的人员。

(4)贯彻执行方案。执行过程要加强监督检查,检查其经济效益及是否实现预期目标。

4.评价和激励

评价物流成本目标的执行结果,根据物流成本业绩实施奖惩。

项目四 物流成本控制的方法

教学要点

物流成本控制的方法。

教学方法

可采用讲授、情境教学、案例教学和分组讨论等方法。

物流成本控制的方法主要有目标成本法、标准成本法、责任成本法等。

一、目标成本法

(一)目标成本法认知

目标成本法是战略成本管理使用的一种工具,是为了更好地实现成本控制的目标,从战略的高度与企业的战略目标相结合,将成本控制扩展到产品生产的全过程,从产品开发、设计到生产制造以及销售阶段,实现全过程的物流成本控制的一种方法。

目标成本是一种预计成本,是指产品、劳务和工程项目等在其生产经营活动开始前,根据预定的目标所预先制定的产品、劳务和工程项目生产和营建过程中各种消耗的标准,是成本责任单位、责任人努力的方向与目标。

目标成本是有效地进行成本比较的一种工具,它将成本指标层层分解落实,使其与实际发生的生产费用相比较,找出差异,查明原因,及时采取措施加以改进,从而达到控制成本的目的。确认目标成本的过程,也是深入了解影响成本的各种因素以及这些因素对成本的影响程度的过程,从而有利于明确差异,加强成本管理。

(二)目标成本法的特点

与传统成本控制方法相比,目标成本法不是局限在企业内部计算成本,它需要更多的信息,例如企业的竞争战略、产品战略以及供应链战略等信息,企业拥有这些信息后,就可以实现各环节的物流成本管理。目标成本法具有以下四个特点:

1.实现了总体战略目标管理

目标成本法是一种基于企业长远性发展的战略管理技术,目标成本法改变了传统的把降低成本作为唯一目标的观念,实现了总体战略目标管理,其目的是提高企业的竞争实力。

2. 目标成本法是全过程、全员、全方位的成本管理方法

全过程指包括从供应商、制造商、分销商到客户的各个环节的节点企业的整个供应链活动过程的成本,体现了一体化的成本管理思想;全员指企业的每个员工上至高层管理人员,下至基层员工,都要建立目标成本的评价和激励机制,进行绩效考核,从而调动员工进行成本管理的积极性;全方位指从生产管理到企业战略、质量控制、后勤保障、员工培训、财务监督到企业内部各方面的工作以及企业竞争环境的评估、知识管理、供应链管理等。

3. 目标成本法运用了价值工程法

价值工程法是针对产品和服务的功能加以研究,以最低的生命周期成本,通过剔除、简化、变更、替代等方法,达到降低成本以及提高产品和服务价值的目的。确定物流服务必要的功能,避免功能过剩(物流服务功能多于或高于客户所必需的)和功能不足(物流服务功能不能满足客户的要求)现象的发生,追求物流服务的最佳价值,其公式如下:

$$价值 = 功能 / 成本 \tag{4-3}$$

式中:功能——物流服务的功能;

成本——物流服务的寿命周期成本,指为实现物流服务的必要功能在整个物流服务过程中所发生的成本。

从式(4-3)中可以看到,这里的价值不是传统意义上的价值,而是功能与成本的比值,比值越大,企业提供给客户的服务价值就越大,从而体现出物流服务物美价廉的程度。

利用价值工程可以很好地确定控制物流成本的界限,探讨在保留产品和服务功能、性能不变的情况下,降低成本的可能性。把价值工程作为实现目标成本的手段,建立一体化的物流目标成本,增加增值作业,减少非增值作业,使目标成本管理向纵深发展,为降低成本、提高效益开辟新的途径。

4. 建立了持续的成本降低机制

在目标成本下,成本控制是持续进行的,这种持续进行的成本控制是靠绩效评估系统的不断改进来保障的。客观、公正的绩效评估系统可以使管理者合理选择实现目标成本的方法,组织物流资源,并设置短期、中期和长期目标,使成本控制有了明确的方向。它促使企业员工了解组织的任务和自己承担的责任,并感受到管理系统的公平和自身的价值,调动了全体员工参与降低物流成本的积极性。

(三)物流目标成本制定的程序

第一步:在进行物流目标成本控制时,首先要确定物流目标成本,物流目标成本的确定包括物流总目标成本测算和物流单项目标成本测算。

1. 物流总目标成本测算

物流目标成本等于预期物流服务收入减去目标利润,因此首先要测算出目标利润,下面介绍两种测算目标利润的方法。

1)目标利润率法

采用经营相同或者相似业务的物流企业的平均报酬率来预计本企业利润。计算公式为:

$$目标利润 = 预计服务收入 \times 同类企业平均服务利润率 \tag{4-4}$$

$$目标利润 = 本企业净资产 \times 同类企业平均净资产利润率 \tag{4-5}$$

$$目标利润 = 本企业总资产 \times 同类企业平均资产利润率 \tag{4-6}$$

【例4-3】 某企业物流运输的同业平均服务利润率为17.8%,预计本年服务量为408

万吨千米,服务的市场价格为 1 元/(吨·千米)。

解:物流目标利润为 408×1×17.8% =72.5(万元);

物流目标总成本 408×1 -72.5 =335.5(万元);

物流目标单位成本 335.5÷408 =0.82 元/(吨·千米)。

采用目标利润率法的依据是本企业要达到行业中同类企业的平均报酬水平,才能在竞争中生存。有的企业甚至使用同类企业的先进报酬水平来预计目标成本。

2)上年利润基数法

随着企业生产经营的发展,企业高层领导会提出增长利润的要求。

计算公式为:

$$目标利润 = 上年利润 \times 利润增长率 \quad (4-7)$$

采用上年利润基数法的依据是未来是历史的延续,在考虑现有基础的前提下预计未来的变化,包括环境和自身的改变。有时董事会或上级会提出利润增长的明确要求,促使企业采用上年利润基数法。这样算出来的物流目标成本只是初步设想,不一定完全符合实际,还要对其可行性进行分析。

2. 物流单项目标成本测算

物流单项目标成本测算一般用于测算各个单项服务、作业的目标成本,有三种方法:

1)倒扣法

倒扣法是指根据市场调查得到的客户可以接受的单位价格,扣除企业预期的单位服务目标利润、单位税金以及单位服务期间费用,计算出来的单位服务目标成本。计算公式为:

$$物流单位服务目标成本 = 预计单价 - 单位服务目标利润 - 单位税金 - 单位服务期间费用 \quad (4-8)$$

【例4-4】 某新产品预计单位售价为2000元,单位产品目标利润为300元,该产品的税率为10%,预计单位产品期间费用为200元。根据倒扣法,求出该产品的目标成本。

解:该产品的目标成本为:

$$2000 - 300 - 2000 \times 10\% - 200 = 1300(元)$$

2)量本利分析法

量本利分析法是指按照目标利润、目标成本和预计销售量来计算单位变动目标成本。

依据销售量、成本和利润三者的关系,得出:

$$利润 = 单位价格 \times 销售量 - 单位变动成本 \times 销售量 - 固定成本 \quad (4-9)$$

导出目标单位变动成本的计算公式为:

$$目标单位变动成本 = 单位价格 - (利润 + 固定成本)/预计销售量 \quad (4-10)$$

【例4-5】 某企业加工一种新产品投入市场,据分析其单价不能高于同类产品售价(50元)的120%,预计加工该产品的固定费用为1500元,该产品的目标利润为11500元,预计产品销售量为1000件。求出该产品的目标单位变动成本。

解:该产品的目标单位变动成本为:$50 \times 120\% - (11500 + 1500)/1000 = 47(元/件)$。

3)比价测算法

比价测算法是指将新服务或新作业与原有的相似服务或作业作比较,如果是与原来相同的环节,则按照原来的成本指标测算;对于新的环节,则按照新材料的标准成本和工时标准进行测算。

与物流总目标成本测算一样，物流单项目标成本测算也需要不断调整，目标成本测算是目标成本控制的基础，物流目标成本测算的准确性关系到物流目标成本的控制效果。

第二步：物流目标成本的可行性分析。

物流目标成本的可行性分析，是指对初步测算的目标成本是否切实可行作出分析和判断。包括分析预计服务收入、物流目标利润和目标成本。

企业分析预计服务收入有三种方法，可以进行市场调研，调查客户的需要；也可以进行竞争者分析，掌握竞争者的物流服务功能、价格、服务水平等有关资料，与本企业进行对比；在上述两种比较之后，企业也可以通过比较确定自己的预计服务收入的可行性。企业分析物流目标利润应与企业的中长期目标及利润计划相结合，同时考虑销售、利润、投资回报、现金流量、物流服务品质、成本结构、市场需求和政策等因素的影响。最后企业根据自身实际成本的变化趋势和同类企业的成本水平，考虑成本节约的潜力，分析物流目标成本的可行性。

第三步：物流目标成本的分解。

物流目标成本分解是指在目标成本通过可行性分析后，将其目标成本自上而下按照企业的组织结构逐级分解到有关的责任中心，形成各自的成本控制目标。常用的物流目标成本分解方法有以下几种。

（1）按照管理层次进行分解：将物流目标成本按总公司、分公司、部门、班组和个人进行分解。

（2）按照管理职能进行分解：将物流目标成本在同一管理层次按职能部门进行分解。例如配送部门负责配送费用、运输部门负责运输费用、后勤部门负责燃料动力费用、行政部门负责办公费用等。

（3）按照服务机构进行分解：
将服务成本分成各种材料消耗成本或人工成本，并分派到各个责任中心。

（4）按照服务形成过程进行分解：将服务成本按照服务设计、服务材料采购、服务提供和服务的推广过程分解成本，形成每个过程的目标成本。

（5）按照成本的经济内容进行分解：将服务成本分解成固定成本和变动成本，再把固定成本分解成折旧费、办公费、差旅费、修理费等项目，把年度目标成本分解为季度或月度目标成本；把变动成本分解为直接材料费用、直接人工费用以及各项变动费用。

第四步：物流目标成本的分析、修正和考核。

物流目标成本的分析、修正是指将用实际业务量计算出的目标成本与实际成本进行比较，计算成本差异，检查目标成本的完成情况，找出差异原因，采取有效的成本控制措施。并根据客户的需求变化、市场变化对目标成本的影响，对目标成本进行必要的修订，使其更加合理可行。

物流目标成本的考核是目标成本得以顺利进行的保证，一般采取财务指标和非财务指标考核相结合的方法，通过公平合理的评价机制，激发员工降低成本的积极性。

（四）物流目标成本实施方案的评价——价值工程

企业确定物流目标成本的实施方案后，就要组织企业各方面的资源，重新设计物流系统和分销物流服务方式，实现目标成本。

价值工程可以有效评价物流系统和物流服务方式的合理性，它以功能分析为中心，以最低的成本向客户提供满意的服务,做到物流服务和成本的最佳配比,使物流各项作业实现恰当的价值。

1. 选择评价对象

由于价值工程的评价是整个生命周期成本,如果对每一个环节都进行功能分析、成本测算和价值评定,工作量会很大,也没有必要。按照成本控制的效益原则,进行重点控制,可以选择那些频率高、服务量较大、成本较高的物流服务活动作为价值分析的对象。

2. 根据对象收集信息

根据物流服务的性质、活动范围、业务流程、成本发生方式以及物流服务质量等,多方面收集经济和技术信息,收集的资料越充分对分析越有利。

3. 进行功能、成本和价值分析

首先要分析对象所具有的功能以及所起的作用,对物流服务活动的价值有无影响;其次对功能进行分类整理,哪些是功能过剩,哪些是功能不足,从而掌握需要改进的功能范围为功能改进提供依据。最后进行功能评价,针对不同的分析对象进行评价,然后与实际成本进行比较,求出各个分析对象的价值系数。

针对物流目标成本实施方案,常用的有评分法、功能价值评价和成本降低幅度评价两种。

1) 评分法

评分法即采用 5 分制、10 分制和 100 分制按照物流服务活动各方面的重要性打分,例如现有改进物流服务方式的三种备选方案,从及时性、流程复杂性、操作方便性、耗时、准确性和安全性等方面按 10 分制评分,见表 4-6。

功能评分表　　　　　　　　　　表 4-6

方案	及时性	流程复杂性	操作方便性	耗时	准确性	安全性	总分
1	6	10	10	6	4	10	46
2	9	6	8	5	6	5	39
3	9	8	10	9	7	10	53

方案 2 总分最低,初选淘汰。然后根据估计成本进行比较,见表 4-7。

估计成本比较表(单位:元)　　　　　　　表 4-7

方案	固定费用	变动费用(直接材料、人工费用等)	总成本
1	30	125	155
3	20	140	160

计算各方案的价值系数,设方案 1 的成本系数为 100,则方案 3 的成本系数为:

$$(160/155) \times 100 = 103.22$$

方案 1 和方案 3 的价值系数 V_1、V_2 分别为:

$$v_1 = 46/100 = 0.46$$
$$v_2 = 53/103.22 = 0.513$$

对比后选择方案 3。

2) 功能价值评价和成本降低幅度评价

在实际工作中,问题往往不像上述例子那么简单,因此,用功能价值评价和成本降低幅度评价可以对功能复杂的物流服务项目进行优劣的评判。其中:

$$功能价值 = 实现某一功能的目标成本 / 实现某一功能的现实成本 \quad (4-11)$$

$$成本降低幅度 = 实现某一功能的目标成本 - 实现某一功能的现实成本 \quad (4-12)$$

由于一个物流服务环节往往不止一个功能,而实现一个功能往往不止一个物流服务环节。因此要将市场和技术预测确定的物流服务目标成本,根据有关功能的复杂和重要程度(功能评价系数),按一定标准分摊到此功能上面,计算公式为:

$$某一物流服务环节目标成本 = 该物流服务方式目标成本 \times 该物流服务环节的功能评价系数 \quad (4-13)$$

上例中的功能价值和成本降低幅度的计算结果见表4-8。

功能价值和成本降低幅度 表4-8

物流服务环节	现实成本(元)	按功能评价系数分配目标成本(元)	功能价值	成本降低幅度(元)
A	237	240	1.012	-3
B	168	180	1.190	-12
C	105	90	0.857	15
D	281	180	0.640	101
E	76	90	1.184	-14
F	133	120	0.92	13
合计	1000	900		100

4. 确定最优方案

根据上面的计算结果,按照客户的需求,提出若干具有改进价值的新方案,再把各种方案进行分析和比较后,选择功能不变,但却使成本更低或功能更高的最优方案。

原则上应选择价值系数大于1或小于1的物流服务环节作为改善对象,如果价值系数等于1,说明该环节的功能与成本平衡,不必加以改善;价值系数大于1,说明功能重要性大的物流服务环节实际分配到的成本较少;价值系数小于1,说明功能重要性小的物流服务环节占用了过多的实际成本;因此可以将这两种情况作为提高或降低成本的分配对象。

例如上例中物流服务环节C和D的价值系数都小于1,尤其是D偏低,有降低成本的潜力。

寻求最优的改进方案是价值工程的关键,这就需要各个部门集思广益,集中各部门一起讨论和评价方案,如果测算出的物流服务成本高于目标成本,还要继续重复上述活动。

5. 求出目标成本

根据最优方案进行目标成本计算,也就是将物流服务目标成本按功能评价系数分配给有关的物流服务环节,算出各个环节的物流服务目标成本,作为成本控制的依据。

二、标准成本法

(一)标准成本法的含义

标准成本法是一个由制定标准成本、计算和分析成本差异、处理成本差异等环节组成的完整系统。物流成本控制要求首先制定成本控制标准,物流标准成本主要包括三方面的内容:直接材料、直接人工和物流服务费用。

(二)物流标准成本的制定

1. 物流直接材料标准成本的制定

物流直接材料标准成本由物流直接材料价格标准和直接用量标准确定,计算公式为:

$$物流直接材料标准成本 = 用量标准 \times 价格标准 \tag{4-14}$$

物流活动中的包装和流通加工由于需要使用材料,经常要计算物流直接材料标准成本。直接材料价格标准应能准确反映目前市场的价格、今后市场的发展趋势,还要考虑大批量采购的价格折扣等因素。价格标准要考虑运费、检验费用和正常损耗等因素,并与采购部门协商后加以确定;用量标准要根据企业物流作业流程和管理等情况综合确定。

2. 物流直接人工标准成本的制定

物流直接人工标准成本由物流工资率和工时标准加以确定。计算公式为:

$$物流直接人工标准成本 = 标准工资率 \times 工时标准 \tag{4-15}$$

物流直接人工标准成本的制定基本涉及了物流活动的各个环节。在制定物流直接人工标准成本时,如果是计件工资,标准工资率就是计件工资单价;如果是计时工资,标准工资率就是单位计时工资,把标准工资总额除以标准总工时得到;工时标准,需要根据现有的物流运作技术条件,测算提供某项物流服务需要花费的时间,包括设备准备时间、操作服务时间和工间休息时间。

3. 物流服务费用标准成本的制定

物流服务费用标准成本分为变动物流服务费用标准成本和固定物流服务费用标准成本。

1) 变动物流服务费用标准成本

变动物流服务费用标准成本由变动物流服务数量标准成本和变动物流服务价格标准确定。

数量标准可以采用单位物流服务直接人工标准工时、机械设备标准工时或其他标准。价格标准就是每小时变动物流服务费用的标准分配率,根据变动物流服务费用预算除以数量标准总额得到。因此,计算公式为:

$$变动物流服务费用标准成本 = 单位物流服务直接人工标准工时 \times \\ 每小时变动物流服务费用的标准分配率 \tag{4-16}$$

式中:

$$每小时变动物流服务费用的标准分配率 = 变动物流服务费用预算总额 \div \\ 物流直接人工标准总工时 \tag{4-17}$$

变动物流服务费用标准成本的例子有很多,例如装卸搬运活动使用的油料和配件的标准成本。当各部分变动物流服务费用的标准确定以后,将它们加起来就得到变动物流服务费用的单位标准成本。

2) 固定物流服务费用标准成本

固定物流服务费用标准成本由固定物流服务数量标准和固定物流服务价格标准确定。数量标准和价格标准的确定与变动物流服务费用相同。

因此,计算公式为:

$$固定物流服务费用的标准成本 = 某物流服务直接人工标准工时 \times$$

$$\text{每小时固定物流服务费用的标准分配率} \tag{4-18}$$

式中：

$$\text{每小时固定物流服务费用的标准分配} = \text{固定物流服务费用预算总额} / \text{物流直接人工标准总工时} \tag{4-19}$$

固定物流服务费用标准成本的例子很多，如仓库租赁费和仓管员工资标准。当各部分固定物流服务费用的标准确定以后，将它们加起来就得到固定物流服务费用的单位标准成本。

将所得的物流直接材料、直接人工和服务费用的标准成本汇总，就可以得到有关物流服务的完整物流标准成本。

【例4-6】 某物流公司某月计划正常运营能力为9100直接人工小时，预算直接人工工资总额48000元，营运间接费用预算总额为24600元。其中变动间接费用预算为8400元，固定间接费用预算为16200h，假设某项单位物流服务的直接人工标准工时为10h，直接材料的标准消耗定额为10kg，每千克标准单价为12元。计算该项物流服务的标准成本。

解：

标准工资分配率 = 直接人工工资总额/直接人工标准工时总数
= 48000/9100 = 5.27(元/h)

变动间接费用标准分配率 = 变动间接费用预算总额/直接人工标准工时总额
= 8400/9100 = 0.92(元/h)

固定间接费用标准分配率 = 固定间接费用预算总额/直接人工标准工时总额
= 16200/9100 = 1.78(元/h)

由此可以确定该服务项目的标准成本，见表4-9。

某项单位物流服务标准成本计算表　　　　　　　　　表4-9

成本项目		数量标准	价格标准	单位标准成本(元)
直接材料		10kg	12元/kg	120
直接人工		10h	5.27元/h	52.7
间接费用	变动间接费用	10h	0.92元/h	9.2
	固定间接费用	10h	1.78元/h	17.8
合计				199.7

表4-11可以作为物流企业的单位物流服务的"标准成本卡"，利用"标准成本卡"就可以为日常的成本控制提供依据。

(三) 物流标准成本差异的计算与分析

物流标准成本差异是指物流实际成本与标准成本之间的差额。实际成本大于标准成本，是逆差，称为不利差异；实际成本小于标准成本，是顺差，称为有利差异。其计算公式为：

成本差异 = 实际成本 − 标准成本
= 实际数量 × 实际价格 − 标准数量 × 标准价格
= (实际数量 − 标准数量) × 标准价格 + 实际数量 ×
(实际价格 − 标准价格) (4-20)

从式(4-20)看出,(实际数量 − 标准数量) × 标准价格被称为数量差异,实际数量 × (实际价格 − 标准价格)被称为价格差异。因此,成本差异就等于数量差异与价格差异之和;即:

成本差异 = 数量差异 + 价格差异 (4-21)

物流标准成本差异通常是由物流直接材料成本差异、物流直接人工成本差异和物流服务费用的成本差异三部分构成。

1. 物流直接材料成本差异的计算和分析

物流直接材料成本差异由物流直接材料价格差异和物流直接材料用量差异组成,可用公式表示为:

物流直接材料成本差异 = 物流直接材料实际成本 −
物流直接材料标准成本 (4-22)

物流直接材料用量差异 = (材料实际用量 − 材料标准用量) ×
材料标准价格 (4-23)

物流直接材料价格差异 = (材料实际价格 − 材料标准价格) ×
材料实际用量 (4-24)

有很多原因造成物流直接材料用量差异,如采用新的包装技术、用料标准没有随之改变、操作员技术不过关、责任心较差等,这类差异的责任一般要由操作部门承担。导致物流直接材料价格差异的原因也很多,如没有按照经济订购批量进行采购,舍近求远采购等,这类差异的责任一般要由采购部门承担。

2. 物流直接人工成本差异的计算和分析

物流直接人工成本差异由物流直接人工效率差异和物流直接人工工资率差异组成,可用公式表示为:

物流直接人工成本差异 = 物流直接人工实际成本 −
物流直接人工标准成本 (4-25)

物流直接材料用量差异 = (材料实际用量 − 材料标准用量) ×
材料标准价格 (4-26)

物流直接人工工资率差异 = (实际工资率 − 标准工资率) ×
实际人工工时 (4-27)

物流直接人工效率差异的原因也很多,如用人不当、作业人员经验不足、路况差导致额外运输时间,物流机械设备陈旧、低效等,这类差异的责任一般要由操作部门承担。导致物流直接人工工资率差异的原因有工资制度的变化、临时工的变动等,这类差异的责任一般要由人力资源部门承担。

3. 物流服务费用成本差异的计算和分析

物流服务费用成本差异分为变动物流服务费用成本差异和固定物流服务费用成本差异。

1) 变动物流服务费用成本差异分析

变动物流服务费用成本差异由变动物流服务费、费用效率差异和变动物流服务费用耗

费差异组成,可用公式表示为:

变动物流服务费用成本差异 = 变动物流服务费用实际成本 − 变动物流服务费用标准成本 (4-28)

变动物流服务费用效率差异 = (实际工时 − 标准工时) × 变动物流服务费用标准分配率 (4-29)

变动物流服务费用耗费差异 = (变动物流服务费用实际分配率 − 变动物流服务费用标准分配率) × 实际工时 (4-30)

引起变动物流服务费用效率差异的原因与引起物流直接人工效率差异的原因基本类似,变动物流服务费用耗费差异的形成往往是由于变动物流服务费用开支额或工时耗费发生变化,责任一般在物流操作部门。

2) 固定物流服务费用成本差异

固定物流服务费用成本差异由固定物流服务耗费差异、闲置能量差异和效率差异组成,可用公式表示为:

固定物流服务费用成本差异 = 固定物流服务费用实际成本 − 实际物流作业量的标准成本固定物流服务费用 (4-31)

固定物流服务费用耗费差异 = 固定物流服务费用实际成本 − 固定物流服务费用标准成本 (4-32)

固定物流服务费用闲置能量差异 = (计划物流作业量标准工时 − 实际物流作业量实际工时) × 标准费用分配率时固定物流服务费用效率差异 (4-33)

= (实际物流作业量标准工时 − 实际物流作业量实际工时) × 标准费用分配率 (4-34)

固定服务费用效率差异产生的原因与人工效率差异产生的原因大致相同。导致闲置能量差异的原因往往是开工不足、车辆开动率和仓容利用率低,责任往往在管理部门。耗费差异的原因比较复杂,如标准成本制定不切实际,实际物流量低于计划等,对这类差异要进行深入分析,才能分清责任部门。

通过分析标准成本差异的原因,分清责任部门,采取积极有效的措施,控制不当差异,从而降低物流成本。

【例 4-7】 某公司标准成本资料见表 4-10,实际成本资料见表 4-11。

物流标准成本资料　　　　表 4-10

成 本 项 目	标准单价或标准分配率	标 准 用 量	标准成本(元)
物流直接材料	1(元/kg)	150(kg)	150
物流直接人工	5(元工时)	10(工时)	50
变动物流服务费用	2(元工时)	10(工时)	20
物流变动成本合计			220
固定物流服务费用	1(元工时)	10(工时)	10
单位物流标准成本			230

物流实际成本资料　　　　　　　　　　　表 4-11

成本项目	实际单价或实际分配率	实际用量	实际成本(元)
物流直接材料	1.10(元/kg)	148(kg)	162.8
物流直接人工	5.20(元工时)	9.5(工时)	49.4
变动物流服务费用	1.80(元工时)	9.5(工时)	17.1
物流变动成本合计			229.3
固定物流服务费用	1.20(元工时)	9.5(工时)	11.4
单位物流实际成本			240.7

该企业预计全月物流作业量标准总工时为 5000 工时,提供物流服务 500 次,实际提供物流服务 520 次,购入直接材料 80000kg,计算该企业的物流成本差异。

解:
1. 计算物流直接材料成本差异
(1)物流直接材料价格差异以采购量为基础计算:
物流直接材料价格差异 = $(1.1-1) \times 80000 = 8000$(元),
物流直接材料用量差异 = $(148 \times 520 - 150 \times 520) \times 1 = -1040$(元)。

由于价格差异以采购量为基础计算,与实际耗用量不同,故无法计算实际成本与标准成本的差异总额。这一计算方法的优点在于能给管理部门及时提供材料采购的差异信息,在责任会计制度下,有利于分清责任。

(2)物流直接材料价格差异以耗用量为基础计算:
物流直接材料价格差异 = $[(1.1-1) \times 148] \times 520 = 7696$(元),
物流直接材料用量差异 = $(148 \times 520 - 150 \times 520) \times 1 = -1040$(元),
物流直接材料成本差异 = $7696 - 1040 = 6656$(元)。

物流直接材料价格差异以耗用量为基础计算,它的优点在于与用量差异以同一耗用量为基础计算,能给管理部门提供物流直接材料成本差异的信息。

2. 计算物流直接人工成本差异
物流直接人工工资率差异 = $(5.2-5) \times 9.5 \times 520 = 988$(元),
物流直接人工效率差异 = $(9.5-10) \times 520 \times 5 = -1300$(元),
物流直接人工成本差异 = $988 - 1300 = -312$(元)。

3. 计算变动物流服务费用成本差异
变动物流服务费用耗费差异 = $(1.8-2) \times 9.5 \times 520 = -988$(元),
变动物流服务费用效率差异 = $(9.5-10) \times 520 \times 2 = -520$(元),
变动物流服务费用成本差异 = $-988 - 520 = -1508$(元)。

4. 计算固定物流服务费用成本差异
固定物流服务费用耗费差异 = 固定物流服务费用实际成本 - 固定物流服务费用标准成本
　　　　　　　　　　 = 实际工时 × 实际分配率 - 标准工时 × 标准分配率
　　　　　　　　　　 = $1.2 \times 9.5 \times 520 - 1 \times 10 \times 500 = 928$(元),
固定物流服务费用闲置能量差异 = (计划物流作业量标准工时 -
　　　　　　　　　　实际物流作业量标准工时) × 标准费用分配率

$$= (10 \times 500 - 9.5 \times 520) \times 1 = 60(元),$$

固定物流服务费用效率差异 =（实际物流作业量标准工时 −

实际物流作业量实际工时）× 标准费用分配率

$$= (9.5 \times 520 - 10 \times 520) \times 1 = -260(元),$$

固定物流服务费用成本差异 = $928 + 60 - 260 = 728(元)$。

三、责任成本法

（一）责任成本法认知

责任成本是指责任单位对其能够进行预测、计量和控制的各项可控成本之和。按照谁负责谁承担的原则，以责任单位作为计算对象来归集成本，它反映了责任单位与成本费用之间的关系。

责任成本法在企业中得到广泛的运用，它对于合理明确划分各部门的责任成本，明确各自的成本控制范围，从总体上有效控制物流成本具有十分重要的意义。

1. 使物流成本的控制有切实的保障

建立了责任成本制，把各责任部门、责任人的责任成本与其自身的经济效益密切结合，可将降低成本的目标落实到各个具体的物流部门及个人，使其自觉地把成本管理纳入本部门或个人的本职工作范围，使成本管理落到实处。

2. 使物流成本的控制有主动性

建立责任成本制，可促使企业内部各物流部门及个人主动寻求降低成本的方法，积极采用新材料、新工艺、新能源、新设备，充分依靠科学技术来降低物流成本。

（二）责任成本法的步骤

1. 划分物流责任中心

根据企业战略以及经营的需要，划分物流责任中心，负责各自的物流成本，明确相应的职责、权利和义务。企业物流责任中心通常可以分为物流成本中心、物流利润中心和物流投资中心。

2. 确定物流责任目标

将物流目标成本分解到每个责任中心，确定其责任目标，各中心明确自己的工作任务以及绩效考核标准。

3. 建立物流责任计算系统

为了考核物流成本的控制情况，要建立一套完整的日常记录，考核有关责任目标的完成情况，评价工作，及时解决存在的问题。

4. 建立内部协调机制

由于各个责任中心的部门利益，会形成冲突，影响总体成本目标的实现，因此必须建立内部协调机制来解决这些冲突。

5. 编制物流业绩报告

为了反映一定时期内物流成本经营的情况，必须及时编制物流业绩报告。

6. 物流成本绩效考核

通过物流成本绩效考核，了解物流成本节约额和节约率，考核责任中心的工作效果。

(三)责任成本法的计算方法

责任成本法的计算方法有直接计算法和间接计算法。

1. 直接计算法

直接计算法是将责任单位的各项责任成本直接归集汇总,以求得该单位责任成本总额的计算方法。其计算公式为:

某单位责任成本 = 该单位各项责任成本之和

用这种方法计算,结果较为准确,但工作量较大(需逐笔计算出各项责任成本)。此法适合于所有的责任单位。

2. 间接计算法

间接计算法是以责任单位的物流成本为基础,扣除该责任单位的不可控成本,再加上从其他责任单位转来的责任成本的计算方法。其计算公式为:

某单位责任成本 = 该责任单位发生的全部成本 − 该单位不可控制成本 +
其他责任单位转来的责任成本

这种方法的计算量比直接计算法小。在运用此法时,应合理确认该单位的不可控成本和其他责任单位转来的责任成本。

(四)责任单位责任成本的计算与考核

在实际工作中,对责任单位的责任成本评价考核的依据是责任预算和业绩报告。

责任成本的业绩报告是按各责任单位责任成本项目,综合反映其责任预算数、实际数和差异数的报告文件。业绩报告中的"差异"是按"实际"减去"预算"后的差额,负值为节约,也称为有利差异;正值为超支,也称为不利差异。成本差异是评价与考核各责任单位成本管理业绩好坏的重要标志,也是奖惩的重要依据。

业绩报告应按责任单位层次进行编制。在进行责任预算指标分解时,是从上级向下级层层分解下达,从而形成各责任单位的责任预算;在编制业绩报告时,是从最基层责任单位开始,将责任成本实际数逐级向上汇总,直至企业高层。

每一级责任单位的责任预算和业绩报告,除了最基层只编制本级的责任成本之外,其余各级都应包括所属单位的责任成本和本级责任成本。

1. 组责任成本的计算和考核

班组责任成本由班组长负责,各班组应在每月月末编制班组责任成本业绩报告并送交车间。在业绩报告中,应列出班组各项责任成本的实际数、预算数和差异数,以便进行对比分析。

【例4-8】 甲生产车间下设 A、B、C 三个生产班组,各班组均采取间接计算法计算其责任成本业绩报告。其中 A 班组业绩报告见表4-12。

责任成本业绩报告 表4-12

责任单位: 甲车间A班组××××年×月 (单位:元)

		项 目	实 际	预 算	差 异
生产成本	直接材料	原料及主要材料	12080	12200	−120
		辅助材料	11400	11300	+100
		燃料	11560	11500	+60
		其他材料	1450	1460	−10
		小计	36490	36460	+30

续上表

项目		实际	预算	差异
生产成本	直接人工　生产人员工资	16300	15200	+1100
	生产人员福利费	2120	2100	+20
	小计	18420	17300	+1120
	制造费用　管理人员工资及福利费	11140	11000	+140
	折旧费	11450	10660	+790
	水电费	1680	2000	−320
	其他制造费用	11350	11500	−150
	小计	35620	35160	+460
	合计	90530	88920	+1610
其他费用	减:折旧费	11450	10660	+790
	废料损失	150		+150
	加:修理费	5300	5000	+300
	责任成本	84230	83260	+970

表4-12表明,甲车间A班组本月归集的实际生产成本90530元减去不该由该班组承担的折旧费11450元,并减去废品损失(因采购部门采购的材料质量问题而发生的工料损失150元),再加上从修理车间转来的应由该班组承担的修理费,即为A班组的责任成本84230元。

从总体上看,A班组当月的责任成本预算执行情况较差,超支970元。但从各成本项目来看,"直接材料"中的"原料及主要材料"和"其他材料"共节约130元;"制造费用"中的"水电费"和"其他制造费用"共节约470元。"直接人工"实际比预算超支1120元,经查明,这主要是企业提高计件工资单价所致;对于由企业机修车间转来的修理费5300元(比预算超支300元),还应进一步加以分析,看其是否因本班组对设备操作不当导致维修费用增大,还是机修车间提高了修理费用(如认为多计修理工时等)。

对节约的费用项目应进一步加以分析,找出原因,以巩固取得的成绩。

2.车间责任成本的计算和考核

车间责任成本也是定期(一般以月为周期)以业绩报告形式汇总上报企业总部。以例4-8为例,甲车间在编制业绩报告时,除归集本车间的责任成本外,还应加上三个班组的责任成本。其业绩报告见表4-13。

责任成本业绩报告(单位:元)　　　　　　　　　　　表4-13

项目	实际	预算	差异
A班组责任成本	84230	83260	+970
B班组责任成本	68930	67890	+1040
C班组责任成本	76890	77880	−990
合计	23005	22903	+1020

续上表

项　目	实　际	预　算	差　异
甲车间可控成本：			
管理人员工资	24500	24300	+200
设备折旧费	22960	23000	-40
设备维修费	22430	22500	-70
水电费	5600	5200	+400
办公费	3000	2500	+500
低值易耗品摊销	6980	6800	+180
合计	85470	84300	+1170
本车间责任成本合计	315520	313330	+2190

从表 4-13 可以看出，甲车间 A、B、C 三个班组中，C 班组的成本业绩是最好的，甲车间当月责任成本超支 2190 元，其中下属三个班组共超支 1020 元，本车间可控成本超支 1170 元；A、B 两班组超支合计为 2010 元（970 元 + 1040 元），是成本控制的重点。

对于甲车间可控成本的超支项目，还应进一步进行详细分析，查找原因，采取措施加以控制。

3. 企业总部责任成本的计算和考核

企业总部责任成本应包括所属各管理部门的责任成本，所以当企业总部财会部门收到各部门报送的业绩报告后，应汇总编制成公司的责任成本业绩报告。其格式见表 4-14。

××公司责任成本业绩汇总表（单位：元）　　　表 4-14

业绩报告	实　际	预　算	差　异
甲车间业绩报告			
A 班组责任成本	84230	83260	+970
B 班组责任成本	68930	67890	+1040
C 班组责任成本	76890	77880	-990
车间可控成本	85470	84300	+1170
甲车间责任成本合计	315520	313330	+2190
乙车间业绩报告			
供应科业绩报告			
总部责任成本业绩报告	131500	132000	-500
责任成本总计	1223450	1221400	+2050
销售收入总额	1455450	1445300	+10150
盈利及盈利净增额	232000	223900	+8100

表 4-14 表明，该公司销售收入实际数超出预算数 10150 元，在抵减责任成本超支数 2050 元后，其盈利额实际数比预算数净增 8100 元。对销售收入增加 10150 元的原因，还需进一步加以分析，比如看其是否与成本增加有关等。

任务小结

物流成本预算作为物流系统成本计划的数量反映，是物流成本控制的重要依据和考核物流部门绩效的标准。弹性预算是在编制物流成本预算时，预先估计到计划期内业务量的可能变动,编制出能适应多种业务量的成本预算;零基预算是在编制物流成本预算时,不考虑以往会计期间所发生的费用项目和数额,所有的预算支出均以零为起点,规划预算期内各项费用的内容和开支标准;滚动预算符合企业持续经营的一般假设,使预算具有连续性和完整性,使企业管理者通过动态的预算过程对企业今后一段时间的经营活动作出详细全面的安排。

物流成本控制是企业全员、全过程、全方位的控制,按成本发生的时间先后可分为事前控制、事中控制和事后控制。物流成本控制的方法主要包括目标成本法、标准成本法和责任成本法。企业要建立物流成本控制系统,有效控制企业内部的物流成本,并通过供应链物流成本控制提高供应链的效率,促进社会经济的发展。

思考与练习

1. 简答题

(1) 什么是预算?物流预算编制方法有哪些?

(2) 物流成本控制的目标是什么?

(3) 简述物流成本控制的内容、原则和方法。

(4) 什么是物流目标成本法?如何制定物流目标成本?如何进行物流目标成本的评价?

(5) 什么是物流标准成本法?如何制定物流标准成本?

(6) 什么是物流责任成本法?如何制定物流责任成本?

(7) 某流通加工中心要编制弹性预算,资料如下:

①直接人工:基本工资为3000元,另加每小时津贴0.10元;

②材料费:每工时负担0.15元;

③折旧费:5000元;

④维护费:生产能力在3000~6000工时范围内,基数为2000元,另加每工时应负担的0.08元;

⑤水电费基数为1000元,另加每工时应负担的0.20元。

根据上述资料,为公司在3000~6000工时范围内,采用列表法编制一套能适应多种业务量的弹性预算(间隔为1000工时)。

(8) 设某企业下年度可用于行政管理和产品推销的资金额为30000元,根据各部门讨论协商提出的预算项目和所需资金如下:

房屋租金	5000元;	办公费	3000元;
职工薪金	5000元;	广告费	8000元;
差旅费	2000元;	培训费	10000元。

广告费和培训费的成本收益率分别为1:20和1:30。请为该企业编制推销管理费用的零基预算。

(9) 某项物流服务变动费用的标准成本为:工时为3h,变动服务费用分配率为5元/h。

本月实际提供服务500次,实际使用工时1400h,实际发生变动物流服务费用7700元。试分析变动物流服务费用的耗费差异和效率差异。

2. 案例分析题

沃尔玛制胜法宝——天天平价

没有一种吸引顾客的做法能比得上天天平价,这是沃尔玛有别于同行的特点。

"为什么公司要精打细算？答案很简单：因为我们珍视每一美元的价值。每当我们节省了一美元，就使自己在竞争中领先了一步——而这正是我们所企盼的。"——山姆·沃尔顿

沃尔玛一直在努力做的工作，为顾客挖掘更多利益并将它转让给顾客。

所有的大型连锁超市都采取低价经营策略，而沃尔玛与众不同之处在于，它想尽一切办法从进货渠道、分销方式以及营销费用、行政开支等各方面节省资金，提出了"天天平价，始终如一"的口号，并努力实现价格比其他商店更便宜的承诺。

从沃尔玛商店开张那一天起，山姆就明确指出，沃尔玛不是仅仅低价销售某些商品的商店，它实行的是真正的廉价销售策略，所有的商品都要廉价销售，必须始终保持沃尔玛的价格比任何一家商店的价格都要低。当顾客想到沃尔玛商店时，他们就会想到低廉的价格和满意的服务。他们可以确信，不可能在其他地方发现更便宜的商品。

沃尔玛节约成本的五大策略：

(1) 用机器代替人力；
(2) 利用信息系统(如 EDI 系统)减少控制成本；
(3) 准确选址，降低固定成本；
(4) 压缩广告投入；
(5) 进行低成本和高效率的特色管理(如简化办公条件、设立盘点公司、召开草根会议以及进行基层调查等)。

并不是每个企业都可以靠微薄的利润来取得成功，采取低价策略的企业必须具备较低的成本消耗。当一个企业组织臃肿起来，运营成本巨大的时候，微薄的利润当然不足以养活庞大而笨拙的躯体。因此，"平价策略"的核心是控制成本消耗。

1) 进货成本控制法

这是零售连锁企业成本控制的关键。沃尔玛采用中央采购制，它直接从生产企业统一进货，在固定的时间结算。在大批量进货、大批量销售的强力支持下，沃尔玛实现了营销良性循环最大化。

2) 物流成本控制法

这是影响零售连锁企业经营成果的重要因素。沃尔玛建立了快捷的信息反馈系统和高效的物流管理系统，不仅大大降低了存货量，而且大大加快了资金周转速度，使得物流费用率比同行低 60% 以上，游刃有余地实现了物流、商流、信息流的优势互补。

3) 营销成本控制法

沃尔玛 90% 的商品均从生产厂商直接进货，35% 以上商品是沃尔玛的自有品牌，其分销成本降至总销售额的 3% 以下，从而形成了无与伦比的竞争优势。

4) 广告成本控制法

李·斯格特认为，"天天平价、始终如一"就是最好的广告，消费者的嘴巴和耳朵就是最好的传媒。故而，他们总是大做平价商品的"实物广告"，广告费用在同行中最低，仅相当于同行的 1/3；而其销售额最大，比同行高出一倍。

成功箴言：为顾客节约每一分钱，可以为你创造新的竞争优势。如果高效运营，你可以犯许多不同的错误却依然能够恢复元气。而如果运作效率低下，那么你可能显赫一时，但最终会败北。

思考：

试分析从沃尔玛"天天低价"制胜法宝中可以得到什么启示？

任务五 运输成本管理

内容简介

运输是物流系统中最关键的核心功能要素,在物流系统三大功能要素中,运输功能的主导地位和要素核心日益显现。本任务主要介绍了物流系统中的运输基本概念、特征、功能和基本原理;各种运输方式及主要的技术经济特征;运输成本及主要构成、成本核算主要内容;影响运输成本的主要因素及降低运输成本的有效途径、降低运输成本的数量分析方法。在此基础上,对运输价格及价格构成要素、价格种类、价格确定的基本计算方法;运输过程一些特殊服务价格等内容进行了较为详细的介绍。

教学目标

1. 知识目标

(1)了解运输成本的含义和构成;

(2)熟悉各种运输方式的成本核算方法;

(3)熟悉运输成本分析的方法和步骤;

(4)熟悉运输成本合理化的影响因素和途径。

2. 技能目标

(1)灵活运用所学知识,分析案例;

(2)具备熟练应用运输成本核算方法的基本技能;

(3)能使用优化方法解决实际运输成本降低问题。

案例导入

运输成本与运输管理合理化的实现

摩托罗拉是一家跨国公司,供应商遍及全球各地,实行统一采购,根据订单的需求以及成本因素统一安排生产。因此,物流管理在其生产经营过程中起着举足轻重的作用。

摩托罗拉专门设有一个管理团队从事物流管理,负责摩托罗拉物流、运输工作的协调和管理以及物流服务商的选择和管理,团队的主要成员由摩托罗拉各个事业部的物流骨干人员以及总公司骨干人员组成。

1. "从大处着眼,小处着手"的运输成本管理

在生产制造业的物流管理中,运输成本的管理是最重要的一个环节。摩托罗拉对运输成本管理有自己独到的做法,那就是"从大处着眼,小处着手"。

1) 在国内端的业务方面

尽管受到燃油价格上涨、航班航线等因素的影响,但是摩托罗拉的运输成本每年仍有15%的下降幅度。之所以如此,出自于下述三个原因:

(1)摩托罗拉不是一味地压低运价,而是与物流服务商共同研究如何整合资源来降低生

产成本和运输成本。比如,通过改变产品包装模数与包装方式,提高包装内的货物量,降低了单位产品的运输成本。

(2)根据国内业务发展的需要,改变运输方式。以前送往上海的货物,一般采取空运方式,现在由于高速公路的发展相对比较完善,因此在满足时限和保证服务的前提下改为公路运输。移动电话充电器、PCB板等零部件的供应商多数在南方地区,这些产品对运输条件要求不太严格,通常采用铁路运输,从而有效地降低了运输成本。

(3)随着我国社会经济的发展,货源比较充足。比如在上海地区负责摩托罗拉零部件、产品运输的物流服务公司,他们可以做到即使摩托罗拉的产品没有满载,也可以协调众多货主的货源,并开辟班车运输,将过去的零担运输改为整车运输,从而大大降低了运输成本。

2)在国际端的业务方面

由于移动电话产品更新换代比较快,不适合海运方式,故摩托罗拉主要采用空运方式。在美国的得克萨斯,摩托罗拉建有自己的配送中心,天津工厂生产的产品(如裸机、电池、充电器等)都是通过空运进行,但是由于从美洲地区回程的货物较少,造成整个航运业运力不平衡。为了解决这个问题,摩托罗拉与航空公司、物流服务公司三方签订了运输合作协议:摩托罗拉提供货源,航空公司提供舱位,货代公司保证运输正常以及运价稳定,这样,不仅满足了摩托罗拉的业务发展需要,也使合作各方都能获得稳定的收益,从而达到"多赢"的目的。

2. 实行全球运输管理的百分考核制

IT电子产品的价值相当高,一箱电路板可能价值上百万美元。在运输过程中,这些产品、零部件又不包含保险费,因此,物流服务商的招标选择以及管理工作非常重要。为此,摩托罗拉还成立了一个全球性物流资源公司,通过多种方式对备选的物流服务企业的资信、网络、业务能力等方面进行周密的调查,并给初选合格的企业以少量业务进行试运行,实际考察这些企业的服务能力与质量。对不合格者,则取消其对摩托罗拉的服务资格;对获得物流服务资格的企业则进行严格的月度作业考评。主要考核内容包括:运输周期、信息反馈、单证资料准确率、财务结算、货物安全、客户投诉等,考核标准是按照各项的完成率加权,考核结果按百分制评定。摩托罗拉根据这些考核分数值确定其服务质量,并与合同以及业务量挂钩,如果分数值在98分以上,属于优秀服务商,增加其业务量;如果分类值在94分到98分之间,属于合格服务商,需进一步改进;如果分数值在93分以下,会自动解除合同。同时针对生产线和客户的不同需求情况,摩托罗拉还要求物流服务商提供多种服务。对运输周期的考评,有两种最典型的方式:其一是标准服务,满足标准时限;另一种是应急快速服务,满足生产线和客户的紧急需求。在对服务商的考评过程中,物流服务商的急货处理能力也是摩托罗拉重要的考核指标。

引导思路

(1)分析运输合理化与统筹物流系统各个环节优化运作的关系。
(2)分析降低运输成本与运输合理化的关系。

项目一 运输成本认知

教学要点

(1)理解运输成本的概念和构成;

(2)了解运输成本的特点和作用;
(3)理解运输成本的影响因素。

教学方法

可采用讲授、案例教学和分组讨论等方法。

一、运输成本的基本概念和构成

1. 运输就是人或货物借助运输工具基础设施在空间产生的位置移动。

在现代物流系统中,运输是其最重要的环节之一,它具有改变物流空间状态的作用。并且只有与包装、装卸搬运、储存保管、流通加工、配送和信息处理等功能有机结合,运输才能最终圆满完成物的空间状态、时间状态和形质状态,实现物品从供应地到接收地的流动转移。

运输成本是承运人为完成特定货物位移服务而消耗的物化劳动与活劳动的总和,其货币表现就是各种费用的支出,包括车队、燃料、设施设备的保养维护、劳动力、保险、装卸、税收、事故费用等。

2. 运输成本的构成

1)根据成本的特性划分

运输成本可划分为固定成本、变动成本、联合成本和公共成本。

固定成本是指为维持运输工具的营运状态所支付的费用。这类费用不因运行和停留时间的长短而异,且此类成本不受运输工具一次装运量大小直接影响。固定成本包括起点站、终点站、港站、运输设施、运输工具、信息系统的建立和购置成本等。

变动成本是指运输工具在运行过程中所发生的费用,且此类费用随运输距离的长短、停留的港站数及停留时间、货物种类及运送数量、劳动工资、维修保养费用、燃料电力消耗而异。

联合成本又称综合成本,是决定提供某种特定的运输服务所发生的不可避免的费用。联合成本对运输费用有很大的影响,因为承运人索要的运价中必须包括隐含的联合成本,它的确定要考虑托运人有无适当的回程货,或者这种回程运输由原先的托运人来弥补。

公共成本是承运人代表所有的托运人或某个分市场的托运人所支付的费用:公共成本,诸如端点站或管理部门之类的费用,具有企业一般管理费用的特征,通常是按照活动水平,如装运处理(如递送约定)的数目之类分摊给托运人来承担。

2)根据成本的类别划分

运输成本可划分为营运成本、管理费用和财务费用。

营运成本是指与运输企业运输工具营运生产直接有关的各项费用支出。包括实际消耗的各种燃料、物料、润料、用具器械;运输固定资产折旧费、修理费、维护保养费、租赁费、保险费;业务代理费、雇员工资福利费及事故净损失等。

管理费用是指运输企业行政管理部门为管理和组织运输营运生产活动而发生的各种费用支出,包括公司经费、工会经费、劳动保险费;财产、土地使用费;技术转让费、技术开发费等。

财务费用是指运输企业为筹措资金而发生的各项费用支出,包括企业营运期间发生的利息之春、汇兑净损失、调剂外汇手续费、金融机构手续费,以及为筹资发生的其他财务费用。

3) 根据不同运输方式划分

在给定条件下,某一种运输方式的潜在优势可能会是其他服务方式无法相比的。而不同的运输方式所包含的运输成本有不同的构成类别和范围,可以将运输成本按运输方式不同分为铁路运输成本、公路运输成本、水路运输成本、航空运输成本和管道运输成本。

二、运输成本的特点

运输业是特殊的物质生产部门,不生产有形的物质产品,因而运输成本与生产物质产品的工农业生产部门的生产成本相比,有以下几个特点:

(1) 因为运输企业不生产有形的物质产品,只提供运输劳务,因而在其成本构成中,不像一般的工农业产品生产那样消耗原材料,即没有原材料消耗成本,只消耗相当于原材料那部分流动资本的燃料、能源和动力等。

(2) 运输业资本密集,固定成本巨大。这是因为运输业的发展需要大量的固定资本投入,以增建运输线路、港、站、枢纽等运输基础设施,耗费巨资购置运输设备,因而在运输企业的总成本中,固定成本占的比重很大,这一情况又往往造成运输企业在其总成本中不得不承受巨额的利息支出。

(3) 一般的工农业生产过程中,生产成本的高低与完成的产品数量直接相联系。运输生产则不同,尽管它的生产成果是它所完成的运量和周转量,其经济效益又体现在以吨(人)千米为计量单位的劳动消耗上(单位运输成本),但其生产耗费的多少,主要取决于车、船或飞机运行距离的长短,即取决于运输工具的消耗(包括运输工具的磨损和燃料、物料的消耗),而不取决于完成的运量和周转量的多少。因为车、船或飞机均有空载行驶存在,所以它完成的运量或周转量与其实际的运输消耗不完全是一回事,如果有较大的空载行驶,虽然完成的运量不多,但消耗却很大。

(4) 运输业产出是运输服务,而且生产过程和消费过程是同时进行的,存储费用一般在运输成本中是不存在的,即没有存储成本,而它在工农业生产中却占有较大的比重。

三、运输成本的作用

(1) 运输成本对提高运输企业的微观经济效益有着十分重要的作用。运输成本是反映运输企业生产和经营管理水平及企业经济效益的综合性指标,它包含着运输企业在完成运输服务过程中所消耗的各项费用。另外,运输成本也是运输企业进行决策的重要依据。

(2) 运输成本对于提高整个国民经济的宏观经济效益更起着十分重要的作用。

四、影响运输成本的因素

影响运输成本的因素有很多,但主要有7个影响因素比较重要,对运输成本的影响程度比较大,分别是运距、运输量、货物密度、装载能力、运输方式、责任和市场因素。

1. 货物运送距离

输送距离是影响运输成本的主要因素,因为它直接对劳动、燃料和维修保养等变动成本发生作用。一方面,运输距离的增加,会使运输总成本上升,因为它直接影响燃料费、维修保养费用和运输人员的补贴费等费用的变化。另一方面,通常随运输距离的增加,单位距离的运输成本会降低。单位运输距离的成本是随运输距离的增加而减少的,运输距离越长,被分摊到每单位距离的固定成本就越少,则运输成本越低。这就是运输的距离经济效益,即短距离的运输比长距离的运输成本高。所以企业在进行运输活动时应延长长距离的干线运输。缩短短距离的终端运输,以减少运输成本,增加企业效益。

每一种运输方式都有其经济合理的运距范围。一般来说,航空和海洋运输最适合长距离运输;铁路和内河运输最适合中长距离运输;公路在短途运输中占优。

同一运输方式中,运输设备大、载运量大,则经济运距通常也长一些。如普通小型飞机的经济运距在600km以上,而大型波音747客机的经济运距为2500km以上平均飞行距离增加1%,可减少0.148%的平均运输成本。

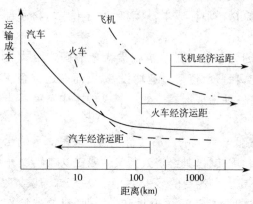

图5-1 汽车、火车和飞机经济运距的示意图

在经济合理的运距范围内,各种运输方式的平均吨千米、人千米的运输成本随距离的延长而递远递减。这是因为总成本中的发到与中转作业的费用与运送距离无关(见图5-1)。

每一种运输方式都有自己经济合理的运距范围。这可从日本干线旅客交通方式分担率中得到证明:旅客行程小于100km时选择铁路的有5%,100~200km时有15%,最优区段为500~700km,近70%的旅客选择了铁路。在300~500km和700~1000km两个区段,铁路分别与公路和航空有激烈竞争。

2. 运输量

运输量之所以会影响运输成本,是因为与其他许多物流活动一样,大多数运输活动中存在着规模经济。运输成本中的变动成本一般与运输量的增减成正比,即物理量增加时,物流的绝对值也随之增加,反之则减少。而固定成本随运输量的增加而被分摊。在固定资产规模不变的情况下,可以认为固定成本在一定时间内是保持不变的,运输量越大,单位运输量的固定成本越小,单位运输成本会随之下降。这就是运输的规模经济效益。因此在运输活动中,应尽量使运输工具在准许的载重量下进行满载,提高运输量,降低运输成本。这种关系对管理部门产生的启示是,小批量的载货应整合成更大的载货量,以期利用规模经济。

通常,大型运输企业往往因其较低的运输成本而在竞争中占有优势。例如,小航空公司与汽车运输业相比,算是相当大了,但处于最大航空公司快速扩张运输网的阴影之下,它们在航空产业中生存依然十分艰难。1990年,美国国内没有与其他公司联合的小航空公司几乎都消失了。

在运输业中,规模经济问题还涉及运输工具,巨大的运输工具往往具有成本优势。例如,提高运输工具的载重量可降低运输的成本,大型客机的人均每千米耗油量甚至大大低于私人小汽车;即使管道运输也不例外,国外研究表明,管道运输能力增加一倍,单位吨千米的运输成本可降低30%。

3. 货物密度

货物密度是把货物重量与空间的因素结合起来考虑运输成本。密度小的货物每单位所占的运输成本比密度大的要高。在重量和空间方面,单独的一辆运输车辆更多受到空间的限制,而不是重量的限制。即使该货物的很轻,车辆一旦装满,就不可能再增加装运的数量。即每单位运输量的固定成本和变动成本随运输量的增加而减小,单位距离的单位运输量的运输成本会降低。所以运输的货物密度大,相对的可以把固定成本分摊到增加的数量上,使单位货物承担的运输成本降低。货物密度越大,运输成本分摊到单位重量就越小,因此增加产品的密度一般可以降低运输成本。企业在运输货物时,应根据货物的密度进行搭配,把多种货物混装,进行相互嵌套,充分利用运输工具的空间,降低运输成本。

4. 装载能力

装载能力是指产品的具体尺寸及其对运输工具(铁路车、拖车或集装箱)的空间利用程度的影响。由于有些产品具有特殊的尺寸形状,以及超重或超长等特征,通常不能很好地进行装载,并因此浪费运输工具的空间。

装载能力还受到装运规模的影响:大批量的产品往往能够相互嵌套、便利装载,而小批量的产品则有可能难以装载。

无论是汽车、火车、轮船还是飞机,从半载到满载的运输总成本增加非常有限:固定成本不会增加、运行成本中人工费和维修费不会(或很少)增加、燃料费中设备自重通常占有相当的比重,实际增加比例远远小于装载比例。

在距离和运输密度已定的情况下,运输成本随运输设备的装载率的增加而减小(见图5-2)。

虽是满载,但如本来跑两趟,现在只走一回,仍然不可能降低运输成本。因此,仅有装载率还不行,还必须有一定的运输密度。即"多拉快跑"才能创造高效益。

5. 运输方式

不同的运输方式对运输成本的高低影响很大。总的来说,空运成本最高,水运成本最低,而且与每种运输方式的固定成本、管理费用和载重量有关。因此企业在运输货物时,应根据货物的特性和客户对时间的要求,选择相应的运输方式,使运输成本降低。

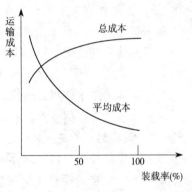

图 5-2 运输成本与装载率的示意图

6. 责任

责任主要指承运人对货物运输应承担的责任,这种责任关系到运输的安全、运输的质量的高低、运输承诺的可靠性等。例如,需要承运人提供的可靠性越大,承运人的责任越大,货物的运输成本就越高,当然,运价也会相应较高。

承运人必须通过向保险公司投保来预防可能发生的索赔,否则有可能要承担任何可能损坏的赔偿责任;托运人可以通过改善保护性包装,或通过减少货物灭失损坏的可能性,降低风险,最终降低运输成本。

7. 市场因素

市场因素主要是由于市场变动引起的,如来回程货物是否平衡、燃油费、装卸费增加等因素。首先,运输的起点和终点相向运输货物是否平衡,必然会引起运输成本的增减。如果来回程货物不平衡,就会出现返回空载的现象,造成运力的浪费,使运输成本增加。所以企业在运输活动中,应和其他企业进行联合运输,保持来回货物的平衡,降低运输成本。其次,市场上的燃油费等费用增加或减少也会影响运输成本的高低。

项目二　运输成本核算

教学要点

（1）掌握不同运输成本的计算对象、成本计算单位和成本计算周期；
（2）掌握不同运输成本的计算项目；
（3）掌握不同运输成本的核算方法。

教学方法

可采用讲授、案例教学和分组讨论等方法。

一、汽车运输成本核算

汽车运输是在公路上使用机动车辆或人力车、畜力车等非机动车辆载运客货的一种运输方式。它适用于近距离、小批量客货运输，或是水路、铁路等其他运输方式难以到达地区的长途、大批量客货运输。汽车运输是我国现代交通运输的重要方式之一。

汽车运输的最大优点是空间和时间方面具有充分的自由性，不受路线和停车站的约束，只要没有特别的障碍，汽车都可以到达。而且，投资少、运输能力小、运输能耗很高、运输成本高、劳动生产率低、机动灵活、货物损耗少、运送速度快，可以实现门到门运输。

汽车运输成本是指在一定时期内为完成货物运输任务提供一定数量的运输劳务所消耗的以货币形式表现的生产耗费。汽车运输企业完成一定的运输工作量所支付的各种生产费用的总和，称为运输总成本。分摊到单位产品上的成本即为单位成本。单位运输成本是反映汽车运输单位生产技术水平和经营管理水平的综合指标。精确地核算汽车运输成本，可以掌握运输生产消耗的补偿尺度，为确定运价和运输盈利额提供依据，并揭示降低成本的方向。

（一）汽车运输成本的计算对象

汽车运输成本计算对象是企业的各项运输业务，也是各项营运费用的承担者。通常按客车运输成本（简称客车成本）和货车运输成本（简称货车成本）分别计算，而不是按旅客运输成本和货物运输成本计算。对于物流企业而言，主要的运输成本是货物运输成本。由于企业营运车辆的复杂性，使得运输成本的计算对象也不尽相同。在具体核算过程中，为了反映不同车型货车的经济效益，可以按照不同车型分类，作为成本计算的对象。

汽车运输生产的各项直接费用，不是按运输业务类别（旅客运输、行李包裹运输、货物运输）归集，而是按车辆类别（客车、货车）归集；间接费用一般是按车辆分配而不是按客运和货运的运输量分配。由于车型和使用燃料不同，运行消耗有差异，所以汽车运输成本常按不同车型、不同燃料分别计算；在需要时还分别不同道路、货种计算运输成本。对于特殊车型，如冷藏车、集装箱车、油罐车等还应分类型、分用途的单独进行成本核算。

（二）汽车运输成本的内容

公路运输成本项目的设置一般按照其成本构成内容来确定的，如设置车辆直接费用和营运间接费用两个成本项目，再在车辆费用下设置工资及职工福利费、燃料、轮胎、修理费用、车辆折旧费、养路费、公路运输管理费、保险、事故费、税金及其他费用等明细项目；在营运间接费用下设置工资、差旅费、办公费、折旧费等明细项目。

1. 车辆营运费用

(1) 工资与福利费。工资与福利费指按规定支付给营运车辆驾驶员的基本工资、工资性津贴和生产性奖金，随车售票乘务员工资和工资性津贴，以及实行承包经营企业的驾乘人员个人所得的承包收入也包括在本项目内。福利费是指按工资总额的一定比例计提的职工福利费。

(2) 燃料费。燃料费指营运车辆运行中所耗用的各种燃料，如汽油费、柴油费等。

(3) 轮胎。轮胎指营运车辆耗用的外胎、内胎、垫带的费用支出，以及轮胎翻新费和零星修补费。

(4) 修理费。修理费指营运车辆进行各级维护和小修所发生的工料费、修复旧件费用，以及车辆大修费用。采用总成互换维修法的企业，维修部门领取的周转总成的价值和卸下总成的维修费用，也在本项目内核算。

(5) 车辆折旧。车辆折旧指营运车辆按规定方法计提的折旧费。

(6) 养路费。运输企业向公路管理部门缴纳的车辆养路费，一般按货车吨位数计算缴纳。

(7) 公路运输管理费。公路运输管理费指按规定缴纳的运输管理费。

(8) 车辆保险费。车辆保险费是指向保险公司缴纳的营运车辆保险费用。按照实际支付的投保费用和投保期，按照月份分车型分摊计入各分类成本的车辆保险费项目中。

(9) 事故费。事故费指营运车辆在运行过程中，因行车肇事所发生的事故损失，扣除保险公司赔偿后的事故费用。

(10) 税金。税金指规定交纳的车船使用税。

(11) 各种罚款。主要是指车辆在运行过程中，因违反相关规定被国家机关处罚的金额。其中以交通罚款为主。

(12) 其他费用。其他费用指不属于以上各项的车辆营运费用，如：行车杂费、随车工具费、篷布绳索费、防滑链条费、中途故障救援费、车辆牌照和检测费、洗车费、停车住宿费、过桥费、过渡费等。

2. 营运间接费用

营运间接费用是指为了组织运输活动而发生的营运管理费用，如管理人员的工资、差旅费、办公费、折旧费、场地费等，但不包括企业行政管理部门的管理费用。

(三) 汽车运输成本的计算周期

汽车运输成本的计算周期一般以年为周期，按月计算。当汽车运输成本跨月核算时，以营运车辆的行车路单签发日期所属的月份归集核算。

(四) 汽车运输成本的计算单位

汽车运输成本计算单位，是以汽车运输工作量的计量单位为依据的。货物运输工作量，通常称为货物周转量，其计量单位为"吨千米"，即实际运送的货物吨数与运距的乘积。为计量方便起见，通常以"千吨千米"作为成本计算单位。客车单位运输成本按人千米，或千换算人千米（简称千人千米）所支付的费用计算；货车单位运输成本按吨千米或千换算吨千米（简称千吨千米）所支付的费用计算。客车捎运货物，应将其货物周转量换算为人千米计入客车完成的周转量内；货车附载旅客，应将其旅客周转量换算为吨千米计入货车完成的周转量内。吨千米与人千米的换算比率在中国为1∶10。

集装箱车辆的计算单位为"千标准箱千米",集装箱的标准箱为20英尺的集装箱,其他尺寸的集装箱按照每20英尺为一个标准箱进行折算,折算成标准箱的数量。

其他特种车辆,如冷藏车、油罐车等地运输成本计算单位仍是"千吨千米"。

(五)汽车运输成本的计算方法

汽车运输成本的计算方法,是指营运车辆在生产过程中所发生的费用,按照成本计算对象和成本项目,计算各分类运输成本的步骤、方式和程序要求。计算步骤为:确定汽车运输成本计算对象;按照汽车运输成本计算对象和相应的汽车运输成本项目归集运输费用;计算汽车运输成本计算对象的物流运输总成本和单位成本。

1. 车辆直接费用即列入成本的项目

1)工资及职工福利费

企业直接人工中的工资,每月根据工资结算表进行汇总与分配。对于有固定车辆的驾驶员和助手的工资,直接计入各自成本计算对象的成本,对于没有固定车辆的驾驶员和助手的工资以及后备驾驶员和助手的工资,则需按一定标准(一般为车辆的车日)分配计入各成本计算对象的成本,计算方法如下:

每一车日的工资分配额 = 应分配的驾驶员及助手工资总额/各车辆总车日

营运车辆应分配的工资额 = 每一车日的工资分配额 × 营运车辆总车日

每营运车吨日工资分配额 = 应分配的驾驶员工资总额/总营运车吨日

某车型应分摊的驾驶员工资额 = 该车型总营运车吨日 × 每营运车吨日分配额

2)燃料

营运车辆运行中所消耗的各种燃料,如汽油、柴油等,自动倾卸车辆卸车时所耗用的燃料也在本项目内核算。

对于燃料消耗,企业应根据燃料领用凭证进行汇总与分配。汽车运输企业消耗燃料应按实际耗用数计入各分类成本。目前汽车运输企业实行满油箱制车存燃料管理和盘存制车存燃料管理两种办法。在实行满油箱制车存燃料管理的办法下,车辆投产后即按油箱容积加满燃料作为车存燃料,车存燃料只是燃料保管地点的转移,它仍属于库存燃料的一部分,而不能作燃料消耗。在车辆调出、停用、进厂大修和改装时必须办理车存燃料退料手续。每次加油时加满油箱为止,以补足车存燃料的原领数。这样每次加油数绝大部分情况都不是整数。在这种办法下,车辆当月加油数就是消耗数。在实行盘存制车存燃料管理的办法下,车辆投产后虽然也须领用的车存燃料数,它一般是按整数添加的。由于车存燃料数经常变动。因此每月必须对实际的车存燃料数进行盘点,才能按如下公式确定实际消耗数:

当月实耗数 = 月初车存数 + 本月加油量 − 月末车存数

经营长途汽车运输的企业,外地加油量较大,而油款结算一般较迟,为了及时计算燃料成本,可先按车队统计的燃料消耗数先计入燃料成本,待外地加油凭证到达后进行核对,调整差额。月末,车队应根据燃料消耗凭证计算实耗数量,与统计数字核对后,编制燃润料耗用分配汇总表。

3)轮胎

营运车辆耗用的外胎、内胎、垫带的费用支出,以及轮胎零星补修费。

营运车辆领用轮胎内胎、垫带以及轮胎零星修补费等,一般根据轮胎领用汇总表及有关凭证,按实际数直接计入各成本计算对象的成本。至于领用外胎,其成本差异也直接计入各成本计算对象的成本,而其计划成本如何计入各成本计算对象的成本,则有不同的处理方法。当采用外胎价值一次摊销计入成本的办法时,应根据"轮胎发出汇总表"进行归集与分配;发生外胎翻新费时,根据付款凭证直接计入各成本计算对象的成本。

千胎千米摊提费(元/千胎千米) = (外胎计划价格 – 计划残值)/ 新胎到报废行驶千米定额 ÷ 1000

某车型外胎应计摊提费用(元) = 千胎千米摊提费 × 该车型外胎实际使用胎千米 × 1000

某车型外胎超亏千米程应调整成本差异 = 千胎千米摊提费 × 该车型报废外胎超亏胎千米 ÷ 1000

4) 修理费

营运车辆因维护和修理而领用的各种材料、配件费可以直接计入各分类成本的维修费项目;预提的车辆大修理费用,按照预提大修理费用计算表计入各分类成本维修项目。

企业车辆的各级维护和修理作业,分别由车队保修班和企业所属修理厂(保修厂)进行。由车队保修班进行的各级保修和小修理的费用,包括车队保修工人的工资及职工福利费、行车耗用的机油和保修车辆耗用的燃料、润料和备品配件等,一般可以根据各项凭证汇总,全部直接计入各成本计算对象的成本。对于保修班发生的共同性费用,可按营运车日比例分配计入各车队运输成本。由修理厂(保修厂)进行的保修主要是大修理所发生的费用,视同辅助生产费用,通过"辅助营运费用"二级账户进行归集与分配。

(1) 按照使用年限计提修理费:

某车型营运车月大维修费用预存率 = 预计大修理次数 × 每次大修理费用 × 100% 该车型平均原值 × 预计使用年限 × 12

某车型营运车月大维修费用 = 预存率 × 该车原值

(2) 按照实际行驶里程计提修理费:

某车型营运车千车千米大维修费用预提额 = 预计大修理次数 × 每次大修理费用 该车型新到报废行驶里程定额 ÷ 1000

某车型营运车月大维修费用提存额 = 该车型营运车千车千米大维修费用预提额 × 该车型营运车当月实际行驶里程 ÷ 1000

5) 车辆折旧费

车辆折旧费是指营运车辆按规定方法计提的折旧费。企业计提固定资产折旧,可以采用平均年限法、工作量法、双倍余额递减法、年数总和法。车辆的固定资产折旧一般采用工作量法计提。当采用工作量法时,由于外胎费用核算有两种不同的方法,所以车辆折旧的计算也有两种方法。如采用外胎价值一次摊销计入成本的方法,计提折旧时,外胎价值不必从车辆原值中扣减;如采用按行驶胎千米预提外胎费用摊入成本的方法,则计算折旧时,外胎价值就应从车辆原值中扣减,否则会出现重复摊提的现象。

(1) 按照使用年限法计提折旧:

某车型营运车月折旧率 = (1 – 残值率) ÷ (某车型预计使用年限 × 12) × 100% 某车型营运车月折旧额 = 该营运车月初原值 × 某车型营运车月折旧率

(2) 按照营运车行驶车千米计提折旧:

某车型营运车千车千米折旧额 = 车辆原值 – (预计残值 – 清理费用)/ 该车型折旧里程定额 ÷ 1000

某车型营运车月折旧费用＝该车型营运车当月实际行驶千车千米里程×
该车型营运车千车千米折旧额

【例 5-1】 某物流公司有货运车一辆,原值为 150000 元,预计净残值率为 5%,预计行驶里程为 500000km,当月行驶 2000km,则月折旧额是多少?

单位里程折旧额＝150000×(1－5%)/500000＝0.285 元/km

本月折旧额＝2000×0.285＝570 元

(3) 按照年数总和法计提折旧:

年数总和法,又称合计年限法,是将固定资产的原值减去净残值后的净额乘以一个逐年递减的分数计算每年折旧额。这个分数的分子表示固定资产尚可使用的年数,分母表示使用年数的逐年数字相加。

年折旧率＝尚可使用年数/年数总和×100%

月折旧率＝年折旧率/12

月折旧额＝(固定资产原值－预计净残值收入)×月折旧率

【例 5-2】 某固定资产原值 50000 元,预计使用年限 5 年,预计净残值为 2000 元,采用年数总和法计算各年折旧额,如表 5-1 所示:

年数总和法计算的固定资产折旧额　　　　　表 5-1

年 份	尚可使用年限	净 值(元)	年 折 旧 率	年折旧额(元)	累计折旧(元)
1	5	48000	5/15	16000	16000
2	4	48000	4/15	12800	18800
3	3	48000	3/15	9600	38400
4	2	48000	2/15	6400	44800
5	1	48000	1/15	3200	48000

6) 养路费和运输管理费

按照营运收入的一定比例缴纳养路费和运输管理费的企业,按照车型分别计算,并计入对应的成本项目中;企业缴纳的车辆养路费可以根据缴款凭证直接计入各成本计算对象成本及有关费用。

按照车辆吨位预先缴纳的企业,应根据实际缴纳的数额分摊计入运输成本的养路费和运输管理费项目中。现在各地养路费计算的方法和费率都有所不同。所以运输企业每月按交纳的养路费计入运输成本。

7) 其他营运费用

营运车辆发生的其他直接费用,内容比较复杂,但费用发生时同样可以根据费用凭证直接计入各成本计算对象的成本。

营运车辆的公路运输管理费,一般按运输收入的规定比例计算缴纳。因此,企业缴纳的车管费可以根据交款凭证直接计入各类运输成本。

营运车辆在营运过程中因各种行车事故所发生的修理费、救援和善后费用,以及支付外单位人员的医药费、丧葬费、抚恤费、生活费等支出,扣除向保险公司收回的赔偿收入及事故对方或过失人的赔偿款后,净损失也可根据付款、收款凭证直接计入各类运输成本。

车辆牌照和检验费、车船使用税、洗车费、过桥费、轮渡费、驾驶员途中宿费、行车杂费等费用发生时都可以根据付款凭证直接计入各类运输成本。此外,领用随车工具及其他低值易耗品,可以根据领用凭证,一次摊入各类运输成本。低值易耗品以及其他耗用的材料根据明细分类汇总表按照成本计算对象记入其他营运费用项目中。

2. 营运间接费用

营运间接费用是指运输企业以下的基层分公司、车队等发生的营运管理费用，但不包括企业行政管理部门(总公司或公司)的管理费用。包括固定成本,如管理人员的工资及职工福利费,这部分成本在一定范围内与行驶里程和产量基本无关,并且相对固定;车千米变动成本,如按行驶里程计提的营运车辆折旧费,这些费用无论车辆空驶或重驶都会发生,而且随行驶里程变动而变动;吨千米变动成本,如吨千米燃料附加费、按周转量计算的行车补贴等,这些费用会随着运输周转量的变动而变动。

1) 车队管理费

$$车队管理费用分配率 = 当月车队管理费用总额 \times 100\% / (运输业务直接费用 + 其他业务直接费用)$$

运输业务应分摊的车队管理费用 = 当月运输业务直接费用总额 × 车队费用分配率

车队管理费用按照车型进行分摊:

$$车队管理费用按照车型分摊的分配率 = 运输业务应分摊的车队管理费 \times 100\% / 该车队各个车型营运车的直接费用$$

某车型营运车应分摊的车队费用 = 当月该车型营运车直接费用总和 × 车队管理费用按照车型分摊的分配率

2) 车站经费的分配

$$车站管理费用分配率 = 当月车站管理费用总额 \times 100\% / (运输业务直接费用 + 其他业务直接费用)$$

运输业务应分摊的车站管理费用 = 当月运输业务直接费用总额 × 车站费用分配率

3. 运输成本明细账的设置与登记

运输成本是在分类(成本项目)归集运输费用的基础上计算出来的,其明细账就是按成本计算对象开设、按成本项目划分专栏的运输支出明细账。

运输支出明细账根据前述直接人工、直接材料、其他直接费用和营运间接费用等各种费用凭证或汇总分配计算表进行登记。

4. 汽车运输总成本和单位成本的计算

汽车运输企业完成一定运输业务所发生的直接人工、直接材料、其他直接费用和营运间接费用等运输费用总额,组成了运输总成本。汽车运输总成本分为客车运输总成本、货车运输总成本和客货车运输综合总成本。汽车运输总成本除以运输周转量得单位成本。汽车运输单位成本分为客车运输单位成本、货车运输单位成本和客货车运输换算单位成本。其计算公式如下:

运输单位成本(元/千吨千米) = 运输总体成本 ÷ 运输周转量(千吨千米)

$$客车运输单位成本(元/千人千米) = \frac{客车运输总成本}{客车运输周转量(千人千米)}$$

$$货车运输单位成本(元/千吨千米) = \frac{货车运输总成本}{货车运输周转量(千吨千米)}$$

$$客货车运输换算单位成本(元/千换算吨千米) = \frac{客、货车运输综合总成本}{客、货车运输换算周转量(千换算吨千米)}$$

汽车运输企业月末应编制汽车运输成本计算表,以反映运输总成本和单位成本。

（六）汽车运输成本核算实例

【例 5-3】 某汽车运输公司经营客、货两类运输业务。7 月份经营车辆 360 辆，其中客车 160 辆，货车 200 辆。本月客车运输两位 5 万千人千米，货车运量 3500 千吨千米。本月发生各项营运费用见表 5-2 ~ 表 5-4。

直接材料、燃料、轮胎费用明细表（单位：元） 表 5-2

项 目	燃 料	材 料		轮胎摊销额
		消耗材料	内胎、垫带	
运输支出：	270000	15000	18000	16000
货车	150000	10000	8000	11000
客车	120000	5000	10000	5000
营运间接费用	25000	29000		
合　计	295000	44000	18000	16000

工资及福利费用明细表（单位：元） 表 5-3

项 目	工 资	福 利 费
运输支出：	360000	50400
货车	240000	33600
客车	120000	16800
营运间接费用	50000	7000
合　计	410000	57400

折旧费、修理费明细表（单位：元） 表 5-4

项 目	折 旧 费	修理费用	其他费用
运输支出：	440000	185000	45600
货车	240000	91000	16400
客车	200000	94000	29200
营运间接费用	50000	21000	38000
合　计	490000	206000	83600

将营运间接费用 220000 元，按客、货车直接工资分配如表 5-5 所示：

营运间接费用分配表（单位：元） 表 5-5

项 目	工 资	分 配 率	营运间接费用
货车	240000		146667
客车	120000		73333
合　计	360000	0.6111	220000

根据各种费用明细表和间接费用分配表，登记客车、货车成本明细账见表 5-6、表 5-7。

客车成本明细账（单位：元） 表 5-6

月 份	材料和易耗品	人工费	维护费	营运间接费用	合 计
6	140000	136800	323200	73333	673333

货车成本明细账（单位：元） 表 5-7

月 份	材料和易耗品	直接人工	维护费	营运间接费用	合 计
6	179000	273600	347400	146667	946667

最后,编制客车、货车营运成本计算单见表 5-8、表 5-9。

客车成本计算单(单位:元)　　　　　　　　　　　　　　表 5-8

成本项目	总　成　本	单位成本(元/辆)
材料和易耗品	140000	875
人工费	136800	855
维护费	323200	2020
营运间接费用	73333	458
合　计	673333	4208

货车成本计算单(单位:元)　　　　　　　　　　　　　　表 5-9

成本项目	总　成　本	单位成本(元/辆)
材料和易耗品	179000	895
人工费	273600	1368
维护费	347400	1737
营运间接费用	146667	733.34
合　计	946667	4733.34

二、铁路运输成本核算

铁路运输是一种借助铁路,以车辆编组成列车,利用机车牵引载运客货的运输方式。它主要承担长距离、大批量的客货运输,是我国目前最重要的客货运输方式之一。铁路运输具有昼夜不间断、全天候作业的特点,其技术经济特征主要体现为:运输能力大,运行速度快,运输成本低,运营经常性好,能耗低,通用性强、机动性差;投资大、建设周期长、占地多。

铁路运输成本(Cost of Railway Transportation)是指铁路运输企业为完成货物运输任务实际发生的与运输生产直接有关的各项支出,通常以完成每吨千米、每人千米运输量所耗费用来表示。

1. 铁路成本计算对象

铁路运输成本计算以客、货运输业务为铁路运输成本计算对象。铁路运输成本计算是在成本、费用核算的基础上,将一定时期的成本、费用归集到不同的计算对象。为满足企业经营决策、盈亏分析和财务清算对成本信息的不同需要,企业应正确、合理地计算各种运输成本。

铁路运输成本主要计算客运总支出、货运总支出、行包总支出、单位旅客运输成本、单位货物运输成本、单位行包运输成本、单位客运支出、单位货运支出、单位行包支出、单位换算周转量支出、客货运作业成本、分线成本、区域平均成本等项目。

2. 铁路运输成本的特点

铁路运输成本除了具有一般交通运输业成本的特点外,还具有以下特点:

1) 共同成本占运输成本的比重较大

在一般的工业产品成本中,构成产品实体的原材料占相当比重,而且品种、类别、批别的产品所耗用的材料等能够划分开来。铁路运输需要对寿命周期较长的资产进行大量投入(包括新建或购置时的投资和运营时的养护维修等),如线路、枢纽、机车、车辆等,这样的资产是与较长一段时间的业务量相对应的。因此,它们的成本费用多表现为共同成本,需要在不同时期、不同的运输产品对象间进行分配。

2) 客货运输成本混合

我国铁路运输企业客货运输是兼营的,客货运的混合支出在运输支出中所占比重较大,铁路运输成本计算首先必须将客货运输分开。铁路运输成本费用核算规程要求凡是可以直接列入客运和货运成本的支出应分别列入客运成本和货运成本。由于我国铁路车站大多为既办理货运业务又办理客运业务混合站,车站的一些支出不能直接列入客运或货运成本;线路和信号设备是为客货运共同服务的,成本费用也表现为客货运混合成本。此外,如水电、房建、通信等部门的费用及管理费用等也都是客货运混合成本。

3) 费用发生期与受益期不匹配

铁路运输是连续不断进行的,成本费用也是不间断地发生,但一定时期的成本费用与运输业务存在不匹配的问题,如线路的大修费用,发生当期列入成本,但由于大修周期不只一年,大修费用的受益期从当期延续到下一个大修期,跨度几年。另外,如遇线路提速等,也需要一次性大量投入线路、信号设备等强化和整治费用,受益期也会延续下去。

4) 资本成本数额较大

铁路运输企业是劳动和资金密集型的企业,修建铁路、购置机车车辆等需要大量的投资,铁路运营消耗大量的材料、燃料,与之相适应的材料、燃料储备数额很大,占用大量资金,形成数额巨大的资本成本。

3. 铁路运输成本的作用

(1) 铁路运输成本作为反映运输生产耗费及其补偿的尺度,对保证运输生产的资金需要,使再生产顺利进行具有重要作用。

(2) 铁路运输成本作为反映铁路运输企业各方面工作质量的综合指标,对考核和改善企业生产经营有重要作用。

(3) 铁路运输成本是制定和调整运价的主要依据。

(4) 铁路运输成本作为评估运输企业经济效益和进行技术经济决策的重要依据,对分析改善运营工作的效果,评价投资效益,论证采用新技术的效果,进行运量的合理分配,改善生产力布局等,都是一个重要因素。

4. 铁路运输成本的构成

铁路运输成本主要包括工资、职工福利费、燃料材料费、配件、工具备品及其他费用、动力费、折旧费、停工损失、事故费用、其他费用等:

(1) 工资。工资是指铁路运输企业直接从事运输生产业务人员的工资总额,包括基本工资、奖金、津贴、补贴和按批准结算的工资收入与实际工资支出的差额。

(2) 职工福利费。职工福利费是指按规定比例从职工工资总额中提取的铁路生产人员的福利费。

(3) 燃料、材料费。燃料、材料费是指在运输生产经营过程中,运输设施设备及其他生产设施设备进行养护修理所耗费的材料、燃料等费用。

(4)配件、工具备品及其他费用。配件、工具备品及其他费用指在运输生产经营过程中，运输设施设备及其他生产设施设备进行养护修理所耗费的配件、工具备品的费用及其他费用等。

(5)动力费。动力费是指在铁路运输活动中耗费的电力等费用。

(6)折旧费。折旧费是指铁路运输生产经营过程中各项固定资产计提的折旧费。

(7)停工损失、事故净损失。停工损失、事故净损失是指铁路运输生产经营过程中发生的季节性修理期间的停工损失、事故净损失。

(8)其他费用。其他费用是指按照国家有关规定及《铁路运输企业成本费用管理核算规定》可以在成本中列支的其他费用，例如合理化建议及技术改进奖、生产部门人员的办公费、差旅费、劳动保护、职工制服补贴、市内交通补贴等支出。

5. 铁路运输成本的计算周期

铁路运输成本的计算周期一般为年或季度。这是因为铁路运输作业是由许多基层单位分工协作、共同完成的，按月计算成本有一定的困难。

6. 铁路运输成本的计算单位

铁路运输成本计算包括货运和客运。其中货运成本的计算单位是千计费吨千米，客运成本的计算单位是千人千米。客货运换算成本的计算单位是千换算吨千米。

7. 铁路运输成本的计算

相对于其他运输方式，铁路单批量运输成本的计算可能是最复杂的。为了避免对每批运量都进行十分繁复和庞杂的成本计算，人们使用了一些简略的标准计算方法，这些方法都是建立在整个系统若干关键性作业的平均费用基础之上的。

例如美国的铁路公司的标准铁路运输成本计算系统(URCS)：首先汇总关于运营线路维修费、运营人员工资、燃料费、机车维修费、货车维修费和列车编组费等几大类成本资料；其次选择一些与上述费用关联性最大的运营指标，如货物吨千米、货车千米、机车千米、总重吨千米、编组站小时，计算出整个系统的运营指标支出率；然后再根据每一批具体运量所形成或耗用的货物吨千米、货车千米、机车千米、总重吨千米、编组站小时等，乘上相应的运营指标支出率，就可以粗略地计算出其特定的变动运输成本。

1)铁路运输成本的单位成本计算

单位成本是按运输产品计算的单位产品主营业务收入。其计算公式分别为：

$$单位旅客运输成本 = \frac{旅客运输主营业务成本}{旅客周转量}$$

$$单位货物运输成本 = \frac{货物运输主营业务成本}{货物周转量}$$

$$单位行包运输成本 = \frac{行包运输主营业务成本}{行包周转量}$$

$$单位换算周转量成本 = \frac{主营业务成本合计}{换算周转量}$$

2)铁路运输成本的单位支出计算

单位支出是按运输产品计算的单位产品运输总支出。其计算公式分别为：

$$单位客运支出 = \frac{客运总支出}{旅客周转量}$$

$$单位货运支出 = \frac{货运总支出}{货物周转量}$$

$$单位行包支出 = \frac{行包总支出}{行包周转量}$$

$$单位换算周转量支出 = \frac{运输总支出}{换算周转量}$$

旅客人千米成本($Z_客$)是指铁路运输企业运送旅客1km所应负担的运输支出,即

$$Z_客 = \frac{E_客}{\sum Al}$$

式中:$E_客$——客运支出总额,元;

$\sum Al$——旅客人千米数,万人·km。

货物吨千米成本($Z_货$)是指铁路运输企业运送一吨货物一千米应负担的运输支出,即

$$Z_货 = \frac{E_货}{\sum Pl}$$

式中:$E_客$——货运支出总额,元;

$\sum Pl$——货物吨千米数,万t·km。

3)计算铁路运输成本的作业成本法

计算时应注意:

(1)注重间接费用的归集与分配:以作业为成本归集的最小单位,通过作业细分,提高成本归集对象的多元化,提高间接费用的归集和分配准确性。

(2)关注成本发生的过程:通过"作业筛选",按"增值作业"和"不增值作业"划分,以顾客效用最大化为原则,消除"不增值作业"。

采取作业成本法计算点到点铁路运输成本的具体思路是:实现旅客或货物的"位移"是一个完整的作业,它是由许多中间作业组成的,每个中间作业环节既产生计量作业的运营工作量(如总重吨千米、列车千米等),又消耗资源(材料、燃料、人工等),发生成本支出,利用成本计算模型寻找各作业过程中成本支出和运营工作量之间的数学关系,确定各项支出的变动率;同时确定完成各种运输产品所需要各个中间作业的运营工作量指标数量,把两者相乘并累加起来,就可以计算出点到点的运输成本(Z):

$$Z = \sum_{i=1}^{n} U_i e_i$$

式中:U_i——运营工作量指标i的指标数值;

e_i——运营工作量指标i的单位成本。

由此可见,采用作业成本法计算点到点铁路运输成本的核心是为完成一定运输任务所消耗的各个中间作业的运营工作量指标数值和铁路运营工作量的单位变动成本。

特别指出,这里所计算的成本是变动成本,而不是完全成本,这是因为计算点到点运输的边际成本对铁路运输经营决策更有实用意义。

三、海洋运输成本核算

海洋运输是一种利用船舶或其他浮运工具海洋上运送客货的运输方式,一般主要承担

大批量、远距离运输,相对于公路、铁路等其他运输方式,建设投资较低。由于船舶运量较大,因此,海洋运输在运输能力、运输成本上均优于公路、铁路运输。其技术经济特征具体体现为:运输能力大、能耗低、运输成本低、建设投资少、土地占用少、劳动生产率高、平均运距长、运输速度慢、受自然环境条件影响大、可达性差。

海洋运输包括沿海运输和远洋运输两种,其运输船舶大都是吨位较大的海船,沿海和远洋运输的成本计算对象、成本项目、成本计算单位等基本相同,但成本计算期不同。

1. 海洋运输成本计算对象

海洋运输也是以客、货业务作为成本计算对象。海洋运输企业根据海洋运输的特点和要求,计算对象可以分为单船运输成本、类型船运输成本、航线运输成本。

(1) 单船运输成本:以每艘船运输业务为成本计算对象,计算每艘船舶运输成本。

(2) 类型船运输成本:以各类型的船舶运输业务为成本计算对象,计算各类型船舶的运输成本。

(3) 航线运输成本:以各航线的船舶运输业务为成本计算对象,计算各航线船舶的运输成本。

2. 海洋运输成本的内容

根据海洋运输的特点和航次成本计算的要求,将海洋运输成本项目分为航次运行费用、船舶固定费用、船舶租费、集装箱固定费用、营运间接费用。

1) 航次运行费用

航次运行费用是指船舶在运行过程中可以直接归属于某航次负担的费用,包括燃料费、港口费、货物费、中转费、垫隔材料费、速遣费、事故损失费和航次其他运行费用。

(1) 燃料费。燃料费是指船舶在航行、装卸、停泊等时间内耗用的全部燃料的费用。

(2) 港口费。港口费指船舶进出港口、停泊、过境等应该支付的港口费用,具体包括船舶吨税、码头费、浮筒费、拖轮费、海关检查费、系解缆费、运河及海峡通过费等。

(3) 货物费。货物费指运输船舶载运货物所发生的应该由船方负担的费用,如装卸工的工资、装卸工具费、卸货费、翻舱费、货物代理费等。

(4) 中转费。中转费是指船舶载运的货物到达中途港口改换其他运输工具时,应该有船方负担的各种费用,如汽车接运费、铁路接运费等。

(5) 垫隔材料费。垫隔材料费是指船舶在同仓库内装运不同类别的货物需要分隔、垫隔,或虽在同一货舱内装同一货物但需要防止摇动、移位以及货物通风耗用的材料的费用。

(6) 速遣费。速遣费是指有装卸协议的营运船舶,提前完成装卸作业,按照协议支付给港口单位的速遣费用。

(7) 事故损失费。事故损失费是指船舶在营运过程中发生的海损、货损、货差、污染、人身死亡等事故的费用,包括施救、赔偿、修理、诉讼、善后等直接损失。

(8) 航次其他运行费用。航次其他运行费用是指不属于以上各费用但应该由航次负担的其他费用。如淡水费、交通车船费、邮电费、通信费、清洁费、国外港口接待费、航次保险、代理行李费、冰区航行破冰费等。

2) 船舶固定费用

船舶固定费用是指为保持船舶世行状态所发生的经常性维持费用。这些费用不能直接归属于某一航次负担,但可以按单船进行归集。船舶固定费用包括工资及职工福利费、润料

(润滑油)、物料、船舶折旧费、船舶修理费、保险费、税金、船舶非营运期费用和船舶共同费用。

(1)工资,是指在航船员的各类工资、津贴、奖金、补贴、航行津贴等按有关规定由成本列支的工资性费用。

(2)职工福利费,是指按在航船员工资总额和规定的比率提取的职工福利费。

(3)润料,是指船舶耗用的各种润滑剂。

(4)物料,是指船舶在运输生产中耗用的各种物料、低值易耗品。

(5)船舶折旧费,是指按确定的折旧方法按月计提的折旧费用。

(6)船舶修理费,是指已完工的船舶实际修理费支出、日常维护保养耗用的修理料、备品配件等。

(7)保险费,是指向保险公司投保的各种船舶险、运输船员的人身险以及意外伤残险所支付的保险费用。

(8)税金,是指按规定交纳的车船使用税。

(9)船舶非营运期费用,是指船舶在非营运期(如厂修、停航、自修、事故停航等)内发生燃料费、港口费等有关支出,具体包括燃料、港口费用和其他非营运期费用。

(10)船舶共同费用,是指为企业所有运输船舶共同受益,但不能分船直接负担,需经过分配由各船负担的费用。

(11)其他船舶固定费用,是指不属于以上各项的其他船舶固定费用。如船舶证书费、船舶检验费、船员劳动保护费等。

3)船舶租费

船舶租费是指企业租入运输船舶参加营运生产而发生的费用,以及按规定应列入成本的期租费或程租费。

4)集装箱固定费用

集装箱固定费用是为了保证集装箱处于良好使用状态所发生的经常费用。集装箱固定费用包括空箱保管费、折旧费、修理费、保险费、租费、底盘车费用和其他。

(1)集装箱保管费是指空箱存放在堆场所支付的保管费等。

(2)集装箱折旧费是指自有集装箱按集装箱价值和规定折旧率按月计提的折旧费。

(3)集装箱租费是指租入集装箱按规定应列入成本的租费。

(4)集装箱修理费是指集装箱修理用配件、材料和修理费用。

(5)集装箱保险费是指向保险公司投保集装箱安全险所支付的保险费用。

(6)集装箱底盘车费用是指船务公司自有或租入的集装箱底盘车发生的保管费、折旧费、租费、保险费、修理费等。

(7)集装箱其他费用是指不属于以上项目的集装箱固定费用,如清洁费、熏箱费等。

5)营运间接费用

营运间接费用包括营运过程中所发生的不能直接记入运输成本计算对象的各种费用,包括企业各个分公司或船队为组织和管理运输生产所发生的管理人员工资、福利费、折旧费、租赁费、修理费、材物料消耗、低值易耗品、取暖费、水电费、办公费、差旅费、保险费、设计费、试验检查费、劳动保护费以及其他营运间接费用。

3.海洋运输成本计算期

沿海运输由于航次时间较短,未完航次的费用比较少,也比较稳定,所以一般以月、季、年作为成本计算期。远洋运输因航次时间较长,通常按航次结算成本。作为成本计算期的航次,是指一个载货(客)单程航次。若单程空航,则以一个往返航次为一个成本计算期。航次时间的划分,应遵照运输生产统计办法的规定进行,企业应按会计期汇总计算运输业务成本。以航次作为成本计算期的,自航次开始日起至结束日止航次期内所发生的全部营运支出,一般计算为各航次结束日所在会计期的成本。

4. 沿海运输成本计算单位

不论沿海运输还是远洋运输,船舶完成运输周转量都是按当月(季、年)航次统计的到达量计算。

客、货运综合成本的计算单位是千换算吨海里。客、货周转量的换算,以一个吨海里等于一个铺位人海里或三个座位人海里计算。客运成本的计算单位是千人海里。货运成本的计算单位是千吨海里。

5. 沿海运输成本计算

沿海运输是海运企业船舶在近海航线上航行,往来于国内各沿海港口之间,负责运送旅客和货物的运输业务。沿海运输大部分为吨位较大的船舶。

沿海运输企业应按单船设立营运费用明细账,归集所发生的营运费用。按单船归集的营运费用,月末应根据成本计算的要求,将其分配到各成本计算对象上去。客货轮的营运费用也可按照客运和货运所占船舱容积的比例分配。

沿海运输企业月末应编制沿海运输成本计算表,以反映运输总成本及其组成内容,并换算吨海里单位成本。沿海运输企业应由运输业务负担的营运费用构成运输总成本。

【例5-4】 某海运公司当期发生的船舶类型费用总额为5050000元,其中货船费用3050000元,油船费用为2000000元。营运间接费用共计2626000元;当期营运间接费用全部由运输费用负担;货船货运周转量为545412千吨千米;油船货运周转量584615千吨千米。

核算过程如下:

(1)将营运间接费用按规定由各种业务成本负担。当期营运间接费用共计2626000元,全部由运输业务承担,所以直接将其在不同运输种类间分配。

营运间接费用分配率 = 2626000/5050000 = 0.52

货船货运应分摊营运间接费用 = 3050000 × 0.52 = 1586000

油船货运应分摊营运间接费用 = 2000000 × 0.52 = 1040000

(2)编制如表5-10所示的运输分类成本计算表。

运输分类成本计算表(单位:元)   表5-10

项 目	运输种类		合 计
	货船货运	油船货运	
船舶费用	3050000	2000000	5050000
分摊营运间接费用	1586000	1040000	2626000
运输总成本	4636000	3040000	7676000
运输周转量(千吨千米)	545412	584615	1130027
运输单位成本(元/千吨千米)	8.5	5.2	

6. 远洋运输成本计算

远洋运输是指远洋运输企业的船舶在国际航线上航行，往来于国内外港口之间，运送旅客和货物的运输业务。远洋运输由于需要跨洋越海，因此远洋运输具有船舶吨位大，航线不固定，运输距离和航次时间长的特点。

船舶运行费用按航次归集，直接由航次成本负担。因此，远洋运输企业发生的船舶运行费用应直接记入按照船舶航次设立的船舶航次费用明细账。船舶固定费用按船归集，月末根据各船已完航次和未完航次的营运天数，分配由各航次成本负担。

船舶航次终了后，根据船舶航次明细账计算该航次的运输总成本和单位成本。

【例 5-5】 20××年 2 月，"顺利"轮承载出口花生 37000t，从大连经苏伊士运河至汉堡，耗时 30 天。在这一期间发生的有关业务及其账务处理如下：

(1) 支付大连外轮代理公司装卸费 335000 元、引航费 10149.72 元、港务费 11841.34 元、停泊费 845.80 元。

(2) 收到大连船务代理公司发来的账单，应付该公司 525280.02 元。具体包括：代理费 33751.56 元、拖轮费 4800 元、船舶检验费 812 元、垫舱物料 37387.78 元、雷达修理费 35495.44 元、供应物料 56359.14 元、邮电交通费 1038 元、佣金 574.10 元，船长借支人民币 (RMB)60000、34000 美元(折合 RMB 295062)。

(3) 在苏伊士运河，由中欣公司代付运河费 3578.28 美元、淡水费 3317.46 美元、杂费 163.34 美元、佣金 17.64 美元，共计折合人民币 30706.95 元。

(4) 在汉堡港，由中欣公司代付下列支出：装卸费 105625.00 美元；引航费 2556.14 美元；港务费 2440.50 美元；停泊费 317.18 美元；交通船费 1160 美元；船检费 326 美元；代理费 320.58 美元；医药费 1545.24 美元；更新零配件 4541.20 美元；清理垃圾费 775.88 美元；电报通信费 2731.58 美元；佣金 305.84 美元。以上共计折合人民币 1064351.32 元。

(5) 由于货物发生短缺，日顺公司索赔人民币 47294.34 元。经核查后予以确认。

核算方法和过程如下：

船舶航次成本由变动成本和固定成本两部分组成。其中，变动成本是指航次运行费用，固定成本则必须按照一定的方法进行分摊计算后方可求得。本例中，固定成本系于年末一次性地进行分摊。

(1) 单船每营运天固定成本的计算。假设该公司"顺利"轮本核算年度发生船舶固定费用总计 12790847.68 元。"顺利"轮上年末有一航次跨入本年度完成，共占时 16 天，上年每营运天固定成本为 30692.00 元。该船本年因修理中断营运 10 天，本年末有一航次跨入下年度完成，共占时 20 天，则本核算年度"顺利"轮每营运天固定成本可按以下步骤计算：

上年结转固定成本 = 30692 × 16 = 491072 元

本年应分摊的固定成本 = 12790847.64 + 491072 = 13281919.64 元

跨入下年度应摊固定成本 = 35418.46 × 20 = 708369.20 元

(2) 02 航次成本计算：

02 航次应分摊的固定成本 = 35418.46 × 30 = 1062553.80 元

02 航次变动成本 = 1259356.72 + 37387.78 + 1471757.78 + 60704.40 = 2829206.68 元

02 航次成本总额 = 1062553.80 + 2829206.68 = 3891760.48 元

航次运输成本汇总见表 5-11。

船舶航次运输成本汇总表(单位:元)　　　　　　表 5-11

船名:顺利　　　　　　　　　200×年度

	…	第 二 航 次	…	合 计
航　线		大连—汉堡		
货运量		37000t		
营运天		30		
变动成本		2829206.68		
其中:燃润料	(略)	1259356.72	(略)	
垫舱物料		37387.78		
港口费		1471757.78		
其他		60704.40		
固定成本		1062553.80		
航次成本		3891760.48		

四、航空运输成本计算

航空运输是利用飞机或其他航空器在空中进行客货运输,它既是最新的也是利用程度最低的一种运输方式。其优势在于速度极快、不受地形限制,在其他运输工具无法到达的地区,航空运输可完成对客货的运输工作。飞机振动较小,而且空中货物一般不可能被盗。因此,航空运输是一种十分安全的运输方式。但是,由于航空运输成本极高,所以需要航空运输的货物种类较少、空运人次也较低。大多数航空运输是承担价值高、运费负担能力较高的贵重物品,或时令、时间紧急的物品运输。其技术经济特征主要表现为:高速可达性,安全性高,经济价值独特,包装要求低,载运量小,投资大,成本高,易受气候条件限制,机动性差。

航空运输成本是指营运生产过程中实际发生的与航班生产直接有关的各项支出,对于航空公司来说为运输成本;对于机场来说为机场服务费。

1. 航空成本计算对象

航空运输成本计算一般是以每种机型为基础,归集和分配各类费用,计算每种飞机的机型成本,再进一步计算和考核每种飞机的运输周转量的单位运输成本。

2. 航空运输成本的内容

航空运输企业的成本项目为飞行费用和飞机维修费两大类。

(1)飞行费用。飞行费用为与飞机飞行有关的费用。

(2)飞机维修费。飞机维修费为飞机、发动机除大修、改装以外的各级检修和技术维护费,以及零附件的修理费。

3. 航空运输成本的计算周期

航空企业运输成本的计算以月作为成本计算期。

4. 航空运输成本的计算单位

航空运输周转量的成本计算单位是吨千米。货物周转量和旅客周转量的换算比例为:国内航线 1 人千米 = 72 千克千米;国际航线 1 人千米 = 75 千克千米。

5. 航空运输成本计算

航空运输主要是民航运输,它包括运输飞行和专业飞行。运输飞行分为旅客运输和货邮运输。专业飞行主要指一些特定飞行项目,如防火、造林、探矿、测量、播种、除草、人工降雨、海上抢险等。民航企业按月计算成本,其成本项目分为飞行费用与飞机维修费用两大类。飞行成本中最大开销使燃油费用。此外,还有空勤人员的工资及福利费,航空燃料消耗费,飞机、发动机折旧费,飞机、发动机大修理费,飞机租赁费,飞机保险费,飞机起降服务费等。飞机维修费一般由材料费、人工费以及间接维修费三个项目组成,凡属可以直接汇集某一机型成本的维修费为直接计入费用,不能直接汇集于某机型成本的费用,先要通过飞机维修费账户进行归集,然后按一定标准分配到各个机型成本中去。

1)飞行费用

飞行费用大部分是直接费用,费用发生时,可直接计入有关的机型成本。

(1)空勤人员工资及福利费。空勤人员月末按规定计提的福利费,也应分配计入各有关的机型成本。

(2)航空燃料消耗。在国内各地的加油,按规定的计划单价计算航油预提数;在国外各地的加油,按规定的预提单价计算航油消耗预提数。

(3)飞机、发动机折旧费。航空运输企业的飞机和发动机折旧费的计提可以采用两种办法:一是按实际飞行小时计提折旧,采用这种办法应按机型分别计提折旧;二是按年限计提折旧,应用这种办法应按每架飞机分别计提折旧。

(4)飞机、发动机大修理费。飞机、发动机大修理费指各机型飞机定时进行大修所发生的费用。航空运输企业对飞机、发动机大修理费可采用预提大修理或大修理费发生后分期摊销的办法进行核算。

(5)飞机租赁费。飞机租赁费是指经营性租入飞机所支付的租赁费。融资性租入飞机所支付的租赁费应视作分期付款购入固定资产,计入"长期应付款"科目,不计入飞机租赁费。航空运输企业对飞机租赁费可采用按月预提或摊销的办法进行核算。

(6)飞机保险费。飞机保险费包括飞机险,战争险,旅客、货物意外险,第三者责任险等。航空运输企业对机身投保金额应以投保时的飞机及发动机的净值为准,并逐年调整。飞机保险费一般采用待摊的方式,按月平均摊入飞机保险费项目。

(7)飞机起降服务费。飞机起降服务费,以支付之日计列机型成本。

(8)旅客供应服务费。配给机上的供应品凭乘务员签领的清单,按实际领用数分别计价,直接计入有关的机型成本。对于不能分清机型的旅客供应服务费,可按照各机型完成的周转量比例进行分配。

2)飞机维修费

飞机维修费是飞机、发动机因维护检修所发生的费用及零附件的修理费用。飞机维修费的核算分为材料费、人工费和间接维修费三个项目。航空运输企业发生的维修费先通过"飞机维修费"账户进行汇集。"飞机维修费"账户下设材料费、人工费、间接维修费三个明细科目,月末再按下列方法分配到各机型成本。

(1)材料费根据领料凭证上所列机型直接计入各机型成本。

(2)人工费按各机型维修实耗工时比例分配到各机型成本。

(3)间接维修费可按各机型维修实耗工时比例分配到各机型成本中。

民航运输企业各机型的飞行费用和飞机维修费之和为各机型成本。各机型成本之和为民航运输总成本。民航运输总成本除以运输周转量可得出运输单位成本,也可分机型计算各机型的运输单位成本。民航运输企业月末应编制民航运输成本计算表,以反映运输总成本和运输单位成本。

项目三 运输成本控制及优化

教学要点

(1) 理解运输成本分析的概念和步骤;
(2) 了解运输成本控制的原则内容和步骤;
(3) 掌握运输成本控制的策略;
(4) 理解合理化运输的影响要素;
(5) 掌握实现合理化运输的措施。

教学方法

可采用讲授、案例教学和分组讨论等方法。

一、运输成本控制

(一) 运输成本的分析

1. 运输成本分析的概念及含义

运输成本分析是指运用各种运输经济分析指标和核算资料,对运输企业或者部门的运输活动及其成果进行分析研究,提出改善经营管理的措施,以提高经济效益的一种管理方法。

通过分析企业的物流成本,可以查明有哪些因素影响成本的变化,这些因素中哪些会使成本上升,哪些会使成本下降,对于物流成本的影响程度如何。在操作过程中严格控制成本上升的因素,发现成本下降的因素,挖掘企业物流成本的潜力,以求节约增效,降低运输成本,使企业能够提供或更多的质优价廉的服务,为企业编制物流成本决策提供重要依据,为增强企业的竞争力创造条件。

2. 运输成本分析的原则

1) 运输成本的分析要结合经济责任制

为了能使成本分析达到既定的效果,明确成本分析的责任,就要在企业建立健全经济责任制,把运输成本的分析与部门的经济效果和工作质量考核结合起来,在完善的经济责任制之下,根据各部门的特点和责任范围分门别类地进行各种成本分析和总成本分析,以缩短成本分析的周期。

2) 运输成本的分析要结合技术经济指标的变动

技术经济指标的变动是与企业的物流技术、工艺特点密切相关的一系列指标,它反映了企业的运输技术经济状况。而各项技术经济指标的完成情况直接或间接地影响到了运输成本的高低。因此在进行经济分析时要严格关注这些经济指标的变动,将相关指标的变动值控制在允许的范围内。

3. 运输成本分析的步骤

(1) 根据运输成本的计划资料、实际资料或上年度实际资料,计算出成本降低额,确定运输成本分析的对象。可采用对比分析的方法,将本期实际完成总成本与计划总成本或上年度实际总成本进行比较,计算出成本降低额和成本降低率的,以便为进一步深入分析提供必要的数据。其计算公式如下:

成本差异额 = 本期实际完成周转量 × (实际单位成本 – 计划单位成本)

成本差异率 = 成本差异额/(计划单位成本 × 本期实际完成周转量) × 100%

(2) 对运输成本降低额进行综合分析,计算出各类费用和各项运用效率指标变动影响运输成本的降低额。

为了进一步总结经验、教训并找出差距,挖掘降低成本的潜力,还需要对成本项目中影响成本的各种相关因素进行深入分析与观察。成本计划执行的结果以及发生差异的原因,归纳起来主要有两个方面因素:一是与成本费用支出水平有关;二是与车辆运用效率变化有关。

(3) 对各项运输成本降低额按运输成本项目、各项车辆运用效率指标进行详细分析,找出运输成本升降的具体原因。

(二) 运输成本控制

运输成本控制就是在运输过程中,对运输成本形成的各种因素,按照事先你定的标准严格加以监督,发现偏差就及时采取措施及以纠正,从而使运输过程中的各项资源的消耗和费用开支限制在标准规定的范围内。进行运输成本控制,应根据运输成本的特性和类别,在运输成本的形成过程中,对其事先进行规划,事中进行指导、限制和监督,事后进行分析评价,总结经验教训,不断采取改进措施,使企业的运输成本不断降低。

1. 成本控制目标的确定

成本控制目标会因条件和观察角度的不同而不同。概括起来,成本控制过程中的目标定位应考虑以下几个方面:

(1) 配合企业取得竞争优势。运输成本控制首先要配合企业为取得竞争优势所进行的战略选择,配合企业为实施各种战略对运输成本控制的需要,配合企业走向物流成本最低化。

(2) 在既定的企业战略目标模式下,利用运输、仓储、配送、包装等各个物流功能以及产品的质量、价格、销售等因素之间的联动关系,使得各种因素之间相互配合,促使企业取得最大利润。

运输物流过程和功能只不过是企业生产和商业过程的一种辅助和补充,这些成本的最低也不一定能够保证企业取得最大的利润,因为过低的运输成本必然不能够保证提供高质量的物流和运输服务,从而使企业的高质量的产品和商业服务不能够完全地体现,甚至可能是物流运输过程成为提高顾客满意度的一个瓶颈。

(3) 降低物流成本。在既定的条件下,只要影响利润变化的其他因素不因物流成本的变化而变化,降低物流成本始终是第一位的。降低物流成本可以两种方式实现:一是在既定的经济规模、技术条件、质量标准之下,通过降低消耗、提高劳动生产率、合理的组织管理等措施,降低运输成本;二是改变运输成本发生的基础条件,即改变企业生产要素的配置,提高技术装备水平,使运输成本降低。

2. 成本控制的原则

为了有效地进行运输成本控制,应遵循以下原则:

(1) 经济性原则。对人力、物力和财力的节省,它是提高经济效益的核心。因此,经济性原则是运输成本控制的基本原则。

(2) 全面性原则。全面性原则要求在运输成本控制的过程中全员参与,全方位、全过程地对运输成本进行控制。要求在成本控制过程中,不仅要在生产过程中,还要在项目投资、产品设计,直到产品的售后服务中来控制成本;不仅要对各项费用的发生数额进行控制,而且还要对费用发生的时间和用途进行控制;成本的控制不仅要有财会部门的人员参与,还要发挥全体员工的作用和智慧,全体动员控制运输成本。

(3) 责权利相结合原则。在进行运输成本控制时,只有贯彻责权利相结合的原则,才能使运输成本控制真正发挥效益。企业必须先要赋予某些权力部门在规定范围内有决定某项费用是否可以支出的权利,才能要求企业内部各部门和单位在控制运输成本时必须尽到相应的责任,以起到运输成本控制的作用。另外,企业还要对各部门进行成本控制的业绩考核和评价,依据结果进行奖惩,以充分调动各部门进行成本控制的积极性。

(4) 目标控制原则。运输成本控制是目标控制的一项重要内容,即以目标运输成本为依据,对企业经济活动进行约束和指导,以求以最小的运输成本获得最大的利润。

(5) 重点控制原则。由于运输成本控制工作的内容很多,在进行控制工作时,为了能够使成本控制工作达到既定的效果,需要抓住重点内容,进行重点控制,以求以较少的成本控制工作量达到既定的效果。

3. 运输成本控制的内容

(1) 一段时间内相对固定的成本。这类成本包括工资、福利费、运输工具使用税、其他车辆费、制造费用中的固定费用部分等。一般实行绝对控制方法,即要控制各项费用的总发生额,使发生额不能突破既定计划或预算范围。

(2) 随着车千米数变化而变动的成本。这类成本包括燃料、轮胎、保修、大修、行车事故损失、其他车辆费用的变动成本等。应采用相对控制方法,不能一味地控制发生额,要根据运输生产任务和盈利情况进行分析和控制。

(3) 随着吨千米数变化而变动的成本。这类成本主要包括养路费和运管费等。一般说来,在运价确定的情况下,吨千米数量完成越多,运输收入越多,养路费和运管费也随之增加,因此这类项目只能采取相对控制方法。

(4) 运输周转量和车辆运用效率指标。车辆运用效率指标的提高或降低,直接会影响到运输周转量的增减变动,而运输周转量的变动,又会影响到单位运输成本的升降。因此这类指标控制也是成本控制的重要内容。对运输周转量指标应进行相对控制,对车辆运用效率指标要进行绝对控制,特别是里程利用率和托运率指标,必须实施绝对控制。

4. 运输成本控制的程序

运输成本控制应贯穿于企业运输经营的全过程,运输成本控制应包括以下几项基本程序:

(1) 制定成本标准。运输成本标准是运输成本控制的准绳,是对各项运输成本费用开支和资源耗费所规定的数量限度,也是检查、衡量、评价实际运输成本的根据。运输成本标准应包括运输成本计划中规定的各项指标。进行运输成本控制时,一定要在充分调查研究和科学计算的基础上进行,同时还要正确处理运输成本指标与其他技术经济指标的关系,从完成企业的总体目标出发,经过综合平衡,反对片面性,必要时还应进行多种方案的择优选用。

(2) 监督运输成本的形成。监督运输成本的形成就是根据控制标准对运输成本形成的各个项目,经常地进行检查、评比和监督。不仅要检查指标本身的执行情况,而且要检查和监督影响指标的各项条件,如物流运输设施设备、工具、工作环境等,所以日常成本控制要与企业整体作业控制等结合进行。

(3)及时纠正偏差。在成本控制时如果发生控制偏差就应及时纠正,这是成本控制的主要职能之一。在分析时要分清那些是可控的,哪些是非可控;哪些是全面的,哪些是局部的;哪些是管理原因,哪些是技术、工艺方面的原因等。

5. 运输成本控制的策略

运输成本控制策略的要点是在设计运输系统时必须使运输成本最小,所以控制运输成本的关键在于要从定性和定量的角度,做好运输决策与运输线路的安排。

1)定性控制运输成本的策略

从定性的角度寻找控制运输成本的策略主要依靠实践经验总结出一些科学合理的方法。

(1)优化仓库布局。从运输成本控制的角度来看,成本的降低多数与运输的规模相关,而要实现规模运输,就需要依靠仓库实现运输业务量的积累,达到最大的集运。通过优化仓库布局可以实现运输成本的最小化。

(2)开展集运方式。运输的规模的经济靠集运来积累运输业务量,从运作的角度来看,有三种方法可以实现货物的集运。第一种方法是自发集运,也就是将一个市场区域范围内不同客户的小批量运输要求结合起来。第二种方法是计划预定运输,也就是在每周规定的日期将有限的货物运到特定的市场。第三种方法是共同运输,通常以有大批量货物运输量的企业为中心,招揽多个相同市场中的货主安排集运,因为是相同的市场,可以满足客户个性化的需要,提供附加价值的服务。

(3)推行直运战略。任何一个物流系统都要考虑服务水平与成本的关系。直接运输比由当地的仓库送货要慢,而且顾客的订购量往往很小,会带来运输成本的增加,但某些情况下直接运输有它的优势。直运战略的采取,通常要考虑货物的特性、运输的里程和成本、订货的数量和地理位置。

2)定量控制运输成本的策略

从定量的角度计算选择控制运输成本的方法,主要依靠一些科学严密的数学计算方法,最终确定最优方案。

(1)合理选择运输方式。在选择运输方式时,有很多定量分析方法,包括成本比较法、综合评价法等,通常可以综合考虑运输的条件、各种目标要求,采用综合评价法确定最优方案。

(2)合理确定运输工具。运输方式确定后,可以根据货物的特性和批量选择合适的运输工具,并确定数量。要综合考虑各种因素,以免发生运输工具不足或运输工具闲置的现象。

可借助以下公式来确定运输工具的数量:

确定铁路运输车数的需要量 = 运输量/列车车辆的标重

确定公路车数的需要量 = 货物周转量/每辆汽车产量

确定船舶需要量 = 货物周转量/船舶每吨位年产量

(3)合理规划运输路线。通过合理规划运输路线,可以减少不合理运输,降低运输成本。常用的方法有线性作业法、表上作业法和图上作业法等。

①线性作业法。在运价已经公布,行驶里程已知的条件下,对多个商品生产地和销售地之间的运输建立数学模型,确定变量,求解满足条件的总运输费用最小值。

②表上作业法。表上作业法是单纯形法在求解运输问题时使用的一种简化方法,用于寻求运费最少的调运方案。解题思路是首先依据已知问题列出货物的供需平衡表及运价表;然后使用左上角法或者最小元素法或伏格尔法确定初始的调运方案;最后根据一个判定法则判断初始方案是不是最优方案,如果不是最优方案,要借助调出变量调整调配方案,再判断,直到判定为最优方案为止。

二、运输成本的优化

运输成本的优化就是在保证物资流向合理的前提下,在实现货物位移的过程中,充分有效地运用各种运输工具的运输能力,以最少的人力、财力、物力的消耗,及时、迅速、高质量和安全地完成运输任务。

合理化运输的标志是:运输距离最短、运输环节最少,运输速度最快和运输费用最省。研究运输合理化的目的,是在保证物流及时、安全地运输的前提下,如何有利于提高物流公司综合运输水平,降低运输费用。

1. 不合理运输的表现形式

组织合理运输首先要消除不合理的运输现象。不合理运输的主要表现形式如下:

1) 对流运输

对流运输是指同一种物资或两种能够互相代用的物资,在同一运输线或平行线上,做相对方向的运输,与相对方向路线的全部或一部分发生对流。

对流运输又可分两种情况:明显的对流运输和隐蔽性的对流运输。明显的对流运输是指同一运输线上的对流。大多由于货主所属地区不同,企业不同造成的。隐蔽性的对流运输是指同种物资采用不同的运输方式在平行的两条线路上,相反方向运输。

2) 迂回运输

迂回运输是指货物从发送地到目的地不按最短路线而绕道运输。物流过程中的计划不周、线路不熟、组织不善或调运差错都容易出现迂回运输。

3) 重复运输

重复运输是一种货物本可直达目的地,但因物流仓库设置不当或计划不周使其中途卸下,需中转或倒装,导致增加运输环节、浪费运输设备和装卸搬运能力、延长了运输时间的不合理运输方式。

4) 过远运输

过远运输是舍近求远去取所需物资。

5) 倒流运输

倒流运输是指货物从销地向产地或其他地点向产地回流的不合理运输方式。倒流运输会导致浪费运力,增加运费开支。

6) 无效运输

无效运输是指不必要的运输。消除不必要的运输可获得十分惊人的经济效果,如大众石油由于增设了原有脱水设备,是原油含水量由7%下降到2%,1963年一年就消除了18万t水的无效运输,由此可减少罐车4500辆,节约运费500万元。

上述各种不合理运输形式都是在特定条件下表现出来的,在进行判断是必须注意前提条件,否则就容易出现判断的失误。在实践中还必须在物流系统中做综合判断,才能有效避免"效益悖反",从而优化整个系统。

2. 合理化运输的要素

影响物流运输合理化的因素很多,起决定作用的有五个方面,称作合理运输的"五要素"。

(1)运输距离。在运输时,运输时间、运输货损、运费、车辆或船舶周转等运输的若干技术经济指标,都与运距有一定的比例关系,运距长短是运输是否合理的一个最基本因素。缩短运输距离从宏观、微观来看都会带来好处。

(2)运输环节。每增加一次运输,不但会增加起运的运费和总运费,而且必然要增加运输的附属活动,如装卸、包装等,各项技术经济指标也会因此下降。所以,减少运输环节,尤其是同类运输工具的环节,对合理运输有促进作用。

(3)运输工具。各种运输工具都有其使用的优势领域,对运输工具进行优化选择,按运输工具特点进行装卸运输作业,最大限度地发挥所用运输工具的作用,是运输合理化的重要一环。

(4)运输时间。运输是物流过程中需要花费较多时间的环节,尤其是远程运输。在全部物流时间中,运输时间占绝大部分,因此,运输时间的缩短对整个流通时间的缩短有着决定性的作用。此外,运输时间短,有利于运输工具的加速周转,从而充分发挥运力的作用,有利于货主资金的周转,有利于运输路线通过能力的提高,对运输合理化具有重要的意义。

(5)运输费用。运输费用占物流费的比重很大,它是衡量运输经济效益的一项重要指标,也是组织合理运输的主要目的之一。运输费用的高低,不仅关系到物流企业或运输部门的经济核算,而且也影响商品销售成本。实际上,运输费用的降低,无论对货主企业还是对物流经营企业都是运输合理化的一个重要目标。运费的判断,也是各种合理化措施是否行之有效的最终判断依据之一。

上述五个要素相互联系,相互影响,在通常情况下,运输时间短、运输费用省,是考虑合理运输的两个主要因素,它集中体现了运输的经济效益。

3. 运输成本的优化措施

1)消除运输中不合理现象

物流运输不是一个孤立的环节,在组织运输时,要对运输活动及涉及的其他环节要科学规划,统筹安排,尽量压缩不必要的环节,减少个别环节所占用成本。对有条件直运的,应尽可能采取直达运输,减少二次运输。同时,更要消除对流及隐含运输、迂回运输、重复运输、过远运输等不合理现象。

2)合理选择运输方式,提高运输效率

(1)合理选择运输工具。在目前多种运输工具并存的情况下,必须注意根据不同货物的特点及对物流时效的要求,对运输工具所具有的特征进行综合评价,以便作出合理选择运输工具的策略,并尽可能选择廉价运输工具。

(2)合理选择运输方式。要合理组织多式联运。采用零担凑整、集装箱、捎脚回空运输等方法,扩大每次运输批量,减少运输次数。采用合装整车运输、分区产销平衡合理运输、直达运输、"四就"直拨运输等合理运输形式,有效降低运输成本。

(3)提高运输工具技术装载量。改进商品包装,改善车辆的装载技术和装载方法,对不同货物进行搭配运输或组装运输,可以使同一运输工具装载尽可能多的货物,最大限度利用运输工具的装载吨位,充分使用装载容积,提高运输工具的使用效率。对有条件的货物,开展托盘运输。

3）提高企业物流运输管理水平

运用系统观点不断优化运输资源配置，提高管理技术和手段的运用，提高企业运输管理水平，树立物流战略成本管理的理念，追求整个供应链、整个流通过程的物流运输成本最小化，不断发掘运输成本降低潜力，持续降低物流运输成本水平。

4）科学设计运输网络，实现优化运输

在运费、运距及生产能力和消费量都已确定的情况下，可充分运用运筹学、管理数学中的线性和非线性规划技术、网络技术等解决运输的组织问题，制定科学合理的运输计划和方案；运用"送奶线路"、定制化运输等方法和手段，合理设计运输网络；运用 GPS、GIS 等先进技术，对运输活动及过程进行跟踪、监控和调度，实现对车辆和线路的最优化、节点配送的优化等功能，也可进一步提高运输效率，提高安全性，减少损失，降低成本。

配送是运输在功能上的延伸，主要服务于支线运输。通过效率化的配送，可以提高物流规模效益，实现共同配送也可以降低物流运输成本。

选择最佳配送手段，不仅可实现车辆运行的效率化，降低配送成本，同时也可提高供应保证程度，降低库存成本，进而降低物流总成本。

5）通过整合运力促进资源优化配置，降低运输成本

消除由于企业内部各部门间壁垒、企业之间壁垒、区域壁垒造成的物流运输资源浪费现象和对效率的影响。企业内部实现信息化管理，企业间尝试通过综合信息平台的建立，加强横向沟通和信息共享，改变以往的相对封闭状态和"各自为政"、"小而全"的运作方式，共享资源，实行物流外包。这样不仅可以减少企业间的重复建设所造成的资源浪费、效率低下等现象，还可以优化社会和企业资源配置，减少企业投资，降低运输成本。

6）运用现代化的物流信息系统控制和降低物流运输成本

现代物流的开展离不开现代化的物流信息系统。信息技术的关键在于提高信息的收集、处理、传播的速度以及信息的准确性，实现信息的共享，有效减少冗余信息传递。通过运输管理系统（TMS）和其他管理信息系实现有效对接，可使运输环节作业或业务处理准确、迅速；也有利于建立起物流经营统一战略系统，通过信息系统的数据汇总，可以进行预测分析，控制和降低物流成本；同时可以做到与用户需求信息资源的共享，应对可能发生的各种需求，及时调整运输计划，避免无效作业，减少作业环节，消除操作延迟，从而在整体上控制物流运输无效成本发生的可能性。

7）通过提高物流运输服务质量降低运输成本

加强物流运输服务质量管理，是降低物流运输成本的有效途径。不断提高物流质量，可以减少和消灭各种差错事故，降低各种不必要的费用支出，降低物流运输过程的消耗；可以保持良好的信誉，吸引更多的客户，形成规模化、集约化经营，提高效率，从根本上降低物流运输成本。

任务小结

通过本任务的学习，主要了解运输成本的概念、内容、影响因素和通常采用的降低运输成本的方法和措施，理解并重点掌握汽车运输企业、海洋运输企业、铁路运输企业、航空运输企业的运输成本构成，相关费用的归集和分配方法，熟练掌握汽车运输以及海洋运输总成本、单位成本的计算方法。

思考与练习

1. 简答题

（1）什么是运输成本？影响运输成本的因素是什么？

（2）试述各种运输方式的特点及成本构成。

（3）汽车运输企业的成本项目有哪些？如何核算？

（4）海洋运输企业的成本项目包括哪些内容？如何核算？

（5）不合理运输通常表现在哪些方面？

（6）怎样适时合理化运输？

（7）远洋运输成本核算实例。

核算资料：

（1）某远洋运输公司，其甲货船第5次航行于国外某航线，自6月开始至7月20日结束。甲船于6月末为未完航次，当时在"航次成本计算单"上所列费用如表5-12所示。

航次成本计算单（单位：元）　　　　　　　　　　　表5-12

航次运行费用	532000
其中：　燃料	400000
港口费	30000
货物费	100000
航次其他费用	2000
6月份分配该船舶固定费用	600000
6月份分配该船集装箱固定费用	20000

（2）甲船第6次航行尚未结束，计未完成航次成本1152000元，由于该航次尚未结束，不分配营运间接费用。

（3）甲船7月份航次结束，当月甲船5航次的运行费用以及7月份船舶固定费用、集装箱固定费用、营运间接费用如表5-13所示。

7月份航次运行费用、固定费用、集装箱固定费用和营运间接费用（单位：元）　表5-13

航次运行费用	528000
其中：　燃料	350000
港口费	25000
货物费	150000
航次其他费用	3000
7月份甲船舶固定费用	682000
7月份集装箱固定费用	372000

（4）该船7月份船舶固定费用682000元，按航次营运天数分配，由该月第5次航行和第6次航行负担（第5次航行为已完航次，第6次航行为未完航次）。

（5）该船7月份集装箱固定费用372000元，按重箱标准箱每天3100箱天计算分配第5航次和第6航次负担（其中，第5次航行使用集装箱2000箱天，第6次航行使用集装箱1100箱天）。

（6）该船7月份营运间接费用为100000元，7月份各船已完航次运行费用合计10000000元。营运间接费用按月份已完航次直接费用比例计算分配。

试:计算该船第5航次总成本。

2. 案例分析题

日本大和运输的宅急便

1)宅急便的由来

日本的大和运输株式会社(Yamato Transportation)成立于1919年,是日本第二古老的货车运输公司。1973年日本陷入第一次石油危机的大混乱中,企业委托的货物非常少,这对完全仰赖于运送大宗货物的大和运输来说,无疑是一大打击。对此,当时大和运输的社长小仓提出了"小宗化"的经营方向,认为这是提高收益的关键,1976年2月,大和运输开办了"宅急便"业务。当时有人提出用 Yamato – Parcel – service(大和、包裹、服务)这一名词,简称YPS,但是未能确定是使用英文好,还是使用日文为好。对宅急便这个名词,起初也有人反对使用,认为当时已有了"急便"和"宅配"的用语。但最后小仓社长还是决定使用"宅急便"这个名称。他认为,以前有人说过"桌球这个名词比乒乓球更能被人接受",后来事实证明,"乒乓球"反而较为人们所接受。"宅急便"这个名词,只要大家熟悉了,应该就不会有什么问题。

1996年,宅急便共受理了170万件货物,同年日本国铁受理包裹为6740万件,邮局受理小包则达17880万件。到1988年,宅急便已达34877万件,超过了邮局小包的23500万件。该年,在宅急便的业界中,宅急便的市场占有率已达40%,位居日本运输第一位的日本通运的"信天翁便"只占28%。到1995年,宅急便的受理件数多达57000万件,营业额为6000亿日元。宅急便的员工人数由原先的300人增加到57797人,拥有的车辆由2000辆增加到25000辆。在日本,大和运输的宅急便已是无人不知、无人不晓,在马路上到处可以见到宅急便的车辆。

2)黑猫商标

大和运输的象征商标,是一个黑猫叼着小猫的图案。1957年大和运输受理美国军人、军队的杂物运送,开始与美国的亚莱德·莱斯运输公司一起合作输送。这家美国公司以"Careful handling"为宣传口号,配合这个口号的宣传标志是一只母猫叼着小猫小心运送的图案。大和运输认为,图案中那种小心翼翼,不伤及小猫,轻衔住脖子运送的态度,仿佛是谨慎搬运顾客托运的货物,这种形象正和公司的宗旨相符合。于是经过亚莱德公司的同意,并对图案做了进一步的造型设计,改成为现在的黑猫标志,使这个图案给人更具象征的印象。大和运输又将"Careful handling"意译为"我做事,你放心",并以此作为宣传标语。因此,人们又把大和运输称为"黑猫大队"。

3)通电话次日送达

宅急便类似目前的快递业务,但其服务的内容更广。在运送货物时,讲究三个"S",即速度(Speed)、安全(Safety)、服务(Service)。大和在这三者之中,最优先考虑的是速度。因为有了速度,才能抢先顺应时代的需求,在激烈的竞争中取胜。而在速度问题上,宅急便又特别重视"发货"的速度。宅急便的配送,除去夜间配送以外,基本是一天2次,即2次循环。凡运送时间在15小时以内的货物,保证在次日送达。1999年开始一部分的一日3次循环,可以做到运送时间在18小时以内的货物,可以次日送达。也就是说,可以将截止接受货物的时间,延长到下午3点,从而使次日送达的达成率,可以达到95%,体现了大和运输更周到的服务。

宅急便的受理店多达20多万家(包括大和本身的近2000家分店),是以米店、杂货店等地方上分布面广的重要的零售店设立的。1989年后，由于与7-11和罗森等大型便利店的合作，已调整为双小时全天候受理货物。大和对这些受理店，每受理一件货物，支付100元的受理手续费。如果顾客亲自将货物送到受理店，这位顾客就可以从所应付的运费当中扣除100日元。

黑猫大队有一个保证次日送达的输送系统。在受理店截止接受货物的时间之后，大和运输分区派出小型货车到区内各处将货集中运往称为"集货中心"的营业所，并迅速转送到称为"基地"的地点，进行寄往全国各地的货物分拣。然后，将经过分拣的货物，以发往的地区和货物种类为单元，装入统一的长110cm、高185cm的货箱内，一个货箱中大抵可以放进70～80件货物。从基地往基地运送时使用的是10吨级的大型车，可装载16只货箱；从集货中心往基地，或是从基地往集货中心运送时(称为平行运输)，常使用可装8个货箱的4吨车；而专用来收集以及递送的2吨车，则可零堆约一个货箱容量的货物。宅急便由于采用了统一规格的小型货箱和不同吨级的货车，从而大大提高了运送效率，降低了物流成本。

利用夜间进行从出发地到目的地的运输，是宅急便得以在速度上取得优势的重要措施，从而做到了当日下午进行集货，夜间进行异地运输，次日上午即可送货上门，得以保证在15～18小时内完成整个服务过程。宅急便还采取了车辆分离的办法，采用拖车运输。牵引车把拖车甲运到B点以后，把车摘下来放在B点，再挂上B点的拖车乙开向A点。这样，车辆的周转率是最高的。

此外，还采取了设立中转站的办法。这种中转方法不是货车和货物的中转，而是一种驾驶员进行交换的驾车方式，如从东京到大阪的长途运输，距离为600km，需要驾驶员2个人，再从大阪返回时还需要这么长的时间，驾驶员也非常累，这样一来一往就需要6个人。如果在中间设置一个中转站，东京和大阪同时发车，从东京来的，在中转站开上大阪的车返回就不要2个人，只要1个人就可以了，总共只需要4个人，从而减少了2个人的费用。

4) 开拓业务强化服务

宅急便受理货物的内容种类繁多，包括地方特产、企业文件、各种零件等，凡是小件货物，都可通过宅急便来运送。旅客乘飞机可以委托将行李在登机前运送到机场；居住在乡下的长者，可以寄送昆虫、金鱼等小动物给住在城市的儿孙辈。一次长崎发生水灾，水源严重污染，住在异地的亲朋好友就寄送饮用水给生活受困的受灾者。宅急便对礼品市场的扩展，也有相当的贡献。单是每年的情人节、母亲节，宅急便的需求量就呈现巅峰状态，即使一盒巧克力，也可以利用宅急便来寄送。特别是在情人节的日子，没有勇气将巧克力亲手交给心中的女孩子时，宅急便就成为可爱的"恋爱之神"。宅急便也对企业活动带来了方便，有许多企业利用宅急便来传递紧急的文件，连百货公司也利用宅急便作为"送货到家"的运送通道。当今非常流行的邮购等通信销售，若不是宅急便的普及，也就没有如此快速发展。从利用宅急便运送货的客户来分析，法人占60%，个人占40%，法人利用的比率很高，由此可见宅急便对企业界的魅力。

现在日本人去打高尔夫球时，已经很少有人亲自背着高尔夫球杆去球场。大多数是利用高尔夫宅急便，将球具送到高尔夫球场，自己则空手前往。在打完球时，球杆也是由宅急便送回家中。1998年12月，滑雪宅急便开始登场，日本长野是这一季节的滑雪胜地，每年都从外县涌入1100万名滑雪客。只要运送滑雪橇和随身货物，如果平均每人2件的话，往返就会有4400万件的货源。滑雪宅急便保证做到在滑雪的前一天将货物送达，一开始就得到顾客的好评，特别是深受体力单薄的女性顾客们的喜爱。1987年8月，大和运输又推出了冷藏宅急便,温度分为5℃(冷藏)、0℃(冰温)和-18℃(冷冻)3种,货物以蔬菜、水果、鱼、肉等生鲜食品为主。在全体宅急便之中,生鲜食品占40%。冷藏宅急便开发后,这一比例又急速升高,说明在日本生鲜食品的输送需求极其旺盛。此外,大和运输又开拓了送书服务,读者直接向书籍服务公司订购后,可以利用宅急便的配送网络,快速地使书籍送到手中。

宅急便还利用航空来运送货物,但由于在下午3点以前接受的货物若要次日送达,飞机必须夜间飞行,困难较多。这种货物货运量不大,约占总运量的1%。同时,宅急便对运距在600km以上的,采取通过铁路运输的办法。宅急便每天有54班车(往返)就是通过东京到北海道函馆之间的直达车运送货物的。

5)黑猫大队的货物追踪系统

大和运输致力于电脑化的管理,成为运输界中最早采用条形码的公司,美国的大型运输公司——UPS(Unite Parcel Service),也仿效使用,现今已成为运输业界的世界标准码。大和运输将宅急便的信息系统,通称为"猫系统"。第一代猫系统始于1974年,以路线及货运为中心。在结构上,是采用从设置在大和系统开发总公司的主电脑,以至到各营业所的终端机,全部以专用线缆来导引线路,以集中货物信息的方法进行处理。第二代猫系统始于1980年,此时初次登场的POS终端机,简化了资料输入动作,任何人都可以简单操作,信息的处理速度也快,第三代猫系统始于1985年,重点在于开发了便携式的POS,让所有的货车驾驶员都拥有一台。大和运输将所有货物的信息,包括发货店密码、日期、负责集货公司的驾驶员密码、到店密码、货物规格、顾客密码、集货方式、运费、传票号码,以及滑雪宅急便或高尔夫宅急便的顾客游玩日等,全都输入电脑进行管理。大和运输在全国1300所的分店、营业所、基地设置终端机,网络站的终端机数约2000台,便携式POS超过2000台。通过这个追踪货物系统,便能完全掌握物流过程中所发生的各种信息。由此可以查明:货物现在是在仓库,还是在分拣设施上;是正在装车,还是已经送到顾客手中。这项优异的追踪系统的使用,进一步提高了顾客对宅急便的依赖度。

大和运输与美国UPS合作,建成了一套国际快递网络。UPS拥有世界175个国家和地区的配送网,大和运输已将这些国家和地区全部列入自己的服务区域。

思考:

(1)宅急便的快递业务有何特色?怎样评价其经营之道?

(2)货物追踪系统对其物流运营有何作用?

任务六 仓储成本管理

内容简介

影响存储成本的因素主要有仓储设施、设备的利用效率、库存货物数量的多少、仓储作业流程设计及优化。本任务主要介绍仓储成本的特点、仓储成本的构成、降低仓储成本的途径、仓储成本核算的范围和方法、仓储成本控制与优化的原则和方法。本任务重点介绍几种常见的库存控制的数学模型,以便让学生在实际仓储作业中掌握仓储管理中的优化策略,提高管理水平。

教学目标

1. 知识目标:
(1)学生能正确理解仓储成本的含义、特点;
(2)学生能熟练掌握仓储成本的构成;
(3)学生能正确理解降低仓储成本的途径。
2. 技能目标:
学生能掌握仓储成本的控制和优化方法,能应用仓储成本的控制和优化方法解决实际问题。

案例导入

海尔的觉醒

20世纪90年代末,由于科技的不断进步和经济的发展,使得技术变革加速,市场竞争日趋激烈;技术进步和需求多样化使得产品寿命周期不断缩短,企业面临着缩短交货期、提高产品质量、降低成本和改进服务的压力,市场竞争从传统的企业与企业之间的竞争,转变为供应链与供应链之间的竞争,谁的供应链成本低,反应速度快,谁就能立于不败之地。

海尔集团率先认识到:现代企业运作的驱动力只有一个——订单。没有订单,企业就不可能运作。围绕订单而进行的采购、设计、制造、销售等一系列工作,最重要的一个流程就是物流。在海尔,仓库不再只是储存物资的场所,它犹如一条流动的河,河中流动的是按订单采购来生产必须的物资,从根本上消除了呆滞物资、消灭了库存。2002年,海尔集团每个月平均接到6000多个销售订单,这些订单的定制产品品种达7000多个,需要采购的物料品种达15万多种。海尔物流整合以来,呆滞物资降低73.8%,仓库面积减少50%,库存资金减少67%。

引导思路

(1)海尔为什么要变革其物流体系?
(2)结合案例内容,请分析企业实现"零库存"的价值有哪些?

项目一　仓储成本的认知

教学要点

(1) 收集某一物流企业仓储成本资料；

(2) 选择某一物流企业仓储业务，由小组讨论仓储成本的构成、特点及降低仓储成本的途径。

教学方法

可以采用讲授和分组讨论。

一、仓储成本的含义

分析产品从生产到消费者手中这一过程，我们可以看到产品的生产环节是个创造价值的过程，一旦产品离开了生产线，立即面临着贬值的压力。如果产品能快速准确地到达消费者手中，其价值就越能有效地发挥，产品在仓储阶段停留时间越长，贬值的风险就越大。那么，我们能否去掉仓储环节呢？很显然，不能，"零库存"是最理想的状态，但几乎是不可能实现。现实的做法就是使产品快速入库，快速中转，快速出库，快速流动的战略不但能降低产品的成本，还能为相关商业实体带来财务上的益处。

仓储成本是指在一定时期内，仓储企业在开展仓储业务活动中各种要素投入的费用的总和。仓储的根本作用是通过快速、准确移动产品，使其到达消费者手中，产品本身不贬值，利用价值得到最大发挥。仓储是现代物流运作不可缺少的一个重要环节，在现代物流各个环节中，仓储时间及仓储成本占有相当大的比重，仓储成本的降低，是一条供应链联盟成功与否的重要判断标准。

二、仓储成本的特点

1. 仓储成本的重要性

仓储成本是物流成本的重要组成部分，而物流成本又占国民经济总产值的很大一部分。据世界银行统计，发达国家物流成本占国民经济总产值的 10% 左右，美国低于 10%，中国大约为 16.7%。如果中国物流成本占 GDP 的比重降到 15%，每年将为全社会直接节约 2400 多亿元，会给社会和企业带来可观的经济效益。

2. 仓储成本的效益悖反性

为了增加客户满意度，提高物流水平就会引起仓库的建设管理、仓库工作人员的工资、存货数量等费用开支增加，加大仓储成本。而为了削减仓储成本而减少物流系统仓储的存货数量，将会增加运输成本。如储存与运输两个环节都追求成本最小化时，储存环节仓储存货数量的减少，显然会降低储存成本，却往往会引起运输成本的增加。又如由于库存供应中断而造成的损失，包括原因材料供应中断造成停工损失，产成品库存缺货造成的延迟发货损失，丧失销售机会的损失，还应该包括造成的信誉损失等，如果生产企业已紧急采购替代原料来解决缺货问题,则缺货成本表现为紧急额外购入成本,即紧急采购成本大于正常采购成本部分。在对企业物流成本进行控制时必须采取联合优化的策略,既要重视物流成本的局部控制更要重视其综合控制,协调好各要素之间的矛盾,把局部成本控制措施与综合成本控制措施有机地结合起来,组成一个联合优化的整体,促使企业物流成本趋向最小化,因此管理者应从系统全局的角度考虑各物流成本的综合控制。

3. 仓储成本的复杂性

仓储成本是客观存在的,但是,在对仓储成本的计算内容和范围没有一个统一的计算标准之前,不同的企业有不同的计算方法,企业之间千差万别,这给仓储成本计算和仓储成本管理带来很大困难。随着仓储成本管理重要性的提高,企业出现同一物流计算标准的要求,在这种背景下,有关部门开始致力于仓储成本计算标准的制定。

三、仓储成本构成

仓储成本包括保管费、仓库设备折旧费、工作人员的工资福利、设施设备维修保养费、装卸搬运费、管理费、仓储损失费、库存持有成本费和缺货损失费等。

1. 保管费

保管费即为存储货物所开支的货物养护、保管等费用,它包括:用于货物保管的货架、货柜的费用开支,仓库场地的房产费等。

2. 仓库设备折旧费

仓储企业有的是以自己拥有所有权的仓库以及设备对外承接仓储业务,有的是以向社会承包租赁的仓库及设备对外承接业务。自营仓库的固定资产每年需要提取折旧费,对外承包租赁的固定资产每年需要支付租赁费。对仓库固定资产按折旧期分年提取,主要包括:库房、堆场等基础设施的折旧和机械设备的折旧等。

3. 仓库管理人员的工资和福利费

仓库管理人员的工资一般包括固定工资、奖金和各种生活补贴,福利费可按标准提取,一般包括住房基金、医疗以及退休养老支出等。

4. 设施设备维修保养费

该费用主要用于设备、设施和运输工具的定期大修理,每年可以按设备、设施和运输工具投资额的一定比率提取。

5. 装卸搬运费

装卸搬运费是指货物入库、堆码和出库等环节发生的装卸搬运费用,包括搬运设备的运行费用和搬运工人的成本。

6. 管理费

管理费是指仓储企业或部门为管理仓储活动或开展仓储业务而发生的各种间接费用,主要包括仓库设备的保险费、办公费、人员培训费、差旅费、招待费、营销费、仓储费或租赁费、水电费等。

7. 仓储损失费

仓储损失费是指保管过程中货物损坏而需要仓储企业赔付的费用。造成货物损失的原因一般包括仓库本身的保管条件,管理人员的人为因素,货物本身的物理、化学性能,搬运过程中的机械损坏等,实际工作中,应根据具体情况,按照企业的制度标准,分清责任合理计入成本。

8. 库存商品持有成本费

库存投资的资金成本是指库存商品占用了可以用于其他投资的资金，不管这种资金是从企业内部筹集还是从外部筹集（比如从银行贷款），对于企业而言，都因为保持库存而会丧失其他投资的机会，因此，应以使用资金的机会成本来计算库存持有成本中的资金成本。事实上，资金成本往往占物流成本的大部分。

9. 缺货损失费

仓储决策中另一项主要成本是缺货成本，即由于库存供应中断而造成的损失，包括原因材料供应中断造成停工损失、产成品库存缺货造成的延迟发货损失、丧失销售机会的损失，还应该包括造成的信誉损失等。

四、降低仓储成本的意义

仓储环节的首要作用即在于产品的保值，对仓储环节的管理，必须遵循三大思路：首先要保证产品在此阶段不贬值；其次要尽可能减少产品在本环节的停留时间；最后，为上下生产运输环节提供便利、采取措施实现增值，从而提高企业仓储经营管理水平和经济效益。

1. 使库存成本降到最低

企业必须在限定资金的前提下实现仓储管理，进行仓储成本管理可以有效降低库存成本，有利于实现企业利润最大化，这是企业增加经济效益、提高企业竞争力的最有效手段之一。

2. 保证供给程度

保证供给程度达到最高，会使企业争取更多的销售机会，带来相应的经济效益和社会效益。库存系统是物流系统的一个重要组成部分，不能只以自身的经济性为主要目标，往往是以最快的速度实现进出货物为目标。

3. 加强仓储经营管理

仓储经营管理是独立经营的仓储企业的生命，经营管理的核心是通过对仓储成本的分析，通过不同经营方案的比较，选择成本最低、收益最大的方案制订经营计划，开展仓储经营。仓储经营管理计划是仓储企业为适应经营环境变化，通过决策程序和方案选择，对仓储经营活动的内容、方法和步骤明确化、具体化的设想和安排。在制定经营管理计划时，必须考虑自身的经营能力，仓储成本正是仓储经营能力的重要指标。通过成本分析，可以及时了解库存状态，从而制订进出货物的方案，适应整个物流系统的目标。

4. 确定仓储产品的定价

对社会提供仓储服务的仓储企业，需要准确地确定产品的价格，仓储费制定的前提就是要首先明确仓储所要支出的成本。仓储企业的根本目的依然是追求利润最大化，仓储企业在为社会提供仓储产品（服务）时，需要有明确的产品价格，即仓储费，从长远看，必须保证仓储费高于仓储成本，才能保证仓储企业的生存与发展。

5. 加快仓储企业的现代化建设

仓储企业要提高仓储能力和仓储效率必然要进行技术革新，改造设施和设备，但是设施设备的投入必须获得相应的产出回报，这必须在准确的成本核算和预测的基础上才能提供保证。仓储成本分析有利于推动仓储技术革新,充分挖掘仓库的潜力,为仓储设施设备改造提供依据。

五、降低仓储成本的途径

1. 降低存货发生成本

排除无用的库存,减少库存量,重新配置库存时,有效、灵活地运用库存量,及时了解各仓库里剩余材料的数量、金额、库存剩余总价值,及时了解实时库存状况,可以对该项目月末或整个期间的用量进行用料核算和成本核算。定期对库存进行盘点,快速掌握企业第一手的材料数据供企业分析。

2. 降低产品包装成本

使用价格低的包装材料,使用机械化包装作业,使包装简单化,采用大尺寸的包装。

3. 降低装卸搬运成本

使用集装箱和托盘,通过机械化来实现装卸搬运省力化,减少装卸搬运次数,充分发挥仓库的使用效能,仓储部门必须在保证安全的前提下,千方百计挖掘仓库潜力,认真革新技术,改进堆码方法,可以对不同库存之间的材料进行方便的移动、调整,努力提高仓容利用率,增加调库的功能。

4. 提高劳动效率

要做到这一点,首先,要在仓库实行经济核算制和定额管理,坚持按劳分配的原则,充分调动广大干部职工的积极性和创造性。其次,采用先进的科学技术,大力开展技术革新和技术改造,如计算机管理、自动化立体仓库、对库存不足的物品和库存积压的物品进行报警、指导采购部门的生产物资材料合理分配。最后,加强人才培养,努力提高职工队伍素质。

5. 加强养护工作,努力减少损耗

(1)要把好验收入库关、防止问题商品混入仓库;

(2)加强在库保管工作,加强温湿度管理,防止虫蛀、鼠咬,配备自动报警灭火装置及吸潮机,把损耗降到最低限度;

(3)要定期盘点,做到先进先出,对问题商品采取积极措施,及时处理,降低费用。

项目二 仓储成本核算

教学要点

(1)收集某一物流企业仓储成本资料;

(2)选择某一物流企业仓储业务,让同学讨论仓储成本核算的目的、范围及仓储成本的计算方法。

教学方法

采用讲授和分组讨论。

一、仓储成本核算的目的

仓储成本是指仓储企业在生产经营中各种要素投入的以货币计算的总和。准确地核算仓储成本，目的是促进物流企业加强仓储管理水平，创新仓储技术。通过仓储成本分析，降低仓储生产经营中的各种浪费，最大限度地利用仓储设施和设备，尽量少用人力、物力、财力把仓储工作做好，为存货企业获取最大的供给保障，保证仓储功能的实现。通过仓储成本分析，可以把库存控制在最佳数量，从而减少仓储物占用资金成本，同时也可以将企业的经济利益与职工的经济利益紧密地联系起来，提高企业经营者的自觉性，而获取最大的经济效益。具体地说，仓储成本核算的目的可以体现在以下几个方面：

1. 对仓储重要性的认识

通过对企业仓储成本的全面计算，弄清仓储成本的大小，从而提高企业内部对仓储重要性的认识。

2. 为仓储决策提供依据

对某一具体仓储活动的成本计算，弄清仓储活动中存在的问题，促使企业确定一定的库存，提供更好的顾客服务，同时获得更高的经营效益。通过对每个客户仓储成本的分解核算，为仓储服务收费水平的制定以及有效地客户管理提供决策依据，为各个层次的经营管理者提供物流管理所需的成本资料，为编制物流预算以及预算控制所需的成本资料，为制定物流计划提供所需的成本资料，为监控仓储管理水平而收集的各种成本信息，为仓储管理决策提供依据。

3. 确定仓储费用

企业往往需要通过库存成本分析来降低成本，增加盈利和提升竞争能力，计算各仓储部门的成本，评价各仓储部门的业绩，评价仓储成本预算的执行情况。为社会提供仓储产品的仓储企业，在与仓储产品需求方交换仓储产品时，需要准确地确定产品的价格，即仓储费用。仓储费用制定的前提就是仓储所要花费的成本，由于企业资金有限，企业必须在限定资金的前提下完成供应，因此就需要以给定的存货资金为前提进行库存，确定本期仓储成本与上年同期成本的差异，谋求降低仓储成本的途径。

4. 确定存货数量

有的需求是间断的，例如铸造车间每隔一段时间提供一定数量的铸件给加工车间；有的需求是均匀连续的，例如在自动装配线上每分钟装配若干件产品或部件；有的需求是随机的，如商场每天卖出商品的品种和数量。总之存货数量因需求的满足而减少，因此，企业必须保有一定的库存存货数量，才能满足需求。有些企业由于各方面条件的影响，不允许停产，因此必须将保证不缺货作为一个控制目标，企业可以以保证供货为条件与供货企业进行协商，保证物资的顺利供给。

二、仓储成本的计算范围

仓储成本的计算范围取决于成本计算的目的，如果要对所有的仓储物流活动进行管理，就需要计算出所有的仓储成本，同样是仓储成本，由于所包括的范围不同，计算结果也不一样。根据成本特点，可分为固定成本和变动成本。固定成本包括人工费、材料费、水电费、营业外费用、管理费等；变动成本包括生产费、订货费、存储费、缺货费。

1. 人工费

它包括企业各类人员的工资、奖金和津贴,以及由企业缴纳的住房公积金、医疗保险、退休基金等。人工费可以从物流人员的工资、奖金、补贴等报酬的实际支付金额得到,以及由企业统一负担部分按人数分配后得到的金额计算出来。

2. 材料费

与仓储有关的包装材料、消耗工具、器具备品、仓库设施和设备的维修费、燃料等费用,可以根据材料的出入库记录,将此期间与仓储有关的消耗量计算出来,再分别乘以单价,便可得出仓储材料费。

3. 水电费

仓库管理中的水、电、燃料、生产设备原料、气等费用,可以根据设施上所记录的用量来获取相关数据,也可以根据建筑设施的比例和物流人员的比例简单推算。

4. 管理费

组织和管理仓储生产经营所发生的费用,包括行政办公费用、公司经费、工会经费、职工教育费、排污费、绿化费、咨询审计费、土地使用费、业务费、劳动保护安全费、坏账准备等。管理费无法从财务会计方面直接得到相关的数据,可以按人数比例简单计算。

5. 营业外费用

营业外费用包括固定资产折旧费、企业宣传、业务广告、仓储促销、利息等。仓库固定资产主要指库房、堆场、道路等基础设施以及仓储设备,固定资产投资是一次性投入,通过折旧的方式分摊到产品中去。会计上计算折旧的方法有平均年限法、工作量法、双倍余额递减法、年数总和法等。折旧根据设施设备的折旧年限、折旧率计算;利息根据物流相关资产的贷款利率计算。

6. 生产费

如果库存不足需要补充,可选外购或自行生产。外购时需支付买价(当有折扣时更要考虑买价);自行生产时,这里的生产费用专指与生产产品的数量有关的费用如直接材料、直接人工、变动的制造费用。

7. 订货费

当补充库存外购时,订货费是订购一次货物所需的订购费(如手续费、差旅费、最低起运费等),它是仅与订货次数有关的一种固定费用;当由本厂自行生产时,这时需要支出的是装配费用(属固定费用),如更换模、夹具需要工时,添置某些专用设备等。

8. 存储费

它包括仓库保管费(如用仓库的租金或仓库设施的运行费、维修费、管理人员工资等)、货物维修费、保险费、积压资金所造成的损失(利息、资金占用费等)、存储物资变坏、陈旧、变质、损耗及降价等造成的损失费。

9. 缺货费

它是指当存储不能满足需求而造成的损失费。如停工待料造成的生产损失、因货物脱销而造成的机会损失(少得的收益)、延期付货所支付的罚金以及因商誉降低所造成的无形损失等。当商品的价格及需求量完全由市场决定,在确定最优策略时可以忽略不计销售收入。但当商品的库存量不能满足需求时,由此导致的损失(或延付)的销售收入应考虑包含在缺货费中;当商品的库存量超过需求量时,剩余商品通过降价出售(或退货)的方式得到的收入其损失应考虑包含在存储费中,此时应考虑货币的时间价值等费用。

三、仓储成本的计算方法

在计算仓储成本时,原始数据主要来自财务部门提供的数据,一般来讲,仓储成本的计算可以采用以下三种计算方法:

1. 按支付形态计算仓储成本

把仓储成本分别按仓储搬运费、仓储保管费、材料费、人工费、仓储管理费、仓储占用资金利息等支付形态分类,就可以计算付出仓储成本的总额。这种计算方法是从月度损益表中"管理费用、财务费用、营业费用"等各个项目中,取出一定数值乘以一定的比率(物流部门比率,分别按人数平均、台数平均、面积平均、时间平均等计算出来)算出仓储部门的费用,将算出的成本总额与上一年度的数值作比较,分析增减的原因,最后制订修改方案,这种计算有利于了解成本控制的重点。在这种情况下,对外支付的保管费可以直接作为仓储物流成本全额统计,但对于企业内发生的仓储费用是与其他部门发生的费用混合在一起的,需要从中剥离出来,例如,材料费、人工费、物业管理费、管理费、营业外费用等。

2. 按仓储项目计算仓储成本

按上述的支付形态进行仓储成本分析,虽然可以得出总额,但是不能充分说明仓储的重要性。若要了解仓储的实际形态,了解在哪些功能环节上又浪费,降低仓储成本,就应仓储项目核算仓储成本,把仓储成本按作业活动的不同环节发生的实际成本分别计算,这种计算方法可以对不同作业环节的成本进行比较,以便发现管理重点,达到有效管理的目的。但有些费用难以按不同作业环节的作业量分摊,会降低计算的准确性,比如人工费用中的固定性工资、管理费用等。

3. 按适用对象计算仓储成本

按适用对象核算仓储成本,即分别按商品、地区、客户等的不同而计算成本,由此可以分析不同的对象对仓储成本的影响。如按商品核算仓储成本就是指把按项目计算出来的仓储费用,以不同的基准,分配给各类商品,以便计算仓储成本,并可以分析各类商品的盈亏,对不同对象进行重点管理和控制。

项目三 仓储成本控制与优化

教学要点

(1)收集某一物流企业仓储成本资料;
(2)选择某一物流企业仓储业务,由小组讨论仓储成本控制与优化的方法。

教学方法

采用讲授和分组讨论。

一、仓储成本控制与优化的含义

物资的存储是经济生活中的常见现象,生产实践中由于种种原因,需求与供应、消费与存储之间总是存在着不同步性,例如,为了保证正常生产,工厂不可避免地要存储一些原材料和半成品。当销售不畅时,工厂也会形成一定的产成品存储(积压),商品流通企业为了其经营活动,必须购进商品存储起来,但对企业来说,如果物资存储过多,不但占用流动资金,而且还占仓储空间,增加保管成本,甚至还会因库存时间延长而使存货出现变质和失效带来损失。反之,若物资存储过少,企业就会由于缺少原材料而被迫停产,或失去销售机会而减少利润,或由于缺货需要临时增加人力和资金。

仓储成本控制与优化指的是为了使经营活动的经济损失达到最小或者收益实现最大,在供应和需求之间对于存储这个环节,如何寻求原料、产品或者商品合理的存储量、订货量和订货周期,来协调供应和需求的关系,解决实际中的问题。供应链中的节点,如港口、货运枢纽、物流中心、配送中心、工厂、仓库等领域都或多或少地保有库存,为了实现物流成本最小或利益最大化,基本可以运用存储理论的相关知识,辅助决策。存储策略的衡量标准是考虑费用的问题,所以必须对有关的费用进行详细分析,存储中的费用通常包括生产费、订货费、存储费、缺货费及另外相关的费用。在一定条件下,如何确定物资最佳库存量、订货周期和订货量,决策者可通过何时订货、订多少货来对系统实施控制。

二、仓储成本控制与优化的原则

1. 政策性原则

企业作为一个独立的经济实体,要做到可持续发展,应该在追求经济效益的同时,注意社会效益的需要,既讲经济效益,也讲社会效益,把企业的经济效益和社会效益与自身发展结合起来,最终达到双赢的效果。

2. 经济性原则

具体可分为四个方面:

(1)推行仓储成本控制而发生的成本费用支出,不应超过因缺少控制而丧失的收益。

(2)只在仓储活动的关键的因素加以控制,而不是对所有成本项目都进行同样周密的控制。

(3)要求仓储成本控制具有实用、方便、易于操作的特点,能起到降低成本、纠正偏差的作用。

(4)存储的目的是为了满足需求,为了未来的需求,必须有一定的存储。

3. 全面性原则

仓储成本涉及企业管理的方方面面,因此,控制仓储成本要进行全员、全过程和全方位的控制。

三、仓储成本控制与优化的方法

确定仓储成本控制与优化的方法时,首先是把实际问题抽象为数学模型。在形成模型过程中,对一些复杂的条件尽量加以简化,只要模型能反映问题的本质就可以。然后用数学的方法对模型进行求解,得出数量的结论。人们要研究的基本问题是货物何时补充及补充多少数量,任何一个满足上述要求的方案都称为一个存储策略,显然存储策略依赖于当时的库存量。下面介绍三种比较常见的库存控制的数学模型。

1. 瞬时进货,不允许短缺

存储状态的变化图如图 6-1 所示。

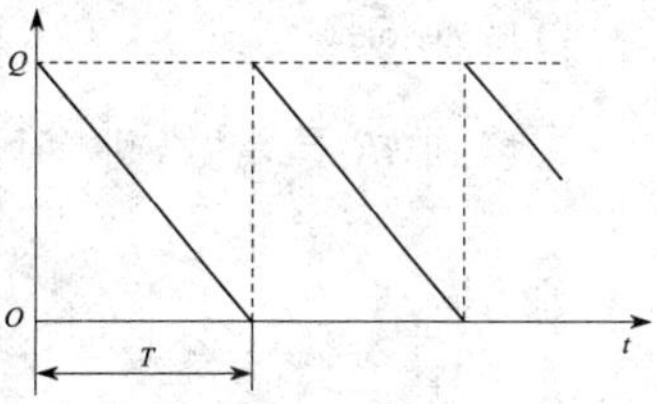

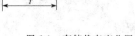

1) 假设条件

(1) 当存货降至零时,立即补充。

(2) 需求是连续均匀的,设需求率是常数 R(即单位时间内的需求量是常数),因此,在时间 t 内的需求量为 $Q = Rt$。

图 6-1 存储状态变化图

(3) 每次订货费用为 c,不变;单位时间内每单位数量的货物的存储费为 d,也不变。

(4) 每次订货量相同。

2) 建立存储模型

每经过时间 t 便补充一次库存(即订货的周期为 t)订货量为 Q(即批量),且订货量必须满足这一时间内的需求,故 $Q = Rt$。

设货物的单价为 k,又已知每次订货费用为 c,单位时间内单位数量货物的存储费为 d,因此订货总费用为

$$c + kQ = c + kRt$$

于是单位时间内的订货费用为

$$\frac{c}{t} + kR$$

设 $y(x)$ 是在时刻 x 时的存储量 $0 \leq x \leq t$,当 $0 < x < t$ 时,不需要补充货物,如图 6-2 所示。

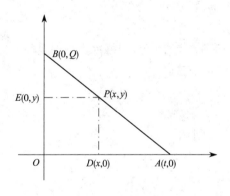

图 6-2 存储状态图

因为 △BEP ∽ △BOA

所以 $\dfrac{EB}{OB} = \dfrac{EP}{OA}$,

即 $\dfrac{Q-y}{Q} = \dfrac{x}{t}$。

把 $Q = Rt$ 代入上式,得

$$\frac{Rt - y}{Rt} = \frac{x}{t},$$

解得 $y = R(t - x) \ (0 \leq x \leq t)$

这就是在时刻 x 时的存储量。

当 x 从 0 变到 t 时,总存储量的图中△BOA 的面积:

$$\frac{1}{2}Qt = \frac{1}{2}Rt^2$$

所以,在 0 到 t 这段时间里,单位时间中的平均存储费用为

$$\frac{1}{2}dRt$$

因此,在 t 这段时间间隔内,单位时间总平均费用为

$$C(t) = \frac{1}{2}dRt + \frac{c}{t} + kR$$

3) 问题

当订货周期 t 取何值时,$C_1(t) = \dfrac{1}{2}dRt + \dfrac{c}{t} + kR$ 取到最小值?

4）解决问题

注意到 kR 是常数，可以只考虑 $C_1(t) = \frac{1}{2}dRt + \frac{c}{t}$ 在 t 取何值时可取到最小值。

因为 $\frac{1}{2}dRt > 0, \frac{c}{t} > 0$,

所以 $\frac{1}{2}\left(\frac{dRt}{2} + \frac{c}{t}\right) \geqslant \sqrt{\frac{dRt}{2} \cdot \frac{c}{t}} = \sqrt{\frac{dRc}{2}}$,

当且仅当 $\frac{dRt}{2} = \frac{c}{t}$，也即 $t_0 = \sqrt{\frac{2c}{dR}}$ 时，上述不等式中的等号成立：

$$\frac{1}{2}\left(\frac{dRt_0}{2} + \frac{c}{t_0}\right) = \sqrt{\frac{dRc}{2}}$$

即 $C_1(t_0) = \frac{dRt_0}{2} + \frac{c}{t_0} = 2\sqrt{\frac{dRc}{2}} = \sqrt{2dRc}$

是 $C_1(t)$ 的最小值。

从而可知：

最佳订货周期为 $t_0 = \sqrt{\frac{2c}{dR}}$。

最佳订货量（即批量）为

$$Q_0 = Rt_0 = R\sqrt{\frac{2c}{dR}} = \sqrt{\frac{2cR}{d}}。$$

此时单位时间总平均费用为

$$C(t_0) = \sqrt{2dRc} + kR$$

【例 6-1】 某商场每月需要某种货物 200 件，每批订货费为 20 元，若每批货物到达后先存入仓库，每月每件的存储费为 0.8 元，试计算其经济订货批量。

解 用上述最佳订货批量公式 $Q_0 = \sqrt{\frac{2cR}{d}}$,

由题意知：$R = 200$（件），$c = 20$ 元/批，$d = 0.8$ 元/（月·件）

所以 $Q_0 = \sqrt{\frac{2 \times 20 \times 200}{0.8}} = 100$（件/批）

即经济订货批量为 100 件，又知最佳订货周期为 $t_0 = \sqrt{\frac{2c}{dR}}$，所以 $t_0 = \sqrt{\frac{2 \times 20}{0.8 \times 200}} = \frac{1}{2}$（月），即半个月订购一批，每批 100 件可使每月总平均费用最小。

2. 逐渐补充库存，不允许短缺

这类模型也称为生产批量模型。存储量变化情况可用图 6-3 描述。

假设库存的补充是逐渐进行的，而不是瞬时完成的，其他条件与瞬时进货中的条件相同。

设一定时间 t_p 内某产品的生产批量为 Q，单位时间内的产量为 p（即生产速率为 p），单位时间内的需求量为 R（即需求率为 R），不允许缺货，即 p

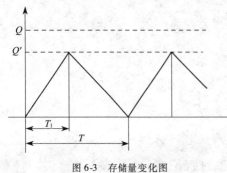

图 6-3 存储量变化图

$> R$。

由于在 t_p 这段时间内净增的存储量为 p，到终止时的存储量为 $(p-R)t_p$。

由瞬时进货中的假设知：$pt_p = Q = Rt$

所以
$$t_p = \frac{R}{p}t,$$

于是在时间段 t 内平均存储量为
$$\frac{1}{2}(p-R)t_p = \frac{1}{2}(p-R)\frac{R}{p}t = \frac{p-R}{2p}Rt,$$

相应的单位时间内的存储费用为
$$\frac{1}{2}d\frac{p-R}{p}dRt,$$

从而单位时间平均总费用为
$$C(t) = \frac{1}{2}\frac{p-R}{p}dRt + \frac{c}{t}。$$

因为
$$\frac{1}{2}d\frac{p-R}{p}dRt > 0, \frac{c}{t} > 0$$

所以
$$\frac{1}{2}d\frac{p-R}{p}dRt + \frac{c}{t} \geq 2\sqrt{\frac{1}{2}d\frac{p-R}{p}dRt \cdot \frac{c}{t}},$$

即
$$\frac{1}{2}d\frac{p-R}{p}dRt + \frac{c}{t} \geq \sqrt{2 \cdot \frac{p-R}{p}cdR},$$

当且仅当 $\frac{1}{2}d\frac{p-R}{p}dRt = \frac{c}{t}$，即 $t_0 = \sqrt{\frac{2c}{dR}} \cdot \sqrt{\frac{p-R}{p}}$ 时，$C(t_0) = \frac{1}{2}\frac{p-R}{P}dRt_0 + \frac{c}{t_0} = \sqrt{2cdR \cdot \frac{p-R}{p}}$ 为最小值。

每批生产 $Q_0 = Rt_0 = \sqrt{\frac{2cR}{d}} \cdot \sqrt{\frac{p}{p-R}}$。

注意：当 p 无限增大（即 $t_p = \frac{R}{p}t$ 无限接近于 0 时），也就是生产可以在极短的时间内完成，$\sqrt{\frac{p}{p-R}}$ 与 $\sqrt{\frac{p-R}{p}}$ 都无限接近 1，此时就和前面的瞬时进货，不允许缺货情形相同了。

3.随机存储模型

此类问题是将单位时间看作一个时期，在这个时期内只订货一次以满足整个时期的需求量，这种模型被称为单时期随机需求模型。这种模型常用来研究易变质产品需求问题，在模型中如果本期的产品没有用完，到下一期该产品就会贬值、价格降低、利润减少，甚至比获得该产品的成本还要低，如果本期产品不能满足需求，则因缺货或失去销售机会而带来损失，无论是供大于求还是供不应求都有损失，模型要求该时期订货量多少可使预期的总损失最少或总盈利最大。这类产品订货问题在现实中大量存在，如商场中秋要订购月饼等食品；书店要订购书刊；商店要购进服装、食品，甚至要经销计算机硬件等产品都可以看成模型的例子。

模型假设如下：

(1) 在周期开始时做一次订货决策，设订货量为 Q。

（2）瞬时供货。

（3）一个周期内需求量 x 是非负随机变量,其分布函数及密度函数都已知。

（4）初始库存量为零,且固定订购费也为零。

（5）决策原则是使期望总费用达到最小或期望总收益最大。

下面分别就离散型与连续型两种情况进行讨论。

设在一个时期 T 内,需求量 x 是一个非负的随机变量,假设 x 的取值为 $x_1, x_2, \cdots, x_n$,相应的概率 $P(x_1)$ 已知,最优存储策略是使在 T 内总费用的期望值最小或收益最大。设 b 为供过于求时单位产品总成本(存储成本及买价)、R 为供不应求时单位产品总成本(缺货成本)。

现在考虑总收益最大的模型。仍设需求量 x 是一个非负的随机变量,假设 x 的取值仍为 $x_1, x_2, \cdots, x_n$,相应的概率 $P(x_1)$ 已知。

当订货量 $Q \geqslant x$ 时,收益为 $Px - p_0 Q + p_1(Q-x) - b_1(Q-x)$,式中 P 为货物的卖出价,p_0 为货物购买价,p_1 为积压品的处理价 $(p_1 < p_0)$,b_1 为积压品仓储成本。

此时,收益的期望值为 $\sum_{x_i \leqslant Q} [(P + b_1 - p_1)x_i - (p_0 - p_1 + b_1)Q] P(x_i)$

当订货量 $Q < x$ 时,收益为 $Px - p_0 Q - R(x - Q)$,式中 R 为缺货成本,收益的期望值为
$$\sum_{Q < x_i} [(P - R)x_i - (p_0 - R)Q] P(x_i)$$

总收益期望值为
$$f(Q) = \sum_{x_i \leqslant Q} [(P + b_1 - p_1)x_i - (p_0 - p_1 + b_1)Q] P(x_i) + \sum_{Q < x_i} [(P - R)x_i - (p_0 - R)Q] P(x_i)$$

对总收益期望值最大模型的简化叙述如下:

设当货物售出时,单位货物收益为 k 元;货物未能售出,单位货物损失 h 元。

决策时选择每期货物的订货量 Q,使赚钱的期望值最大,且使货物因不能及时售出而出现的损失及因缺货失去销售机会而出现的损失两者期望值之和最小。

当供过于求时,货物因不能及时售出而出现损失,其期望值为
$$\sum_{x_i \leqslant Q} h(Q - x_i) P(x_i)$$

当供不应求时,因缺货而少赚钱而产生的损失,其期望值为
$$\sum_{x_i > Q} k(x_i - Q) P(x_i)$$

所以,当订货量为 Q 时,损失的期望值为
$$f(Q) = \sum_{x_i \leqslant Q} h(Q - x_i) p(x_i) + \sum_{Q < x_i} k(x_i - Q) P(x_i)$$

现决定 Q^* 之值,当 $Q^* \leqslant Q$ 时,$f(Q^*) \leqslant f(Q)$;当 $Q^* \geqslant Q$ 时,$f(Q^*) \leqslant f(Q)$。

作为特例,考虑所谓的报童问题:报童每日售出报纸的数量是一个随机变量,每售出一份报纸赚 k 元,如报纸未能售出,每份赔 h 元。报童每日售出报纸份数 x_i 的概率 P 根据以往的经验是已知的,问报童每日最好准备多少份报纸?

由于报童订购报纸的份数只能取整数,所以 $f(Q^*) \leqslant f(Q^* + 1)$ 与 $f(Q^*) \leqslant f(Q^* - 1)$ 同时成立。

经化简后分别得

$$(k+h)\sum_{i}^{Q^*} P(i) - k \geq 0$$

$$(k+h)\sum_{i}^{Q^*-1} P(i) - k \leq 0$$

解出的最优 Q^* 应满足：

$$\sum_{i}^{Q^*-1} P(i) < \frac{k}{k+h} \leq \sum_{i}^{Q^*} P(i)$$

【例 6-2】 如表 6-1 所示，某货物的需求量在 14～21 件之间，每卖出一件可赢利 6 元，每积压一件，损失 2 元，问一次性进货多少件，才使赢利期望最大？

货物需求量 表 6-1

需求量(件)	14	15	16	17	18	19	20	21
概率	0.10	0.15	0.12	0.12	0.16	0.18	0.10	0.07
累积概率	0.10	0.25	0.37	0.49	0.65	0.83	0.93	1.00

解：由于 $\dfrac{k}{k+h} = \dfrac{6}{6+2} = 0.75$，

可以看出 $\sum_{i=0}^{18} P(i) = 0.65$，$\sum_{i=0}^{19} P(i) = 0.83$。所以 Q 取 19 最佳。

任务小结

仓储成本是物流成本的重要组成部分，本任务介绍了仓储成本的含义、特点及其构成，重点介绍几种常见的库存控制的数学模型，旨在让学生能掌握仓储成本的控制和优化方法，应用这些方法解决实际仓储管理中的优化策略，提高管理水平。

思考与练习

1. 思考题

(1) 简述仓储成本的构成。

(2) 举例说明如何有效降低仓储成本。

(3) 简述仓储成本的计算范围。

(4) 以某一物流企业为例说明如何计算仓储成本。

(5) 某超市每月需啤酒 42 件，每次订货费为 30 元，若每次货物到达后先存入仓库，每月每件的存储费为 0.7 元，试计算其经济订货量。

(6) 某厂每月需用某种零件 100 个，由该厂自己生产，生产率为 500 件/月，每次生产的装配费为 16 元，每月每个零件的存储费为 0.4 元，求每次生产的经济批量。

(7) 如表 6-2 所示，某货物的需求量在 64～71 件之间，每卖出一件可赢利 10 元，每积压一件，损失 3 元，问一次性进货多少件，才使赢利期望最大？

货物需求量 表 6-2

需求量(件)	64	65	66	67	68	69	70	71
概率	0.10	0.12	0.15	0.16	0.12	0.16	0.12	0.07
累积概率	0.10	0.25	0.37	0.49	0.65	0.83	0.93	1.00

2. 案例分析题

海尔物流系统整合

在海尔,仓库存储的物品是按单采购来生产必需的物品,也就是按订单进行采购、制造的。这样,可从根本上消除呆滞物品和库存。

目前,海尔集团每个月平均接到 6000 多个销售订单,这些订单的品种达 7000 多个,需要采购的物料品种达 26 万余种。在这种状况下,海尔物流自整合以来,呆滞物资降低了 73.8%,仓库面积减少 50%,库存资金减少 67%。海尔国际物流中心货区面积 7200m^2,却相当于普通平面仓库 30 万 m^2 的吞吐量。同样的工作,海尔物流中心只有 10 个叉车司机,而一般仓库完成这样的工作量至少需要上百人。

海尔通过整合内部资源优化外部资源,使供应商由原来的 2336 家优化至 840 家,国际化供应商的比例达到 74%,从而建立起强大的全球供应链网络。GE、爱默生、巴斯夫、DOW 等世界 500 强企业都已成为海尔的供应商,有力地保障了海尔产品的质量和交货期。不仅如此,海尔通过实施并行工程,更有一批国际化大公司已经以其高科技和新技术参与到海尔产品的前端设计中,不但保证了海尔产品技术的领先性,增加了产品的技术含量,还使开发的速度大大加快。另外,海尔对外实施日付款制度,对供货商付款及时率达到 100%,这在国内,很少有企业能够做到,从而杜绝了"三角债"的出现。

由于物流技术和计算机信息管理的支持,海尔物流通过 3 个 JIT,即 JIT 采购、JIT 配送和 JIT 分拨物流来实现同步流程。

为实现"以时间消灭空间"的物流管理目的,海尔从最基本的物流容器单元化、集装化、标准化、通用化到物料搬运机械化开始实施,逐步深入到对车间工位的五定送料管理系统、日清管理系统进行全面改革,加快了库存资金的周转速度,库存资金周转天数由原来的 30 天以上减少到 12 天,实现 JIT 过站式物流管理。

思考:

(1) 企业中库存过大有何弊端?海尔通过哪些方法降低了库存成本?

(2) 降低仓储成本的途径有哪些?

任务七　配送成本管理

内容简介

配送是物流中一种特殊的、综合的活动形式,是商流与物流紧密结合,包含商流活动和物流活动,也包含物流中若干功能要素的一种形式。从物流来讲,配送几乎包括了所有的物流功能要素,是物流的一个缩影或在某小范围中物流全部活动的体现。从商流来讲,配送和物流不同之处在于,物流是商物分离的产物而配送则是商物合一的产物,配送本身就是一种商业形式。商流与物流越来越紧密的结合,是配送成功的重要保障。本任务主要介绍配送成本的基本概念、特征和影响因素;配送成本的成本核算内容和方法,以及配送成本的控制方法和优化策略。

教学目标

1. 知识目标

（1）了解和熟悉配送成本的含义;
（2）掌握配送成本的构成;
（3）掌握配送成本的计算;
（4）掌握配送成本控制的方法;
（5）明确配送成本优化的策略。

2. 技能目标

（1）能进行配送成本的核算;
（2）配送成本的分析;
（3）配送成本的控制和管理;
（4）具备熟练应用配送成本优化的策略和方法,解决实际配送成本问题的技能。

案例导入

联华超市的配送中心

联华超市创建于1991年5月,是上海首家以发展连锁经营为特色的超市公司。经过12年的发展,联华已成为现今中国最大的商业零售企业,形成了大型综合超市(大卖场)、超级市场、便利店等多元业态联动互补的竞争优势。在上海、北京、天津等20个省市和自治区的100多个城市建立了强大的连锁经营网络。联华连续3年稳获中国零售业翘楚,是消费者最信赖的商业品牌。2003年销售规模达200多亿元,门店数近2600家。再次以雄厚的实力奠定了在中国零售业的龙头地位。

上海是零售业对外开放的最前沿。20世纪90年代初,上海建立了首家中外合资的百货公司。此后,家乐福、麦德龙、欧尚、易初莲花等一批世界商业巨头纷纷进驻上海,开设了一家又一家连锁店。加入WTO后,市场竞争更加激烈,这其中联华超市也在加速发展。1996

年后,联华以平均每两天新开1家门店的速度发展,到2001年底,门店规模已达1 225家,网络覆盖面上升到10个省80多个城市,整体效益可观。但与联华规模扩张的速度伴随而来不少深层次的矛盾和问题,首当其冲的就是:传统的物流已经不能适应公司庞大的便利店销售网络中商品的顺畅流通。

联华超市成立之初,就拥有了统一采购、统一配送等现代连锁商业的特征。但是与国际商业巨头相比,形似而神不似。比如:从门店订货到总部配送完全靠手工操作,手续相当繁杂,效率低下。有个例子,某天下大雨时雨伞卖得断档,当门店及时发出订货单后,雨伞却根本不能在半天内送到,等伞到了,雨早就停了。而世界零售业巨头沃尔玛已开始用卫星传输信息,跨国商品的调配就像在本地一样迅捷。这使公司认识到:必须建立现代化物流系统,降低物流成本成,而配送中心在连锁超市物流中占据越来越重要的地位,其集货、储存、流通加工、配货、配送等功能越来越完善。现代化物流的实现必须依靠配送中心来实现商品的集中储存和配送,以实现在企业内形成一个稳定运行、完全受控的物流系统,满足超市对于商品多品种、多批次、低数量的及时配送的要求。既有利于保证和保持良好的服务水平,又便于企业对超市物流各个环节的管理和监控。

联华超市结合国际的先进实施经验,充分考虑集团的实际情况,建成了利用现有的建筑物改成的配送中心,采用仓库管理系统(简称WMS)实现整个配送中心的全计算机控制和管理,而在具体操作中实现半自动化,以货架形式来保管,并配以无线数据终端进行实时物流操作,以自动化流水线来输送,数字拣选系统来拣选,基本上实现了物流功能条码化与配送过程无线化,具有"穿过式配送"能力,利用"虚拟配送中心"功能协助完成"店铺直送",建立了"自动补货系统",还包括强大的退货管理、例外管理以及配送调度安排、线路优化和跟踪等功能,形成了一套完整的解决方案。同时,联华的门店计算机管理系统和智能化物流配送系统,通过网络与总部相连接,加快了商流、物流、信息流的传递,管理人员都能通过网络随时随地了解掌握企业的营运状况,成为目前国内连锁企业最先进的配送中心之一。

供应商送货到配送中心后,立即由WMS进行登记处理,能够入库的,在记录信息的同时生成入库指示单,之后工作人员用手动叉车将货物搬运至入库品运载装置处。由系统自动识别运输至相应位置存放并更新在库货位数。当门店的要货订单通过联华数据通信平台,实时的传输到配送中心后,根据订单上各种商品的数量和相应的到货时间,开始进行商品配货拣选工作。当根据订单进行配货时,仓库管理系统(WMS)会发出出库指示,各层平台上设置的激光打印机根据指示打印出库单。在出库单上,货物根据拣选路径依次打印。系统中的商店号码显示器显示出需要配送的商店号码,数据显示器显示出需要拣选的数量,工作人员在确认后,开始操作系统进行拣选工作。当全部区域拣选结束后,装有商品的笼车由笼车升降机送至一层。工作人员将不同商店分散在多台笼车上的商品归总分类,附上交货单,依照送货平台上显示器显示的商店号码将笼车送到等待中对应的运输车辆上。计算机配车系统将根据门店远近,合理安排配车路线。商品到门店后,由于数量的高度准确性,在门店验货时只要清点总的包装数量,完成交接手续即可,一般一个门店的配送商品交接只需要5分钟。

联华原来的配送中心,场地狭小,科技含量低,人力资源浪费。每天的拆零商品在一万箱左右,单店商品拆零配置时间约需4分钟,人工分拣的拆零差错率达0.6%,而且每天只能配送200多家门店。配送中心投入运行后,以其高效率、低差错率和人性化设计受到广泛的好评。公司百货类配送,从门店发出要货指令到配货作业完毕,以前要4小时以上,现在只要40分钟。生鲜类配送,从门店在网上发出要货指令后,配送中心会根据每个门店的要货时间和地点远近,自动安排生产次序,自动加工,自动包装。以一盒肉糜为例,从原料投入到包装完毕,整个过程不超过20分钟。新配送中心库存商品可达10万箱,每天拆零商品可达成3万箱,商品周转期从原来的14天缩短到3.5天,库存积压资金大降低;采用计算机数字化方式取代人工拣选,使差错率减少到万分之一,配置时间从4分钟/店压缩到1.5分钟/店,每天可配送400多家门店,配送准确率、门店满意度等有了大幅提升,同时降低了物流成本的整个销售额中所占的比例。

物流配送信息化,使联华总部可以通过网络即时了解各门店的销售情况;供应商可以通过联华网络轻松地看到自己商品的销售、库存与周转,以便及时组织货源;门店实现了网上要货,所有账目自动生成,减轻了手工记账等劳动强度,使联华超市的总成本下降了10%;供应链上的接点企业生产效率提高10%以上。联华先进的配送中心在保证店铺正常运营、降低物流成本和商品损耗、加速周转等方面显示出巨大优势,成为联华快速发展的重要保证。

引导思路

(1)谈谈联华超市为什么会把注意力主要放配送系统方面?
(2)联华超市的配送体系有哪些值得其他企业借鉴?

项目一 配送成本认知

教学要点

(1)掌握配送成本的概念和特性;
(2)了解配送成本的分类和构成;
(3)掌握影响配送成本的因素。

教学方法

可采用讲授、案例教学和分组讨论等方法。

配送是物流企业重要的作业环节,它是指在经济合理区域范围内,根据客户要求,对物品进行拣选、加工、包装、分割、组配等作业,并按时送达指定地点的物流活动。通过配送,物流活动才得以最终实现,但完成配送活动是需要付出代价的,即配送成本。

一、配送和配送成本

1.配送的概念

配送一般是指在经济合理区域范围内,根据用户要求,对物品进行拣选、加工、包装、分割、组配等作业,并按时送达指定地点的物流活动。配送发挥了资源配置作用,而且是"最终配置",即配送是最接近用户的物流阶段。配送的主要经济活动是送货,但应是现代送货,即是和当代科技相结合的,是"配"和"送"的有机结合,配送以用户的需要为出发点,但应该以最合理的方式满足用户需求,配送是有一定合理的区域范围的配送已逐步成为企业发展的重要战略手段。

配送是物流中一种特殊的、综合的活动形式,是商流与物流紧密结合,既包含商流活动和物流活动,也包含物流中若干功能要素的一种形式。

2. 配送成本的概念

配送成本是指在配送活动的备货、储存、分拣、配货、配装、送货等环节所发生的各项费用的总和,是配送过程中所消耗的各种活劳动和物化劳动的货币表现。由于物流活动贯穿于企业活动的全过程,包括原材料物流、生产物流、从工厂到配送中心再到用户的过程,因此包装、装卸、搬运、储存、流通加工等各个活动中的费用都记作配送成本。

配送成本的范围一般由三方面因素决定:

(1) 成本的计算范围如何确定的问题;

(2) 备货、储存、配装、送货等诸种配送物流活动中,以哪几种活动作为计算对象的问题;

(3) 把哪几种费用列入配送成本的问题。

二、配送成本的特性

1. 配送成本与服务水平密切相关

在一定范围内,配送成本与服务水平呈正相关,即配送成本越高,服务水平也越高;配送成本越低,服务水平也越低。

高水平的配送服务是由高的配送成本来保证的,企业很难既提高了配送服务水平,同时也降低了配送成本,除非有较大的技术进步。要想超过竞争对手,提出并维持更高的服务标准就需要有更多地投入。

2. 配送成本的隐蔽性

日本早稻田大学的教授,物流成本研究的权威西泽修先生提出了著名的"物流成本冰山"说,他透彻地阐述了物流成本的难以识别性。通常的财务会计通过"销售费用、管理费用"科目可以看出部分配送成本的情况,但这些科目反映的费用仅仅是全部配送成本的一部分,即企业对外支付的配送费用。而且这部分费用往往是混同在其他有关费用中,而不是单独设立"配送费用科目进行独立核算。所以通常的财务会计不能完全核算配送成本,配送成本确实犹如一座海里的冰山,露出水面的仅是冰山一角。

3. 配送成本的削减具有乘法效应

配送成本削减具有乘法效应,配送成本的减少可以显著增加企业的效益与利润。假定销售额为1000元,配送成本为100元。如果配送成本降低10%,就可能得到10元的利润。假定这个企业的销售利润率为2%,则创造10元利润,需要增加500元的销售额。即降低10%的配送成本所起的作用相当于销售额增加50%所带来的利润。可见,配送成本的下降会产生极大的效益。

4. 配送成本的"效益悖反"

"悖反"现象在物流系统中普遍存在。效益悖反是指在同一资源的两个方面处于相互矛盾的关系之中,要达到一个目必然要损失一部分另一目的;要追求一方,必得舍弃另一方的一种状态。这种状态在配送诸活动之间也是存在的。如尽量减少库存据点以及库存,必然引起库存补充频繁,从而增加运输次数,同时,仓库的减少,会导致配送距离变长,运输费用进一步增大。如果运输费的增加超过保管费的降低部分,总成本反而会增加,这样减少库存据点以及库存变得毫无意义。再如在配送作业中,为了降低配送运输成本,就需要对货品进行仔细地分拣、配装,配送运输成本降低了,但是分拣和配装成本增加了。

配送活动是个整体,企业必须考虑整个配送系统的成本最低,而非局部或某个环节的节约,这就要求从系统高度寻求总体成本的最优化。

5. 配送成本的不可控性

配送成本中有许多是物流管理部门不可控制的,例如保管费用中包括了出于过多进货或过多生产而造成积压的库存费用,以及紧急运输等例外发货的费用。这些费用是物流部门不能控制的。

三、配送成本的构成

配送成本泛指在配送过程中所发生的全部费用的总和,它主要由配送运输成本、配送分拣成本、配送配装成本、流通加工成本以及信息流通成本构成。

1. 配送运输成本

(1) 车辆费用。车辆费用是指从事配送运输生产而发生的各项费用。具体包括驾驶员及助手等工资及福利费、燃料、轮胎、修理费、折旧费、养路费、车船使用税等项目。

(2) 营运间接费用。营运间接费用是指营运过程中发生的不能直接计入各成本计算对象的站、队经费,包括站、队人员的工资及福利费、办公费、水电费、折旧费等,但不包括管理费用。

2. 配送分拣费用

(1) 分拣人工费用。它是从事分拣工作的作业人员及有关人员工资、奖金、补贴等费用的总和。

(2) 分拣设备费用。它是指分拣机械设备的折旧费用及修理费用。

3. 配送配装费用

(1) 配装材料费用。常见的配装材料有木材、纸、自然纤维和合成纤维、塑料等。这些包括材料功有不同,成本相差很大。

(2) 配装辅助费用。除上述费用外,还有一些辅助性费用,如包装标记、标志的印刷,拴挂物费用等的支出等。

(3) 配装人工费用。从事配装工作的工人及有关人员的工资、奖金、补贴等费用总的即配装人工费用。

(4) 配装设备费用。配装机械设备折旧费、维修费、动力费及物料消耗费。

4. 流通加工费用

(1) 流通加工设备费用。流通加工设备因流通加工形式不同而不同。购置这些设备所支出的费用,以流通加工费用的形式转移到被加工产品中去。

(2) 流通加工材料费用。在流通加工过程中,投入到加工过程中的一些材料消耗所需要的费用,即流通加工材料费用。

(3) 流通加工人工费。在流通加工过程中从事加工活动的管理人员、工人及有关人员工资、奖金等费用的总和。

5. 信息流通费用

（1）信息处理人工费用。从事物流配送信息活动的管理人员、技术人员等工资、奖金等费用的总和。

（2）信息处理设备费用。信息处理设备运行、维护等费用。实际应用中，应该根据配送的具体流程归集成本，不同的配送模式，其成本构成差异较大。相同的配送模式下，由于配送物品的性质不同，其成本构成差异也很大。

四、配送成本的分类

1. 按支付形态分类

配送成本可以分为材料费、人工费、公益费、维护费、一般经费、特别经费、对外委托费、其他企业支付费用。

（1）材料费是指因物料消耗而发生的费用。由物资材料费、燃料费、消耗性工具、低值易耗品摊销及其他物料消耗费组成。

（2）人工费是指因人力劳务的消耗而发生的费用，包括工资、奖金、福利费、医药费、劳保费以及职工教育培训费和其他一切用于职工的费用。

（3）维护费是指土地、建筑物、机械设备、车辆、搬运工具等固定资产的事业、运转和维修保养所发生的费用，它主要包括维修保养费、折旧费、房产税、土地、租赁费用、保险费等。

（4）一般经费：它相当于财务会计中的一般管理费，包括差旅费、会议费、交际费、邮电费、城建税、能源建设税及其他税款，还包括商品损耗费、事故处理费及其他杂费等。

（5）特别经费：指采用不同于财务会计的计算方法计算出来的配送费用，它主要包括按实际使用年限计算的折旧费和企业内利息等。

（6）对外委托费：指向企业外支付的运输费、保管费、包装费、出入库装卸费、委托物流加工费。

（7）其他企业支付费用：在配送成本中还应该包括向其他企业支付的费用。比如商品购进采用送货制时包含在购买价格中的运费和商品销售采用提货制时因顾客自己取货而从销售价格中扣除的运费。在这种情况下，虽然实际上本企业内并未发生配送活动，但却发生了相关费用，因此也应该把其作为配送成本计算在内。

2. 按配送功能分类

配送成本可以分为物品流通费、信息流通费和配送管理费。

（1）物品流通费是指在配送过程中由于商品的物理流动性而发生的各项费用，可以细分为备货费、保管费、分拣及配货费、装卸搬运费、流通加工费、配送加工等费用。

（2）信息流通费是指为了处理与配送活动有关的各项信息活动所发生的各项费用，主要包括信息出路费、信息设备费、通信费等。

（3）配送管理费是指进行配送活动的计划、调整、控制、监督和考核等活动所需要的费用，它既包括企业配送管理部门的管理费用，也包括配送作业现场的管理费用。

3. 按适用对象分类

配送成本可以分为按营业单位计算配送成本、按顾客计算配送成本和按商品计算配送成本等。

五、影响配送成本的因素

配送成本是各种作业活动的费用,它的大小与配送管理、配送货物和市场等因素密切相关。

1. 配送管理因素

1) 配送满足率

它是指配送中心的取货量占顾客所需要的货物数量的比率。如果配送满足率高,可以一次性、大批量地进行配送;如果配送满足率较低,配送中心就会分次进行配送,对不足的货物还需要花费另外的时间和车辆进行配送。这些额外的工作同样也会增加配送成本,有时还可能因缺货而失去客户。

2) 配送周期

配送持续时间的长短直接影响着配送成本的高低,如果配送效率低下,对配送中心的占用时间长,就会耗用更多的仓储固定成本。而这种成本往往表现为机会成本,使得配送中心不能提供其他配送服务获得收入或者在其他配送服务上需要另外增加成本。

3) 配送工具

不同的配送工具,其成本高低不同,运输能力大小也不同。运输工具的选择,一方面取决于所运货物的体积、重量及价值大小,另一方面又取决于企业对所运货物的需求程度及工艺要求,因此选择运输工具既要保证客户的需求,又要力求配送成本最低。

4) 配送货流的不均衡性

货流的不均衡性直接影响配送成本。当发生空车返回时,劳动、燃料和维修保养等费用将等同于原先的全程费用,由于不同地区的货物配送数量和时间需求的不均衡性,会导致配送成本随着发生变化。

2. 与配送货物相关的因素

1) 配送货物价值

产品价值的高低会直接影响配送服务成本的大小。随着产品价值的增加,每一项配送活动的成本都会增加,运费在一定程度上反映货物移动的风险。一般情况下,产品的价值越大,对其所使用的运输工具要求越高,运输和包装成本也随着产品价值的增加而增加。

2) 配送货物的数量和重量

数量和重量增加虽然会使配送作业量增大,但大批量的作业往往使得配送效率提高。配送的数量和重量是配送企业获得折扣的理由。而单件、小批量的配送不仅不能体现配送的优势,而且由于单位固定成本较高,因此其配送成本相对也会较高。

3) 配送货物的密度

配送货物的密度越大,相同运输单位所装的货物越多,运输成本就越低。同样,配送中心一定空间领域存放的货物也越多,库存成本也会降低。因此不同产品的单位配送成本也会不同。

4) 特殊要求的货物

有些货物在配送过程中有特殊要求,如对长大物品的搬运,需要特殊的装载工具;有些物品在搬运过程中需要加热或制冷等,这些都会增加配送成本。

3. 与市场相关的因素

1）配送距离

运输成本是构成配送成本的主要内容,而距离则是影响运输成本的主要因素。距离越远,也就意味着运输成本越高;同时造成运输设备需要增加,送货员工需要增加。

2）外部成本

有时配送经营还需要使用配送企业以外的资源。而外部资源的使用成本是企业无法控制的,特别是一些垄断性的外部资源,配送企业在使用的过程中都会增加额外的成本开支。

3）同行业的竞争因素

随着经济全球化的推进,市场充满了竞争,企业之间的竞争表现在产品或服务的价格、质量以及客户满意度等方面,优质的客户服务质量是企业赖以生存的基础,而提高配送服务的可靠性是稳定和发展客户的有效手段,而可靠性又直接表现在配送服务成本上,因此,配送服务成本在很大程度上是由于日益激烈的竞争而不断发生变化的,企业必须对来自同行业的竞争做出快速有效的反应。现代的竞争市场由原先单纯的竞争转变为竞争与合作并存,企业可以将自己不擅长的且不是很重要的业务外包给同行业其他企业,将资金和精力投放在本企业的核心竞争力领域,这样不仅不会导致企业客户的流失,而且还会吸引新的客户并塑造自己的品牌。

项目二　配送成本核算

教学要点

（1）掌握配送成本的核算内容；
（2）掌握作业成本法下配送成本的具体核算。

教学方法

可采用讲授、案例教学和分组讨论等方法。

根据配送流程及配送环节,配送成本实际上是包含配送运输费用、分拣费用、配装费用、储存保管费用及流通加工费用等的全过程。配送成本费用是由各个环节的总成本组成,其计算公式如下：

$$
\text{配送成本} = \text{配送运输成本} + \text{配送分拣成本} + \text{配装成本} + \text{储存保管费用} + \text{流通加工成本} \tag{7-1}
$$

值得注意的是,在实际操作中应注意避免各流程成本费用计算的重复和交叉,如实地反映配送成本,为配送成本的管理和控制提供真实的数据材料。

一、配送成本的核算项目

1. 配送运输费用

（1）工资和职工福利费。它是指驾驶员及其助手等从事配送运输人员的工资和福利费,按照"工资分配汇总表"和"职工福利费计算表"中各种车型所分配的金额计入成本。

（2）轮胎。轮胎外胎按照"轮胎发出凭证汇总表"中各种车型领用的金额计入成本,采用一次摊销法;有的企业采用的是按照车辆行驶的公里数来分配轮胎消耗成本,则要按照"轮胎摊提计算表"中各种车型应该负担的摊提额来计入成本;轮胎的内胎、垫带则要按照"材料发出凭证汇总表"中各种车型的成本领用额来计入成本。

（3）燃料。按照"燃料发出凭证汇总表"中各种车型消耗的燃料金额计入成本,如果配送车辆不是在本企业的油库加油,其领发的数量不应作为企业购入和发出处理,而应该在发生时按照配送车辆领用数量和金额计入成本。

（4）修理费。对配送车辆进行保养和维修往往是辅助生产部门的工作,因此其费用应按照"辅助营运费用分配表"中各种车型应分配的金额计入成本。

（5）折旧费。按照"固定资产折旧计算表"中各种车型应提取的折旧额计入各分类成本。

（6）养路费和运输管理费。企业应该在月末计算成本时,编制"配送营运车辆应缴纳养路费及管理费计算表",据此计入配送成本。

（7）车船使用税、行车事故损失及其他费用支出。如果这些成本费用只通过银行转账、应付票据或者现金支付的,可以按照付款凭证的金额直接计入相关的车辆成本;如果是通过实物的形式支付、如领用本企业仓库内的材料物资,则要按照"材料发出凭证汇总表"或者"低值易耗品发出凭证汇总表"中各种车型领用的金额计入成本。

（8）营运间接费用。它是指配送运输管理部门为了对配送运输过程中进行组织和管理所发生的各项管理费用及业务费用,按照"营运间接费用分配表"计入有关配送车辆的成本。

2．配送分拣费用

（1）工资和职工福利费。按照"工资分配汇总表"和"职工福利费计算表"中本环节分配的金额计入分拣成本。

（2）修理费。与配送运输陈本的计算方法相似,对分拣机械进行保养和维修往往是辅助生产部门的工作,应按照"辅助营运费用分配表"中分配的金额计入分拣成本。

（3）折旧费。按照"固定资产折旧计算表"中分拣机械所提取的折旧额计入分拣成本。

（4）其他费用。按照"低值易耗品发出凭证汇总表"中分拣环节所领用的金额计入成本。

（5）分拣间接费用。这类成本主要是负责管理分拣工作部门的支出,按照"配送管理费用分配表"所列示的金额计入分拣成本。

3．配送配装费用

（1）工资和职工福利费。按照"工资分配汇总表"和"职工福利费"中所分配的金额计入装配成本,而计入产品成本中的直接人工费用则是按照"工资结算汇总表"和"职工福利费计算表"来计算确定的。

（2）材料费。按照"材料发出凭证汇总表"、"领料单"和"材料登记表"等原始凭证上面所分配的金额计入装配成本。直接材料费用中,材料费用是按照全部领料凭证汇总编制"耗用材料汇总表"确定的。需要指出的是,在归集计算直接材料费用时,凡是能够分清某一成本计算对象的费用,应该单独列出,这样就可以把该费用直接汇总到装配对象的产品成本中去;凡是直接材料费用都是由几个装配对象共同耗用的,因此要依据一定的分配方法,计算出各个装配对象所应负担的直接材料费用。

(3) 辅助材料费用。按照"材料发出凭证汇总表"和"领料单"中的金额计入装配成本。

(4) 折旧费。按照"固定资产折旧计算表"中装配机械所提取的折旧额计入装配成本。

(5) 其他费用。按照"材料发出凭证汇总表"和"低值易耗品发出凭证"中所分配的金额计入装配成本。

4. 储存保管费用

(1) 工资和职工福利费。按照"工资分配汇总表"和"职工福利费"中所分配的金额计入储存保管成本。

(2) 材料费。按照"材料发出凭证汇总表"、"领料单"和"材料登记表"等原始凭证上面所分配的金额计入储存保管成本。

(3) 折旧费。按照"固定资产折旧计算表"中所提取的折旧额计入储存保管成本。

(4) 维护保养、水电费、物业管理费及保管费等依据相关原始凭证及费用分配表依次计入储存保管成本。

5. 流通加工费用

(1) 材料和燃料费用。根据全部领料凭证汇总编制"耗用材料汇总表"来确定的;外购动力费用根据有关凭证确定。

(2) 工资和职工福利费。按照"工资分配汇总表"和"职工福利费"中所分配的金额计入流通加工成本。

(3) 折旧费。按照"固定资产折旧计算表"中装配机械所提取的折旧额计入流通加工成本。

二、作业成本法在配送成本计算中的应用

正确计算配送成本是配送管理的基础,配送成本计算的方法之一是作业成本法(ABC分析法)。作业成本法在配送成本管理运用的实际效果是通过一些研究机构和学者进行的调查,被证明是促进企业配送管理合理化的有效方法。

作业成本法是一种以"作业"为基础,以"成本驱动因素"理论为依据,通过分析成本发生的动因,对构成产品成本的各种间接费用,采用不同间接费用率进行不同成本分配,最终确定产品成本的一种成本计算方法。作业成本法在分配成本的过程中,涉及的概念有:资源、作业、作业成本库、资源动因和作业动因等。

1. 作业成本法的计算步骤

(1) 直接成本费用的归集:包括直接材料、直接人工和其他直接费用;

(2) 作业的确定:在企业采用作业成本法核算系统之前,首先应分析确定构成企业作业链的具体作业,这些作业受业务量而不是受产出量的影响;

(3) 成本库费用的归集:在确定了企业的作业划分之后,就需要以作业为对象,根据作业消耗资源的情况,归集各作业发生的各种费用,并把每个作业发生的费用集合分别列作一个成本库;

(4) 成本动因的确定:成本动因即引起成本发生的因素,为各成本库确定合适的成本动因,是作业成本法成本库费用分配的关键;

(5) 成本动因费率计算：成本动因费率是指单位成本动因所引起的制造费用的数量，成本动因费率的计算用公式表示为：

$$R = C/D \tag{7-2}$$

式中：R——成本库的成本动因费率；
   C——成本库的费用；
   D——成本库的成本动因总量。

(6) 成本库费用的分配：计算出成本动因费率后，根据各产品消耗各成本库的成本动因数量进行成本库费用的分配，每种产品从各成本库中所分配所得的费用之和，即为每种产品的费用分配额；

(7) 作业成本的计算：作业的总成本是作业过程中所发生的直接成本与其他费用之和，即总成本 = 直接材料 + 直接人工 + 其他费用。

2. 确定配送作业活动内容

按照国家质量监督局发布的《中华人民共和国国家标准物流术语》中关于配送的解释：在经济合理区域内，根据用户的要求，对物品进行拣选、加工、包装、分割、组配等作业，并按时送达指定地点的物流活动。配送作业主要基本环节有备货、理货和送货三个，其中每个环节又包含若干项具体的活动。

3. 对配送作业的成本动因分析

1) 取得配送成本信息

成本动因即成本形成的驱动因素，是引起成本发生的那些重要的业务活动和事件的特征，配送的成本动因就是各项配送作业环节，配送作业的每个环节引起了资源的耗用，这种资源的耗用是隐藏其后的某种推动力所引起的，这种隐藏的推动力就是成本动因。成本动因支配着成本行为，决定着成本的产生，是成本分配的标准。

2) 配送作业的资源动因

资源动因连接着资源和作业，把资源分配到作业中的动因是资源动因。由配送作业活动的内容可以看出，配送作业包括了集货、分拣、配货、配装、配送运输、送达服务和配送加工这些环节，根据作业成本法的"作业消耗资源并导致成本的发生"的基本原理，配送作业消耗的资源见表7-1。

配送作业资源动因　　　　　表7-1

资　　源	资　源　动　因
工　资	配送环节需要的各类人员消耗工时
租　金	配送作业使用设施占用面积
设备折旧	配送作业消耗的设备小时
材　料	配送作业消耗的包装材料数量
燃料和动力费	配送作业消耗的燃料、电力

3) 配送作业的作业动因

作业动因连接着作业和服务，把作业环节分配到配送服务成本中的动因是作业动因。配送作业动因是配送作业发生的原因，是将作业成本分配到最终产品及劳务的方式和原因，它反映的是产品消耗作业的情况。一般配送活动的作业动因见表7-2。

配送活动的作业动因　　　　　　　　　　　　　表 7-2

作　业	作　业　动　因
进　货	处理客户订单数量
储　存	场地面积占用
分　拣	直接人工小时、产品数量
配货、配装	订单数量、材料装卸搬运量及次数
送　货	燃料消耗、设备折旧

4. 配送成本核算实例

【例 7-1】 某配送企业为两个零售店进行某种商品的配送作业,以配送作业中的一个环节——分拣作业为例,具体数据见表 7-3、表 7-4。

两个零售店的配送要求　　　　　　　　　　　　　表 7-3

内　容	零售店甲	零售店乙
订货数量	200 个/月	200 个/月
订货频率	10 次/月	10 次/月
每次订货量	20 个/次	20 个/次

分拣作业的单价　　　　　　　　　　　　　　　　表 7-4

作业内容	项　目	单价(1 箱 20 个)
分拣	散件	0.1 元/个
	箱	0.2 元/箱
	次数	0.6 元/次
	准备	0.1 元/次

由上表可以看出,零售店甲和零售店乙虽然每月订货数量相同,但是由于订货频次不同,每次的订货量也不同,根据给定的分拣作业环节的单价,得出表 7-5 中的数据。

两个零售店的分拣成本　　　　　　　　　　　　　表 7-5

内　容	零售店甲	零售店乙
分拣成本	0.2×10＝2 元	0.1×200＝20 元
分拣次数成本	0.6×10＝6 元	0.6×20＝12 元
分拣作业总成本	8 元	32 元
分拣作业单位成本	8÷200＝0.04 元	32÷200＝0.16 元

由以上表可以看出,在配送数量相同的情况下,由于订货次数不同,所以反映出的订货频率不同,计算出的分拣总成本也不同,最后分配到不同零售商单位产品在配送作业中的分拣环节成本分别为 0.04 元/个和 0.16 元/个。

【例 7-2】 某配送企业为甲、乙两商店进行某种商品的配送作业,两商店的总订货量相同,但是配送服务水平有差距,具体配送情况见表 7-6。

两个零售店的配送情况表　　　　　　　　　　　　表 7-6

内　容	甲商店	乙商店
订货数量	2000 包/月	2000 包/月
进货频率	5 次/月	8 次/月
进货数量/次	400 包/次(10 箱)	250 包/次(6 箱 10 包)

两商店的配送中心各作业成本也不尽相同,具体数据见表 7-7 ~ 表 7-9。

配送中心作业成本明细表　　　　　　　　　　　　　　表 7-7

作业内容	各作业环节单位成本		说　明
分　拣	散件	0.05 元/包(件)	
	箱	0.12 元/箱	
制作拣货单证	次	1 元	
核查与检验	散件	0.02 元/包	
	箱	0.1 元/箱	
捆　包	散件	0.03 元/包(件)	
打制店内码与价标	散件	0.01 元/包(件)	每包必须打制

甲商店成本计算单　　　　　　　　　　　　　　　　　表 7-8

作业内容	各作业环节单位成本		成本计算[每月]
分　拣	散件	0.05 元/包(件)	
	箱	0.12 元/箱	10 箱 ×5 次/月 ×0.12 元/箱 =6 元
制作拣货单证	次	1 元	1 元 ×5 次 =5 元
核查与检验	散件	0.02 元/包	
	箱	0.1 元/箱	5 次 ×10 箱 ×0.1 元/箱 =5 元
捆　包	散件	0.03 元/包(件)	
打制店内码与价标	散件	0.01 元/包(件)	2000 ×0.01 元/包 =20 元
成本合计			36 元

乙商店成本计算单　　　　　　　　　　　　　　　　　表 7-9

作业内容	各作业环节单位成本		成本计算[每月]
分　拣	散件	0.05 元/包(件)	10 包 ×8 次 ×0.05 元/包 =4 元
	箱	0.12 元/箱	6 箱 ×8 次/月 ×0.12 元/箱 =5.76 元
制作拣货单证	次	1 元	1 元 ×8 次 =8 元
核查与检验	散件	0.02 元/包	10 包 ×8 次 ×0.12 元/包 =1.6 元
	箱	0.1 元/箱	8 次 ×6 箱 ×0.1 元/箱 =4.8 元
捆　包	散件	0.03 元/包(件)	10 包 ×8 次 ×0.03 元/包 =2.4 元
打制店内码与价标	散件	0.01 元/包(件)	2000 ×0.01 元/包 =20 元
成本合计			36 元

项目三　配送成本控制及优化

教学要点

(1)了解配送成本控制的概念和意义;
(2)掌握配送成本控制的方法和程序;

(3)了解配送合理化的判断标志;
(4)掌握实现配送合理化的策略。

教学方法

可采用讲授、案例教学和分组讨论等方法。

一、配送成本控制

(一)配送成本控制的意义

降低配送成本的意义在于通过对配送成本的有效把握,利用物流要素之间的效益悖反关系,科学、合理地组织物流活动,加强对配送活动过程中费用支出的有效控制,降低配送活动中的物化劳动和活劳动的消耗,从而达到降低物流总成本,提高企业和社会经济效益的目的。

降低配送成本会给企业带来三个方面的经济效益:

(1)在其他条件不变的情况下,降低配送成本意味着扩大了企业的利润空间,提高了利润水平;

(2)配送成本的降低,意味着增强了企业的产品价格竞争优势,企业可以利用相对低廉的价格出售自己的产品,从而提高产品的市场竞争力,扩大销售,并以此为企业带来更多的利润;

(3)配送成本的下降,意味着企业可以用更少的资源投入和消耗,创造出更多的物质财富。

(二)配送成本控制的方法

配送成本控制是采用特定的理论、方法、制度等对配送各环节发生的费用进行有效的计划和管理。在对配送成本进行计算和分析的基础上,配送成本的控制应从以下几个方面进行:

1. 简化订单处理

简化订单处理包括下达指示阶段的简化、备货整装阶段的简化和制单发运阶段的简化。

2. 制定严密的配送计划

在配送活动中,临时配送、紧急配送或无计划的随时配送都会大幅度增加配送成本。为了加强配送的计划性,需要建立客户的配送申报制度。在实际工作中,应针对商品的特性,制定不同的配送申请和配送制度。实行定期申报,零售店只需预测订货周期较短时间内的需求量,从而降低了经营风险。零售店定期发出订货申请,配送中心定期送货。送货的时间间隔与订货的时间间隔一致,例如,每七天订一次,每七天送一次货。问题的关键是如何确定合理的时间间隔。一个合理的时间间隔应该使零售店保持较少的库存而又不缺货的前提下,集中零售店的订货。

3. 加强配送相关环节的管理

配送活动是一系列相关活动的组合,加强配送相关环节的管理,就是要通过采用先进、合理的技术和装备,加强经济核算,改善配送管理来提高配送效率,减少物资周转环节,加快配送速度,扩大配送量。进而降低配送成本。

4. 确定合理的配送路线

配送路线合理与否对配送速度、成本、效益影响很大，因此，采用科学方法确定合理的配送路线是配送的一项重要工作。确定配送路线的方法很多，既可采用方案评价法，拟定多种方案，以使用的车辆数、驾驶员数、油量、行车的难易度、装卸车的难易度及送货的准时性等作为评价指标，对各个方案进行比较，从中选出最佳方案；又可以采用数学模型进行定量分析。无论采用何种方法都必须满足一定的约束条件：

（1）满足所有零售店对商品品种、规格、数量的要求。

（2）满足零售店对货物到达时间范围的要求。

（3）在交通管理部门允许通行的时间内进行配送。

（4）各配送路线的商品量不超过车辆容积及载货量的限制。

（5）要在配送中心现有的运力允许的范围之内配送。

5. 进行合理的车辆配载，提高运输效率

由于各客户的需求情况不同，所需商品也不相一致。因此所运商品不仅包装形态、储运性质不一，而且密度差别较大。密度大的商品往往达到了车辆的载货量，但体积剩余大；密度小的商品虽然达到车辆的最大体积，但达不到载货量。实行轻重配装，既能使车辆满载，又能充分利用车辆的有效体积，会大大降低运输费用。

6. 建立健全配送信息管理系统

在物流作业中，分拣、配货要占全部工作量的 60%，而且容易发生差错。如果在拣货配货中运用计算机管理系统，应用条形码技术，就可使拣货快速、准确，配货简单、高效，从而提高生产效率，节省劳动力，降低物流成本。

（三）配送成本控制的基本程序

1. 制定控制标准

成本控制标准是控制成本费用的重要依据，物流配送的成本标准的制定，应按实际的配送环节分项制定。标准成本可按直接材料、直接人工和制造费用三个成本项目分别制定。

配送各环节直接材料标准成本 = 直接材料标准数量 × 直接材料标准价格

配送各环节直接人工标准成本 = 直接人工标准数量 × 直接人工标准价格

配送各环节制造费用标准成本 = 制造费用标准数量 × 制造费用标准价格

配送各环节直接材料实际成本 = 直接材料实际数量 × 直接材料实际价格

配送各环节直接人工实际成本 = 直接人工实际数量 × 直接人工实际价格

配送各环节制造费用实际成本 = 制造费用实际数量 × 制造费用实际价格

2. 揭示成本差异

成本的控制标准制定后要与实际费用比较，及时揭示成本差异。差异的计算与分析也要与所制定的成本项目进行比较。

直接人工效率差异 = (实际工时 − 标准工时) × 标准工资率

直接人工工资率差异 = (实际工资率 − 标准工资率) × 实际工时

直接材料数量差异 = (实际数量 − 标准数量) × 标准价格

直接材料价格差异 = (实际价格 − 标准价格) × 实际数量

制造费用效率差异 = (实际工时 − 标准工时) × 标准分配率

制造费用耗用差异 = (实际分配率 − 标准分配率) × 实际工时

3. 成本信息反馈

成本控制中,成本差异的情况要及时反馈有关部门,以便及时控制与纠正。

二、配送成本优化

企业配送成本管理的目的是实现配送成本的合理化或优化、较低的配送成本的优化和较高的客户服务水平的最佳配合。

(一)配送合理化的判断标志

对于配送合理化与否的判断,是配送决策系统的重要内容,目前国内外尚无一定的技术经济指标体系和判断方法,但是按照一般认识,以下若干标志是应当纳入的。

1. 库存标志

库存是判断配送合理与否的重要标志。具体指标有以下两方面:

1)库存总量

在一个配送系统中,库存是从分散于各个用户转移给配送中心施行一定程度的集中库存。在实行配送后,配送中心库存数量加上各用户在实行配送后库存数量之和应低于实行配送前各用户库存量之和。

2)库存周转

由于配送企业的调剂作用,以低库存保持高的供应能力,库存周转一般总是快于原来各企业库存周转。此外,从各个用户角度进行判断,各用户在实行配送前后的库存周转比较,也是判断合理与否的标志。

2. 资金标志

总的来讲,实行配送应有利于资金占用降低及资金运用的科学化。具体判断标志如下:

1)资金总量

用于资源筹措所占用流动资金总量会随着储备总量的下降及供应方式的改变必然会有一个较大的降低。

2)资金周转

从资金运用来讲,由于整个节奏加快、资金充分发挥作用,同样数量资金,过去需要较长时期才能满足一定供应要求,配送之后,在较短时期内就能达此目的。所以资金周转是否加快,是衡量配送合理与否的标志。

3)资金投向的改变

资金分散投入还是集中投入,是资金调控能力的重要反映。实行配送后,资金必然应当从分散投入改为集中投入,以能增加调控作用。

3. 成本和效益

总效益、宏观效益、微观效益、资源筹措成本都是判断配送合理化的重要标志。对于不同的配送方式,可以有不同的判断侧重点:例如,配送企业、用户都是各自独立的以利润为中心的企业,因此不但要看配送的总效益,而且还要看对社会的宏观效益及两个企业的微观效益,不顾及任何一方,都必然出现不合理。

对于配送企业而言(在满足用户要求,即投入确定的情况下),企业利润反映配送合理化程度。

对于用户企业而言,在保证供应水平或提高供应水平(产出一定)前提下,供应成本的降低,反映了配送的合理化程度。

4. 供应保证标志

实行配送,各用户的最大担心是怕供应保证程度降低,这并不简单是个心态问题,更是可能要承担风险的实际问题。配送的重要一点是必须提高而不是降低对用户的供应保证能力,才算实现了合理。供应保证能力可以从以下方面判断:

(1)缺货次数。实行配送后,必须下降才算合理。

(2)配送企业集中库存量。对每一个用户来讲,其数量所形成的保证供应能力高于配送前单个企业保证程度。

(3)即时配送的能力及速度。即时配送的能力及速度是用户出现特殊情况的特殊供应保障方式,这一能力必须高于未实行配送前用户紧急进货能力及速度才算合理。

特别需要强调一点的是:配送企业的供应保障能力,是一个科学的合理的概念,不是无限的概念。具体来讲,如果供应保障能力过高,超过了实际的需要,属于不合理。所以追求供应保障能力的合理化也是有限度的。

5. 社会运力节约标志

末端运输是目前运能、运力使用不合理,浪费较大的领域,因而人们寄希望于利用配送来解决这个问题。这就成了配送合理化的重要标志。

运力使用的合理化是依靠送货运力的规划和整个配送系统的合理流程及与社会运输系统合理衔接实现的。送货运力的规划是任何配送中心都需要花力气解决的问题,可以简化判断如下:社会车辆总数减少,而承运量增加;社会车辆空驶减少;一家一户式的自营运输减少,社会化运输增加。

6. 用户企业仓库、供应、进货人力物力节约标志

配送的重要作用是为用户代劳。因此,实行配送后,使各用户库存量、仓库面积、仓库管理人员减少为合理;用于订货、接货、供应的人减少才为合理。真正解除了用户的后顾之忧,配送的合理化程度得以提高。

7. 物流合理化标志

配送必须有利于物流合理。这可以从以下几方面判断:是否降低了物流费用;是否减少了物流损失;是否加快了物流速度;是否发挥了各种物流方式的最优效果;是否有效衔接了干线运输和末端运输;是否不增加实际的物流中转次数;是否采用了先进的管理方法及技术手段。

物流合理化的问题是配送要解决的大问题,也是衡量配送本身的重要标志。

(二)合理选择配送策略

对配送成本的控制就是要在满足一定的顾客服务水平的前提下,尽可能地降低配送成本,或者是在一定的服务水平下使配送成本最小。一般来说,要想在一定的服务水平下使配送成本最小可以考虑以下策略:

1. 混合策略

混合策略是指配送业务一部分由企业自身完成,一部分外包第三方物流企业完成。这种策略的基本思想是:由于产品品种多变、规格不一、销量不等等情况,采用纯策略的配送方式超出一定程度不仅不能取得规模效益,反而还会造成规模不经济。而采用混合策略,合理安排企业自身完成的配送和外包给第三方物流完成的配送,能使配送成本最低。

2. 差异化策略

差异化策略的指导思想是：产品特征不同，顾客服务水平也不同。当企业拥有多种产品线时，不能对所有产品都按同一标准的顾客服务水平来配送，而应按产品的特点、销售水平，来设置不同的库存、不同的运输方式以及不同的储存地点。如库存水平采用 ABC 分类法，A 类产品在各个销售点都应备有库存，B 类产品只在地区分销中心备有库存而在各销售网点不备有库存，C 类产品边地区分销中心都不设库存，仅在工厂的仓库才有存货。

3. 合并策略

合并策略包含配送方法上的合并和共同配送两种方式。

配送方法上的合并是指企业在安排车辆完成配送任务时，充分利用车辆的容积和载货量，做到满载满装，是降低成本的重要途径。

共同配送是一种产权层次上的共享，也称集中协作配送。它是几个企业联合集小量为大量，共同利用同一配送设施的配送方式，各配送主体以经营活动（或以资产为纽带）联合行动，在较大的地域内协调运作，共同对某一个或某几个客户提供系列化的配送服务。它是在配送中心的统一计划、统一调度下展开的。各配送主体以经营活动（或以资产为纽带）联合行动，在较大的地域内协调运作，共同对某一个或某几个客户提供系列化的配送服务。共同配送的本质是通过作业活动的规模化降低作业成本，提高物流资源的利用效率。企业通过共同配送采取多种方式，进行横向联合、集约协调、求同存异以及效益共享。

4. 延迟策略

延迟策略的基本思想就是对产品的外观、形状及其生产、组装、配送应尽可能推迟到接到顾客订单后再确定。一旦接到订单就要快速反应，因此采用延迟策略的一个基本前提是信息传递要非常快。

一般来说，实施延迟策略的企业应具备以下几个基本条件：

（1）产品特征，即生产技术非常成熟，模块化程度高，产品价值密度大，有特定的外形，产品特征易于表述，定制后可改变产品的容积或重量；

（2）生产技术特征，即模块化产品设计、设备智能化程度高、定制工艺与基本工艺差别不大；

（3）市场特征，即产品生命周期短、销售波动性大、价格竞争激烈、市场变化大、产品的提前期短。

实施延迟策略常采用两种方式：生产延迟（或称形成延迟）和物流延迟（或称时间延迟），而配送中往往存在着加工活动，所以实施配送延迟策略既可采用形成延迟方式，也可采用时间延迟方式。具体操作时，常常发生在诸如贴标签（形成延迟）、包装（形成延迟）、装配（形成延迟）和发送（时间延迟）等领域。

5. 标准化策略

标准化策略就是尽量减少因品种多变而导致的附加配送成本，尽可能多地采用标准零部件、模块化产品。采用标准化策略要求厂家从产品设计开始就要站在消费者的立场去考虑怎样节省配送成本，而不要等到产品定型生产出来了才考虑采用什么技巧降低配送成本。

任务小结

本任务分析了配送成本的特性及其构成；配送成本的影响因素及配送成本计算方法，配送成本的控制方法和配送成本合理化的策略。希望学生可在教师的指导下，通过对理论的理解和对案例的分析,能根据实际情况,进行配送成本的分析,并能更好地控制配送成本。

思考与练习

1. 简答题

(1) 配送成本的定义,并结合实例理解配送成本的特性是什么?

(2) 配送成本是如何分类的?

(3) 构成配送成本的要素有哪几种分类方法?各包含哪些要素?

(4) 简述配送成本核算步骤。

(5) 简述配送成本控制的基本程序。

(6) 简述降低配送成本的策略。

(7) 结合商品的特点,如何制定鲜活商品和普通商品的配送计划,以更好地控制配送成本?

(8) 配送成本核算实例。

① 核算资料

某公司某月发生配送成本如下:

a. 配送运输成本

共发放工资及福利费 9000 元,运输过程发生燃料费用 2000 元,折旧和修理费 900 元,上缴税费 450 元,处理发生事故 300 元,其他间接费用 400 元。

b. 配送分拣成本

发给分拣作业工人工资及福利费 5000 元,分拣机器维修和保养费 200 元,折旧费 1000 元,其他间接费用 150 元。

c. 配装成本

发放工资及福利费 3000 元,材料费总计 800 元,其他费用总计 400 元。

d. 流通加工成本

发放工资及福利费 2000 元,使用直接材料 600 元,发生间接制造费用 1100 元。

② 要求

a. 结合案例分析配送成本的构成;

b. 结合案例计算配送成本;

c. 结合案例提出配送成本控制措施。

2. 案例分析题

日本物流配送业

现代化物流配送是社会化大生产和国民经济发展的客观要求,它的发展状况对经济发展、商品流通和大众消费起着重要的促进或制约作用。日本政府十分注意物流配送基地的建设,考虑到其国土面积较小,国内资源和市场有限,商品进出口量大,因而他们在大中城市、港口、主要公路枢纽都对物流设施用地进行了规划,形成了大大小小比较集中的物流团地。在这些物流团地,集中了多个物流企业,如日本横滨港货物中心等,这样便于对物流团地的发展进行统一规划,合理布局。日本横滨港货物中心(Y-CC)是日本最大的现代化综合物流中心,仓储面积约为 32 万平方米,具有商品储存保管、分拣、包装、流通加工以及商品展示、洽谈、销售、配送等多种功能,配备有保税区、办公区、信息管理系统等。其优良的物流设施,完善的功能为物流配送的发展提供了良好的条件。在日本的物流配送企业物流作业中,铲车、叉车、货物升降机、传送带等机械应用程度较高,计算机管理系统应用比较普遍,如配置的电脑管理系统投资就达 70 亿日元。

日本物流配送社会化、组织化、网络化程度比较高。生产企业、商业流通企业不都是自设仓库等流通设施,而是将物流业务交给专业物流企业去做,以达到减少非生产性投资,降低成本的目的。如日本岗山市的一些企业就把生产需要的原材料和产成品放在专业物流企业的仓库里,交由他们去保管和运送,自己不设仓库。日本菱食公司的配送中心面向 1.2 万个连锁店、中小型超市和便利店配送食品,他们自己不设配送中心,而全部交由菱食公司的配送中心实行社会化配送,统一采购,而且供货一般都是通过当地的物流配送企业或代理商按需要配送,各大型超市只有很小的周转库,仅保持两三天的销售商品库存。其次,许多物流配送企业的运输车辆等也是根据需要向社会租用,同样是出于减少投资,降低成本的考虑。

日本的大型物流企业比较注重网络的发展,在日本物流配送行业排名第五的日立物流株式会社,1998 年总资产达 155 亿日元,销售收入 2040 亿日元,毛利 43 亿日元。它在日本国内设有 124 个网点,在海外 15 个国家设有 62 个网点,在中国的上海和香港都没有合资公司或办事处。由于拥有比较完善的物流配送网络,在发展和承揽业务、满足客户需要、降低物流成本等方面就具有较大优势。

日本的物流配送企业还十分注重不断提高物流服务质量,降低物流成本,增强在市场上的竞争力,注意研究探索物流配送的新技术、新方法,引进美国等国家的物流新技术和先进方法,如引进美国的物流管理软件等。仓库里有可拆卸式货架、移动式商品条码扫描设备等,技术先进,方便实用,物流配送企业中的商品条码和计算机管理系统应用非常普遍,实现了商品入库、验收、分拣、出库等物流作业全过程的计算机管理与控制,提高了效率,加强了管理。日本的流通企业比较注重商品流通中对商品的加工增值服务,按照消费者和客户的需要,对商品进行分拣、包装、拼装,使生产企业或进口的商品更能适合本国客户和消费者的要求。这些流通领域的中间加工作业一般都是在物流配送过程中,在物流企业的仓库中进行的。这些中间作业主要为:进行商品的分拣、拼配,一般的物流配送企业都有这个功能;改换商品的商标标签,如日本菱光仓库就对进口商品更换日文商标标签,以适合国内销售要求;三是变更包装,将大规格、大箱包装的商品变成小规格、小箱包装,便于零售,方便顾客。

此外,日本物流配送企业都比较注重降低人工成本,提高劳动效率。如日本辰已物流株式会社的早岛仓库有两栋仓库,仓储面积总计为 2 万多平方米,年仓储收入约 3 亿日元,但全部员工包括经理、货物保管、管理、装卸、文秘等仅有 10 人,人员少,劳动效率却比较高。日立物流株式会社的千叶仓库客户晚上订的服装,第二天早上就可以送到,最多一天要配送 1 万多件。菱光仓库株式会社只有 90 人,每月收发并进行装箱、掏箱、检验、包装等作业的集装箱达 200 个。这主要得益于日本物流装卸大部分都实现了机械化作业。

思考:

日本物流业的经验及对我国的启示。

任务八　装卸搬运成本管理

内容简介

装卸搬运是物流管理各项工作中出现频率最高的一项业务，又是物流活动的成本项，因为装卸搬运需要耗费一定的人力物力资源，但本身并不创价值。在我国目前装卸搬运的水平下，装卸搬运耗费大量的人力成本和机械成本，所以对装卸搬运成本进行有效管理极其重要。为提高物流效率，降低物流成本，装卸搬运活动成本管理的核心是控制装卸工人的人数，在实际运作过程中，学生应该掌握制定合理的装卸工人调配方案，提高管理水平。

教学目标

1. 知识目标

（1）正确理解装卸搬运成本的含义、特点；

（2）熟练掌握装卸搬运成本的构成；

（3）正确理解降低装卸搬运成本的途径。

2. 技能目标

应用装卸搬运成本的控制和优化方法解决实际问题。

案例导入

不可忽视装卸搬运成本

装卸活动的基本动作包括装车（船）、卸车（船）、堆垛、入库、出库以及连接上述各项动作的短途输送，是随运输和保管等活动而产生的必要活动。在物流过程中，装卸活动是不断出现和反复进行的，它出现的频率高于其他各项物流活动，每次装卸活动都要花费很长时间，所以往往成为决定物流速度的关键。装卸活动所消耗的人力也很多，所以装卸费用在物流成本中所占的比重也较高。以我国为例，铁路运输的始发和到达的装卸作业费占运费的20%左右，船运占40%左右。因此，为了降低物流费用，装卸是个重要环节。此外，进行装卸操作时往往需要接触货物，所以，这是在物流过程中造成货物破损、散失、损耗等损失的主要环节。例如：袋装水泥纸袋破损和水泥散失主要发生在装卸过程中，玻璃、机械、器皿、煤炭等产品在装卸时最容易造成损失。由此可见，装卸活动是影响物流效率、决定物流技术经济效果的重要环节。

据我国统计，火车货运以500km为分界点。运距超过500km，运输的在途时间多于起止的装卸时间；运距低于500km，装卸时间则超过实际运输时间。美国与日本之间的远洋船运，一个往返需25天，其中运输时间13天，装卸时间12天。据我国对生产物流的统计，机械工厂每生产1吨成品，需进行252吨次的装卸搬运，其成本为加工成本的15.5%。

> **引导思路**

（1）什么是装卸搬运成本？
（2）降低装卸搬运成本的意义是什么？

项目一 装卸搬运成本认知

> **教学要点**

（1）收集某一物流企业装卸搬运成本资料；
（2）选择某一物流企业装卸搬运业务，让学生讨论装卸搬运成本的构成、特点及降低装卸搬运成本的途径。

> **教学方法**

采用讲授和分组讨论。

一、装卸搬运成本的含义

装卸是指物品在指定地点以人力或机械装入运输设备或卸下。装卸包括物资的装载、卸货、移动、货物堆码上架、取货、备货、分拣等作业以及附属于这些活动的作业，通常指物品上下方向的移动。搬运是指在同一场所内，对物品进行水平移动为主的物流作业，搬运通常指物体横向或斜向的移动，是在物流节点内进行的短距离的物品移动。装卸搬运的作用表现在如下三方面：

（1）装卸搬运是物流各阶段之间相互转换的重要环节，物流工作的各阶段的前后或同一阶段的不同活动之间，都必须进行装卸搬运作业。如运输过程结束，货物要进入仓库之前，一般都需要进行装卸搬运作业。正是装卸搬运把物的运动的各个阶段连接成为连续的"流"，使物流的概念名符其实。

（2）装卸搬运连接各种不同的运输方式，使多式联运得以实现。通常经联合运输的货物，要经过4次以上的装卸搬运与换装（多则经过十几次），其费用约占运输费用的25%左右。

（3）在许多生产领域和流通领域中，装卸搬运已经成为生产过程的重要组成部分和保障系统。如采掘业的生产过程，实质上就是装卸搬运，如在加工业和流通业，装卸搬运是生产工艺过程中不可缺少的组成部分。调查资料显示我国机械工厂生产用于装卸搬运的成本为加工成本的15.5%。

装卸搬运成本是指在一定时期内，企业为完成货物装卸搬运业务而发生的全部费用。装卸搬运成本控制点在于管理好储存物资，减少装卸搬运过程中商品的损耗率等。控制方式有：对装卸搬运设施的合理选择，根据企业生产、销售发展计划，分析使用不同搬运设备的成本差异，结合财务可能确定选用人力、半机械化、机械化、半自动化、自动化装卸搬运设施；防止机械设备的无效作业、合理规划装卸搬运方式和装卸搬运作业过程，如减少装卸次数、缩短搬运距离、消除无效搬运等。

二、装卸搬运成本的特点

（1）装卸搬运成本具有伴生性。装卸搬运成本是在物流各环节衔接过程中产生的，在任何其他物流活动互相过渡时，都是以装卸搬运来衔接，因而，装卸搬运往往成为整个物流"瓶颈"，它渗透到物流的各个领域，是物流各功能之间能否形成有机联系和紧密衔接的关键。装卸搬运成本是否能有效的降低，关键看这一衔接是否有效，联合运输方式就是着力解决这种衔接而实现的。装卸搬运次数的增多增加了成本，却不增加附加值，因此应将装卸次数减至最少，管理好物资，减少搬运距离，减少装卸搬运活动，减少浪费，减少破损，这样，装卸搬运成本就会降低。

（2）装卸搬运成本具有附属性。装卸搬运成本是物流过程每一项活动开始及结束时必然产生的成本，因而有时常常被人们忽视，有时甚至被看做其他成本不可缺少的组成部分。装卸搬运成本的附属性不能理解成被动的，实际上，装卸搬运对其他物流活动有一定决定性。例如，运输成本中就包含了相随的装卸搬运成本，仓储成本中包含了相随的装卸搬运成本，配送成本中包含了相随的装卸搬运成本。

三、装卸搬运成本构成

根据成本特点，可分为固定成本和变动成本。在装卸搬运成本结构上，有两个特点：第一，装卸搬运固定成本比重大，一般占总成本的60%左右；第二，劳动力、能源、材料、修理费用大，一般占总成本的25%左右，占变动成本的70%左右。

1. 固定成本

固定成本包括工资、租费、材料费、折旧费：

（1）工资：指按规定支付给装卸工人、装卸机械司机的计算工资、计件工资、加班工资及各种工资性津贴及与工资相关的各种保险费、职工福利费等。

（2）折旧费：指装卸机械按规定计提的折旧费。

（3）材料费：指装卸机械耗用的材料费，包括装卸机械修理的材料费，自制装卸工具的制造，领用的材料等。

（4）租费：指企业租入装卸机械或装卸设备进行装卸作业，按合同规定支付的租金。

2. 变动成本

变动成本是指应由装卸成本负担的营运间接费用。变动成本包括燃料、修理、事故损失费、其他等费用。

（1）燃料费：指装卸机械在运行和操作过程中所耗用的燃料、动力和电力费用。

（2）修理费：指为装卸机械和装卸工具进行维护所发生的工料费用，以及装卸机械在运行和过程中耗用的机油、润滑油的费用。按规定预提的装卸搬运机械的大修理费用，也列入本项目。

（3）事故损失费：指在装卸作业过程中，货物损坏、机械损坏、外单位人员伤亡等事故所发生的损失，包括货物破损、货差损失和损坏装卸机械设备所支付的修理费用。

（4）其他费用：指不发生以上各项目的其他装卸搬运直接费用。

四、降低装卸搬运成本的意义

物流活动离不开装卸搬运,它贯穿于不同物流阶段之间,因此装卸搬运是物流系统中重要的子系统之一。完成装卸搬运作业应具备劳动力,装卸搬运设备与设施(车、船、场、库等),作业方法,管理信息系统,作业保障系统等,降低装卸搬运成本意义在于:

1. 加速车船周转,提高港、站、库的利用效率

目前,全球经济正向一体化发展,给装卸搬运企业带来了发展的机遇,另外装卸搬运企业也面临着日趋激烈的市场竞争。因此,装卸搬运企业只有以优质的服务、低廉的价格,才能在市场竞争中立于败之地,以吸引更多的客户,在生存中得以发展。

2. 加快货物送达、减少流动资金占用

装卸搬运企业,不论是基础设施的建设,还是装卸机械的配备,都需要较大的资金投入,况且,装卸搬运企业消耗大,尤其是能源消耗大,降低装卸搬运成本,一定会推动节约能源工作的开展。同时,随着国民经济的不断发展,社会物资的运输量越来越大,降低装卸搬运成本,会给商品制造业减少运输费用,为商品制造业带来了更多的发展空间,进而降低商品成本,最终减轻消费者的负担。

3. 减少货物破损、减少各种事故的发生

减少货物破损,减少事故发生,是在降低装卸搬运成本的同时为整个物流系统获得更大的经济效益。

五、降低装卸搬运成本的主要途径

降低装卸搬运成本,是一项复杂的系统工程,由于装卸搬运货物品种的不同,其装卸搬运工艺随之不同,涉及的生产环节也不尽相同,它不是靠某一阶段某一部门的努力可以奏效的,需要全体职工的共同努力和每个环节每个部门乃至装卸搬运生产全过程的科学管理。降低装卸搬运成本,对于促进国民经济的发展有着重要的影响。

1. 要增强职工成本管理意识,调动广大职工参与企业管理的积极性

这是降低装卸搬运成本的思想基础。增强职工成本管理意识,首先企业领导必须有强烈的成本管理意识,处处精打细算,为职工做出表率,领导除了本身应当有强烈的成本管理意识以外,还必须把强化成本管理意识作为企业宣传教育的重要内容,激发职工当家理财的积极性,处处想着效益,从而推动增收节支活动的开展。

2. 要科学地确定装卸搬运业务的目标成本,层层分解落实,实行经济承包责任制

为了确定目标成本,企业应当建立目标成本管理机构,由财务、设备、供应、商务、调度、人力资源、安全等管理部门及装卸搬运队负责人员参加制定有关装卸搬运业务目标成本管理制度,并把目标成本的日常管理和控制落实到部门、装卸搬运队、班组、个人。人人明确自己在目标成本控制中的具体任务和在节约费用开支、降低成本方面的经济责任,形成一个成本指标体系和成本责任体系相结合的控制网络。目标成本的确定,要根据企业生产计划和物流市场的形势,计算目标营业收入和营业税金及营业外净支出,并根据计划期内企业应实现的目标利润加以确定。目标成本确定以后,就要分解为目标固定成本和目标变动成本,这样目标成本才能落到实处。

1) 要努力降低装卸搬运业务的固定成本

降低装卸搬运业务固定成本要注意抓住以下几个环节。

(1) 合理确定装卸机械的拥有量,做到既保证装卸生产的正常进行,又不会造成资源浪费。由于企业泊位能力大小和货种结构不同,装卸搬运机械种类、数量的配备也不相同,其配备一定要根据装卸搬运生产的实际,认真论证其经济性,从而避免投资过大而增加固定成本,造成浪费。

(2) 合理配备装卸搬运人员,实行计件工资考核。装卸搬运企业固定成本中的劳保费用、上下班交通费、其工资及相关费用等,是随人员的多少而增减的,合理配备装卸搬运人员,避免造成人员富余,势必减少固定成本。在合理配备装卸人员的前提下,实行计件工资考核,从而使工资性费用增长与产量增长相对应,促进企业经济效益的提高。另外,劳动力成本本身就是装卸搬运成本的重要组成部分,但是劳动力成本与其他成本之间可能存在着替代关系,也可能有互补关系,因而确定劳动量的使用的决定性因素是收益,以能够获得总成本最低或者总收入增加为原则确定劳动力的使用量。同时,成本因素也是劳动考核、岗位设置的依据和决定劳动报酬的参考依据。

(3) 努力增加产量。装卸搬运企业一般以装卸搬运自然吨作为产量,其单位自然吨固定成本是随装卸搬运自然吨的增减而变化的,装卸搬运自然吨越多,单位自然吨固定成本就越少,反之则固定成本就越多。

2) 要努力降低装卸搬运业务的变动成本

降低装卸搬运业务变动成本要注意抓住以下几个环节。在装卸搬运业务变动成本中,燃料、电费、材料、修理费占60%左右,对装卸业务的经济效益影响较大,应当作为节支重点。因此,降低装卸搬运业务的变动成本,可以从以下几个方面考虑:

(1) 认真安排装卸搬运工艺,合理调度指挥。每一自然吨货物通过仓库时,由于其经过的流程不同而需要不同的作业量,作业量越大,劳动消耗也就越多,成本支出也就越大。装卸搬运工艺优、调度指挥得当,就能减少作业量,达到降低消耗、降低成本的目的。

(2) 科学制定各类消耗定额,逐级下达指标,按月考核奖惩。在制定定额时,应考虑机械性能差异和装卸搬运货物结构差异以及电力峰、谷、平差异,尤其是能源消耗定额的制定,力求做到科学、合理、经济。

(3) 加强装卸搬运设备日常维修保养,鼓励职工自修,努力降低修理费用。为了降低修理费用,企业可采取"双重承包、招标择厂、鼓励自修"的办法。双重承包,就是企业可根据装卸搬运机械修理计划核定修理费考核指标,与技术设备部门实行承包,同时,根据各装卸搬运队的具体情况核定修理费指标,与装卸搬运队实行承包。招标择厂,就是装卸搬运机械修理费用较大的,应当实行公开招标,选择承修厂,努力做到修理费最低、工期最短、质量最好。鼓励自修,就是企业可根据职工的技术水平、修理的难易程度,规定有关的修理为职工自修项目,并制定相应的奖励办法。此外,装卸搬运企业还应积极推广新技术,使用新设备,实行以旧换新、修旧利废。特别提出的是,装卸搬运企业应加强文明生产、安全生产的教育,制定文明生产、安全生产的规定,加强文明生产、安全生产的全过程管理,以确保装卸搬运质量,确保安全无事故。

(4) 定期开展装卸搬运成本分析。成本分析就是通过对一定时期装卸搬运成本报表和相关统计资料进行加工整理,通过分析、预测、检查和总结成本计划的执行情况,总结经验教训,找出薄弱环节,制定对策措施,从而达到进一步挖掘增产潜力,达到降低成本的目的。

降低装卸搬运成本的途径是多方面的,只要不断探索其规律,充分调动广大员工的积极性,实行全过程管理,一定会取得好的效果。

项目二 装卸搬运成本核算

教学要点

(1)收集某一物流企业装卸搬运成本资料;
(2)选择某一物流企业装卸搬运业务,让同学讨论装卸搬运成本核算的目的、范围及装卸搬运成本的计算方法。

教学方法

采用讲授和分组讨论。

物流企业的装卸搬运业务,是生产不可缺少的组成部分,装卸搬运的活动是衔接物流各环节活动正常运作的关键,它渗透到物流的各个领域。物流企业既有机械化作业,又有人工作业,物流企业经营装卸搬运业务时,应按照机械化作业和人工作业的不同,分别核算成本。物流企业的装卸搬运成本一般实行两级核算,各装卸搬运队仅计算本装卸搬运队的装卸搬运成本,企业核算各装卸搬运队总的装卸搬运成本。另外,为装卸搬运业务配备的车辆一般视同装卸搬运机械,其所发生的费用计入装卸搬运成本,不再单独核算。

一、装卸搬运成本核算的目的

(1)通过对企业装卸搬运成本计算,弄清装卸搬运成本的大小,从而提高企业内部对装卸搬运重要性的认识。
(2)通过对装卸搬运成本计算,弄清装卸搬运活动中存在的问题,为物流运营决策提供依据。
(3)按不同的物流部门组织计算,计算各物流部门的责任成本,评估各物流部门的业绩。
(4)通过对某一装卸搬运设备或机械的成本计算,弄清其消耗情况,谋求提高设备效率、降低物流成本的途径。

二、装卸搬运成本核算的范围

物流企业的装卸搬运成本项目,一般可分为职工福利费、材料费、直接费用、管理费等费用。

1. 职工福利费

这是指支付给装卸机械司机和装卸搬运工人的工资以及按其工资总额和规定比例计提的职工福利费。

2. 材料费

这是指装卸机械在运行和操作过程中,所耗用的燃料(如汽油、柴油)、轮胎、动力(如电力)费用。

3. 直接费用

（1）保养修理费。这是指为装卸搬运机械和装卸搬运工具进行保养、修理所发生的材料费、工时费，以及装卸搬运机械在运行和操作过程所耗用的机油、润滑油的费用，为装卸搬运机械保修的费用，也包括在本项目内。

（2）折旧费。这是指按规定计提的装卸搬运机械折旧费。

（3）其他费用。这是指与装卸搬运业务直接有关的工具费、劳动保护费、外付装卸搬运费（指支付给外单位装卸工人的装卸费用）、事故损失（指在装卸作业过程中，因装卸搬运队责任造成的应由本期装卸搬运成本负担的事故损失，包括货物破损等货损货差损失、损坏车辆设备所支付的修理费，以及外单位人员人身伤亡事故所支付的各种费用）等。

4. 管理费

这是指各装卸搬运队为组织与管理装卸搬运业务而发生的管理费用和业务费用。

三、装卸搬运成本核算的方法

对于以运输业务为主的运输企业，在经营装卸搬运业务时，可按机械作业和人工作业分别作为成本计算对象，核算其成本；对于以机械装卸搬运作业为主，人工作业为辅的作业活动，可不单独核算人工装卸搬运成本；对于以人工装卸搬运作业为主、机械装卸搬运作业为辅的作业活动，也可不单独核算机械装卸搬运成本。对于港口企业，为了加强成本管理，在采用综合的装卸搬运成本计算对象时，还可以区分操作过程、区分货物种类计算货物的装卸搬运成本。区分操作过程、区分货物种类计算货物的装卸搬运成本，首先应根据作业区生产的特点，正确地划分操作过程和货种。其次，在货种之间分配各项费用时，需选择合理的分配标准。对于装卸搬运工人的工资和对外付装卸搬运费，应按工时的比例分摊；装卸搬运耗用的材料、修理费和其他装卸搬运直接费用，应按操作量的比例分摊。

1. 装卸搬运费用的归集与分配

物流企业的装卸搬运费用通过"主营业务成本—装卸搬运支出"账户进行归集与分配，本账户按成本计算对象设置明细账户，并按成本项目进行明细核算。物流公司如同时经营装卸搬运业务，在公司下设立装卸搬运队，装卸搬运队队部统一管理机械装卸搬运队和人工装卸搬运队，其中人工装卸搬运队配备少量装卸搬运机械，机械装卸搬运队和人工装卸搬运队应分别核算装卸搬运支出与计算装卸搬运成本。下面举例简要说明各项装卸搬运费用的归集与分配方法。

（1）职工福利费：企业的直接人工费可根据"工资结算表"等有关资料，编制工资及职工福利费汇总表，直接计入各类装卸搬运成本。

（2）材料费：对于燃料和动力，企业可于每月根据油库转来装卸搬运机械领用燃料凭证计算实际消耗数量计入成本，企业耗用的电力可根据供电部门的收费凭证或企业的分配凭证直接计入成本。

（3）直接费用：物流公司由专职装卸搬运机械保修工或保修班组进行装卸搬运机械保修作业的工料费，直接计入装卸搬运成本。

由保养场（或保修车间）进行装卸搬运机械保修作业的工料费，通过"辅助营运费用"账户核算，然后分配计入装卸搬运成本。

装卸搬运机械在运行和装卸操作过程中耗用的机油、润滑油以及装卸搬运机械保修费，月终根据油料库、材料库提供的领料凭证直接计入装卸搬运成本。

装卸搬运机械领用的随机工具、劳保用品和装卸搬运过程中耗用的工具,在领用时根据领用凭证可将其价值一次直接计入各类装卸搬运成本。一次领用数额过大时,可作为待摊费用处理。工具的修理费用以及防暑、防寒、保健饮料、劳动保护安全措施等费用,在费用发生和支付时,可根据费用支付凭证或其他有关凭证,一次直接计入各类装卸搬运成本。

物流企业对外发生和支付装卸搬运费时,可根据支付凭证直接计入各类装卸搬运成本。

事故损失一般于实际发生时直接计入有关装卸搬运成本,或先通过"其他应收款—暂付赔款"账户归集,然后于月终将应由本期装卸搬运成本负担的事故净损失结转计入有关装卸搬运成本。

(4)管理费:装卸搬运队直接开支的管理费和业务费,可在发生和支付时,直接列入装卸搬运成本。当按机械装卸搬运和人工装卸搬运分类,计算成本时,可先通过"营运间接费用"账户汇集,月终再按直接费用比例分配计入各类装卸搬运成本。物流企业装卸搬运机械的折旧应按规定的折旧率计提,根据"固定资产－折旧费"直接计入各类装卸搬运成本。装卸搬运机械计提折旧适宜采用工作量法,一般按其工作时间(以台班表示)计提。

2.装卸搬运总成本和单位成本的计算

物流企业的装卸搬运总成本是通过"主营业务成本—装卸搬运支出"账户的明细账所登记的各项装卸搬运费用总额确定的。

项目三 装卸搬运成本控制与优化

教学要点

(1)收集某一物流企业装卸搬运成本资料;
(2)选择某一物流企业装卸搬运业务,由小组讨论装卸搬运成本控制与优化的方法。

教学方法

采用讲授和分组讨论。

一、装卸搬运成本控制与优化的含义

下面先通过几个数据来说明:

根据我国统计,火车货运以500km为分界点,运输距离超过500km,运输在途时间多于起止的装卸时间,运输距离低于500km,装卸搬运时间则超过实际运输时间。

美国与日本之间的远洋船运,一个往返需25天,其中运输时间13天,装卸搬运时间12天。

根据我国对生产物流的统计,机械工厂每生产1t成品,需进行252吨次的装卸搬运,其成本为加工成本的15.5%。

从上面这几组数据中可以看出,装卸搬运是降低物流费用的重要环节。装卸搬运成本优化是以降低装卸搬运成本、提高装卸搬运的效率为目标,防止无效的装卸搬运,实现装卸搬运合理化。

二、装卸搬运成本控制与优化的重要性

1. 装卸搬运是降低物流系统成本的关键

装卸搬运活动所消耗的人力很多,所以装卸搬运费用在物流成本中所占的比重也较高。以我国为例,铁路运输的始发和到达的装卸搬运作业费大致占运费的20%左右,船运占40%左右。此外,进行装卸搬运操作时往往需要接触货物,因此,这是在物流过程中造成货物破损、散失、损耗、混合等损失的主要环节,对于货物破损、散失、损耗、混合等损失都要记入物流成本。例如袋装水泥纸袋破损和水泥散失主要发生在装卸搬运过程中;玻璃、机械、器皿、煤炭等产品在装卸搬运时最容易造成损失。

2. 装卸搬运是提高物流系统效率的关键

装卸搬运活动包括装车(船)、卸车(船)、堆垛、入库、出库以及连接物流各项活动的短程输送,是随运输、存储和配送等活动而产生的必要活动,在物流过程中,装卸搬运活动是不断出现和反复进行的,它出现的频率高于其他各项物流活动,每次装卸搬运活动都要花费很长时间,所以往往成为提高物流系统效率的关键。

三、装卸搬运成本控制与优化的途径

1. 减少装卸次数,缩短搬运距离

减少装卸作业次数,缩短搬运距离,也就减少了装卸搬运作业量,从而不但可以减少装卸搬运成本,而且还能加快物流速度。通常采取的措施是:装卸搬运设备的参数要和建筑物的参数、特点相匹配;配备适应性强的物流设备;提高装卸搬运作业的组织调度水平;做好车间、库房、铁路专用线、主要通道的布局,缩短作业距离。

2. 利用重力因素,实现装卸作业的省力化

充分利用自重力和消除重力影响,进行少消耗的装卸。在装卸时考虑重力因素,可以利用货物本身的重量,进行有一定落差的装卸,以减少或根本不消耗装卸的动力,这是合理化装卸的重要方式。例如,从载货车、铁路货车装卸时,利用载货车与地面或小搬运车之间的高度差,使用溜槽、溜板之类的简单工具,可以使货物依靠本身重量,从高处自动滑到低处,这就无需消耗动力。在装卸时尽量消除或削弱重力的影响,也会减轻体力劳动及其他劳动消耗。例如在进行两种运输工具的换装时,如果采取落地装卸方式,即将货物从甲在种工具卸下并放到地上,一定时间后,或搬运一定距离后再从地上装到乙种工具上,这在"装"时,要将货物举高,这就必须消耗改变位能的动力。如果进行适当安排,将甲、乙两种工具进行靠接,从而使货物平移,从甲种工具转移到乙种工具上时,这就能有效消除重力影响,实现合理化。总之要采取各种措施优化装卸搬运作业,以提高装卸搬运作业效率,减少各种耗费,降低装卸搬运成本。

3. 充分利用机械,实现"规模装卸搬运"

为了更多地降低单位装卸搬运工作量的成本,对装卸搬运机械来讲,也有"规模"问题,装卸搬运机械的能力达到一定规模,才会有最优效果。追求规模效益的方法,主要是通过各种集装,实现间断装卸搬运时一次操作的最合理装卸搬运量,从而使单位装卸搬运成本降低,也可通过散装实现连续装卸搬运的规模效益。

4. 实现装卸搬运作业的机械化、标准化

随着生产力的发展,装卸搬运的机械化程度会不断提高,装卸搬运的机械化能把工人从繁重的体力劳动中解放出来。对于危险品的装卸作业,机械化能保证人和货物的安全这也是装卸搬运机械化程度不断得以提高的动力。在货物的集装化中,应制定托盘、集装箱等的使用标准。根据仓储各种物资的物理化学性质、形态、包装类型和各类机械设备的使用性能、操作要求,制定出各种作业的技术安全操作堆积和标准,并在实际作业中严格执行。

5. 合理规划装卸搬运作业过程

装卸搬运作业过程是指对整个装卸搬运作业的连续性进行合理的安排,以缩短搬运距离和装卸次数。装卸搬运作业现场的平面布置是直接关系到装卸次数、搬运距离的关键因素,装卸搬运机械要与货场长度、货位面积等互相协调。要有足够的场地集结货物,并满足装卸搬运机械工作的要求,场内的道路布置要为装卸搬运创造良好的条件,有利于加速货位的周转。提高装卸搬运作业的连续性应做到:作业现场装卸搬运机械合理衔接;不同的装卸搬运作业在相互联结使用时,力求使它们的装卸搬运速率相等或接近;充分发挥装卸搬运高度人员的作用,一旦发生装卸搬运作业障碍或停滞,立即采取有力的措施补救。

6. 推广组合化装卸搬运

在装卸搬运作业过程中,根据不同物料的种类、性质、形状、重量的不同来确定不同的装卸搬运作业方式。处理物料装卸搬运有方法有三种:普通包装的物料逐个进行装卸搬运,叫做分块处理;将颗粒状物资不加小包装而原样装卸搬运,叫做散装处理;将物料以托盘、集装箱、集装袋为单位进行组合后进行装卸搬运,叫做集装处理。对于包装的物料,尽可能用集装处理,实现单元化装卸搬运,可以充分利用机械进行操作。

7. 提高"物"的装卸搬运活性

装卸搬运活性的含义是,从物的静止状态转变为装卸搬运运动状态的难易程度,即物资进行装卸搬运作业的方便性。如果很容易转变为下一步的装卸搬运而不需过多做装卸搬运前的准备工作,则活性就高。为提高搬运活性,把它们整理成堆或是包装成单件在托盘上,或是放在车上或运输机上。由于装卸搬运是在物流过程中反复进行的活动,因而其速度可能决定整个物流的速度,每次装卸搬运的时间虽短,多次装卸搬运的累计效果则十分可观。因此,提高装卸搬运活性是装卸合理化的重要因素。

四、装卸搬运成本控制与优化的方法

在装卸搬运这一工作环节,装卸搬运工人的工资及福利占装卸搬运成本较高的比例,并且随着劳动力成本的增加,会越来越高。因此,控制与优化装卸搬运工人的人数,是降低装卸搬运成本的关键所在。在汽车运输中,为减少空驶里程,提高汽车的里程利用率,往往要组织巡回运输。这样,一辆汽车从车场开出之后,中途就会经过若干个装卸点,每个装卸点因货物的不同,需要的装卸工人的人数也不相同,于是就产生了怎样调配装卸工人,才能充分发挥他们的效率问题,最终达到装卸搬运成本控制与优化的目的。根据学生的能力特点,下面介绍调配装卸工人的简易方法就是编号计算法:

(1)车辆比装卸点多时,装卸工人固定在装卸点处。

(2)车辆比装卸点少时,采用编号法:

①按装卸点所需要的装卸工人数目,由多到少把相应的装卸编上号码,按次序排列起来;

②若有 n 辆车,就从排列好的需要的装卸工人数量多的装卸点的一端开始数 n 个装卸点的号码,看数到的第 n 个装卸点需要多少装卸工人,就派多少装卸工人在车上。在需要更多装卸工人的装卸点派出相应数目的装卸工人固定到装卸点上,跟车装卸工人数与固定在装卸点上的装卸工人数之和应该等于该点所需要的装卸工人数。

【例 8-1】 某车场每天有 4 辆货车经过 6 个装卸点 A_1、A_2、A_3、A_4、A_5、A_6,组织巡回运输。在 A_1 点装货,需要 6 个装卸工;在 A_2 点装货,需要 4 个装卸工;在 A_3 点装货,需要 8 个装卸工;在 A_4 点装货,需要 5 个装卸工;在 A_5 点装货,需要 3 个装卸工;在 A_6 点装货,需要 4 个装卸工,如图 8-1 所示。

试制定合理调配装卸工人的方案。

如果派出上述要求的装卸工人固定到装卸点,会因车太少而使装卸工人大部分时间闲着无事可做,从而造成人力的浪费;如果派出的装卸工人跟车走,这时跟车人太多,有的装卸点用不了那么多人,也造成人力的浪费;如果跟车的装卸工人太少,会因某些装卸点的人手不够用而不能及时完成任务,从而造成窝工。

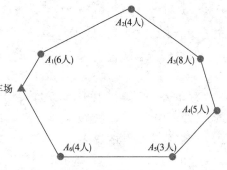

图 8-1 车站装卸点图

此例中,车辆数为 4,装卸点数为 6 个,是车比装卸点少的情况,因此,不要把装卸工人全固定到装卸点上。按编号计算法,把所有装卸点按需要装卸工人的数目由多到少排列起来: A_3(8 人) A_1(6 人) A_4(5 人) A_2(4 人) A_6(4 人) A_5(3 人),再根据车辆数 4,从多的一端开始数到排列好的第四个点(这里是 A_2),由于 A_2 需要 4 个装卸工人,就派 4 个装卸工跟车;A_3 需要 8 人,就派 4 个装卸工固定在 A_3;A_1 需要 6 人,就派 2 人固定在 A_1;A_4 需要 5 人,就派 1 人固定在 A_4;A_2,A_6,A_5 就不需要派人了。这样,总共用了 $4 \times 4 + 4 + 2 + 1 = 23$ 个装卸工人。

如果派 5 人跟车,总共要用装卸工人数为:

$$4 \times 5 + 3 + 1 = 24$$

如果派 3 人跟车,总共要用装卸工人数为:

$$4 \times 3 + 5 + 3 + 2 + 2 \times 1 = 24$$

这两种调配的装卸工人的方案都比第一个方案多用一人。

如果派 8 人跟车,总共要用装卸工人数为:

$$4 \times 8 = 32$$

任务小结

装卸搬运是物流管理各项工作中重要的一项业务,又是物流活动的成本项,对装卸搬运成本进行有效管理非常重要。本任务介绍了装卸搬运成本的构成、计算方法及其降低装卸搬运成本的手段。希望学生可在教师的指导下,通过对理论的理解和对案例的分析,能根据实际情况,进行装卸搬运成本的分析,并能更好地控制装卸搬运成本。

思考与练习

1. 简答题

(1) 简述装卸搬运成本的构成。

(2) 举例说明如何有效降低装卸搬运成本。

(3) 简述装卸搬运成本的计算范围。

(4) 以某一物流企业为例说明如何计算装卸搬运成本。

(5) 某车场每天有5辆车经过4个装卸点进行装卸任务:A_1需要4个工人装货,A_2需要3个工人卸货,A_3需要6人装货,A_4需要4人卸货。试制定合理的装卸工人调配方案。

(6) 某车场每天有5辆车经过6个装卸点进行装卸任务:A_1需要4个工人装货,A_2需要3个工人卸货,A_3需要6人装货,A_4需要4人卸货,A_5需要8人装货,A_6需要5人卸货。试制定合理的装卸工人调配方案。

2. 案例分析题

联华便利物流中心装卸搬运系统

联华公司创建于1991年5月,是上海首家发展连锁经营的商业公司。经过11年的发展,已成为中国最大的连锁商业企业。2001年销售额突破140亿元,连续3年位居全国零售业第一。联华公司的快速发展,离不开高效便捷的物流配送中心的大力支持。目前,联华共有4个配送中心,分别是2个常温配送中心、1个便利物流中心、1个生鲜加工配送中心,总面积7万余平方米。

联华便利物流中心总面积$8000m^2$,由4层楼的复式结构组成。为了实现货物的装卸搬运,配置的主要装卸搬运机械设备主要为:电动叉车8辆、手动托盘搬运车20辆、垂直升降机2台、笼车1000辆、辊道输送机5条、数字拣选设备2400套。其装卸搬运流程如下:来货卸下后,将其装在托盘上,用手动叉车将货物搬运至入库运载处,通过入库运载装置将货物送上入库输送带。接到向第一层搬送指示的托盘在经过升降机平台时,不再需要上下搬运,直接从当前位置经过一层的入库输送带自动分配到一层入库区等待入库;而接到向二至四层搬送指示的托盘,由托盘垂直升降机自动传输到所需楼层。当升降机到达指定楼层时,由各层的入库输送带自动搬送货物至入库区。货物下平台时,由叉车从输送带上取下托盘入库。出库时,根据订单进行拣选配货,拣选后的出库货物用笼车装载,由各层平台通过笼车垂直输送机送至一层的出货区,装上相应的运输车。

先进实用的装卸搬运系统,为联华便利店的发展提供了强大的支持,使联华便利物流运作能力和效率大大提高。

思考:

该物流中心装卸搬运系统设计对各平台间的搬送自动化做了哪方面的考虑?该物流中心装卸搬运系统有改进的余地吗?假如有,如何改进?

任务九　包装成本管理

内容简介

包装作为物流企业的构成之一，与运输、保管、搬运、流通加工均有十分密切的关系。包装是生产的终点，同时又是物流的起点，因而包装成本在物流成本中占有非常重要的地位。本任务在介绍包装材料、包装机械与包装技术的基础上，介绍了包装成本的核算与控制方法。

教学目标

1．知识目标

（1）了解了解包装成本的构成；

（2）掌握包装材料费的计算方法；

（3）包装成本的控制与分析。

2．技能目标

能够应用包装成本管理方法进行包装成本计算与管理。

案例导入

飞利浦公司降低包装成本的两条途径

据专家介绍，在10种最易损坏的产品包装件中，小家电和灯具分别列在第一位和第二位。对于照明产品的生产企业而言，如何进行产品包装一直是个难题，而包装的难度主要表现在：

（1）产品几乎全部为易碎品，需要包装具有极好的保护性能；

（2）产品本身成本值低。不宜过分强调保护性能而附加过高的包装附加值；

（3）产品中多数为日用消费品，如采用低廉结实的包装物而忽视外观将降低货架销售的市场竞争力，企业还要兼顾包装的美观性和可展示性。

针对照明产品的包装的特点，很多企业都在研究解决的方法，如有的企业在可接受的范围内以产品破损率的提高换取包装成本的降低等。而如何达到这些既定要求又有效控制包装成本成为每个照明产品生产企业所追求的目标。同样面对这一问题，飞利浦亚明照明有限公司的徐先生介绍了飞利浦产品的包装状况：飞利浦照明产品的破损率基本被控制在万分之五左右，并且在外包装印刷上附加了极具质感的荧光效果，很受消费品者的欢迎。现在公司在包装方面集中精力研究的问题是如何进一步控制成本，目前主要通过以下两个途径来实现。

1．选用低克重高强度的包装材料

目前国内白板纸等包装材料的市场价位主要依据涂布质量等技术指标来确定的等级划分。以吨为单位进行买卖。当白板纸在单位重量内，克重越低，纸张数量越多，企业在包装材料上所花费的成本就越低。所以近年来,飞利浦的包装材料克重从最初的350g逐步调整到了250g,企业通过这种方法在控制成本方面收到很好的效果。现在主要采用两种材料,一种为单张灰底白板纸,另一种为灰底白板纸、瓦楞和茶板纸组合的复合材料。但是再往下发展,飞利浦碰到很多阻力。

(1) 国内生产250g以下低克重白板纸的厂家非常少,尽管企业采购部的人员多方地收集信息、调查资料,仍无法为企业提供更多的供应商。

(2) 在克重达到要求的纸张中,造纸技术不成熟,纸张强度不够,并且过于柔软,印刷效果不好。

(3) 飞利浦曾考虑进口国外白板纸,但因为还要附加其他因素如关税等,经采购部综合计算,认为成本过高,进口包装材料的方法并不适宜。据徐先生介绍,国内白板纸在质量上要比国外产品的质量相差很多,与同种强度的材料相比,克重上国外产品要比国内低100~150g。而国内白板纸是强度越好,克重越大。使企业通过改善材料来控制成本这一发展途径的前景越来越不乐观。

2. 设计简单、用材少的包装结构

在飞利浦有一套科学的盒型结构设计,使企业包装设计人员有很多的参考方案,但因为国内外在纸张上的差别,国外飞利浦产品上所使用的结构复杂的盒型设计越来越不适用于国内。飞利浦亚明包装设计部门主要通过一系列包装实验来进行检测,并没有具体的量化指标。在简化结构方面,最初通过减少包装用料(如简化隔栅)的方法,以能否通过跌落实验为标准。最新的包装结构改进是将瓦楞纸板中用于增强瓦楞强度的茶板纸去掉,将瓦楞的E楞改为B楞,增加了楞高,提高了瓦楞的抗压抗振的能力,在减少用料的情况下,强度不变。这一方式主要参照了欧洲飞利浦产品在线包装的形式,即产品在线直接被印刷好的材料包装、黏合、成型后下线。由于这一在线包装设备的成本较高,国内只借鉴了这一包装结构。同时由于包装供应商本身不具备加工这种材料的覆面机,飞利浦的这一新结构包装只能由包装企业手工操作,很大程度上限制了生产速度。

在控制包装成本的过程中,徐先生对包装企业所提供的服务深有感触,认为包装企业在提供包装件的同时,应该更多地给用户提供一些改进包装的建设性的意见,而不仅是单方面在企业内部生产过程中合理安排、节约材料。其实用户并不是都具备雄厚的包装设计、开发的能力,这方面仍需要包装企业的支持。

引导思路

试分析,从飞利浦公司降低包装成本的实践中,我们可以得到什么启示?

项目一 包装材料、包装机械与包装技术

教学要点

(1) 理解包装成本的含义;

(2) 掌握包装成本的构成和分类。

教学方法

可采用讲授、情境教学、案例教学和分组讨论等方法。

一、包 装 认 知

1.包装概念

在中国国家标准《物流术语》(GB/T 18354—2006)中对包装所下的定义是:"所谓包装是指为在流通过程中保护商品、方便运输、促进销售,按照一定技术方法而采用的容器、材料及辅助物等的总称,也指为了达到上述目的而采用容器、材料和辅助物的过程中施加一定技术方法等的操作活动。"

日本工业标准(JIS. Z. 0101)对包装的定义是:"作为包装是指在物品的运输和保管等过程中,为保护物品的价值和状态,采用适当的材料、容器等对物品实施的技术或实施的状态、分为个装、内装和外装。"

2.包装的分类

包装的门类繁多,品种复杂,这是由于要适应各种物资性质的差异和不同运输工具等各种不同的要求和目的,使包装在设计、选料、包装技术、包装形态等方面出现了多样化。

1)按包装功能不同分类

包装作为生产的终点、物流的起点,其所起的作用与其包装的功能是分不开的。包装对产品具有保护、保管、定量、标识、商品、便利、效率和促销功能。按包装袋功能,包装可分为工业包装和商业包装两大类。

(1)工业包装:工业包装是以运输、保管为主要目的的包装,也就是以物流需要出发的包装,亦称运输包装,是一种外部包装(包含内部包装)。工业包装的主要作用是有保护功能、定量(单位化)功能、便利功能和效率功能。

(2)商业包装:商业包装指零售包装或消费包装。其主要是根据零售业的需要,作为商品的一部分或为方便携带所做的包装,亦即所谓逐个包装。

商业包装的主要功能是定量功能、标识功能、商品功能、便利功能和促销功能。主要目的在于促销或便于商品在柜台上零售,或为了提高作业效率。

应当指出的是,在有些情况下工业包装同时又是商业包装,比如装橘子的纸箱子(15kg装)就属于工业包装,连同箱子出售时,也可以认为是商业包装。为使工业包装更加合理并为促进销售,在有些情况下,也可以采用商业包装的办法来做工业包装,如家用品就是兼有商业包装性质的工业包装。

2)按包装层次不同分类

按包装层次不同通常可分为单件包装、内包装和外包装三种。

(1)单件包装:又称小包装、个体包装,是指直接用来包装物品的包装,通常包装和商品形成一体,在销售中直接达到用户手中。单件包装属于销售包装或消费包装。

(2)内包装:是指包装物品的内部包装,既考虑到水分、潮湿、光射、热源、碰撞、振动等因素对物品的影响,选择相应的材料或包装物对物品所做的保护性包装。

(3)外包装:通常是指包装货物的最外层包装。外层包装一般都属于运输包装。

二、包装材料的分类

包装材料有很多种,由于包装材料功能不同,成本相差也较大,常见的包装材料有以下几种:

(一)金属包装材料

金属包装材料是指把金属压制成薄片,用于包装的材料。所用材料一般为钢材或铝材,前者为刚性材料,后者为软性材料。刚性金属包装材料主要用于加工运输包装,也可用于加工销售包装的金属罐,加工各种瓶罐的盖、底和捆扎材料等;软性金属包装材料主要用来制造金属箔和复合材料,金属和纸的复合材料包装具有非常广阔的前景。

包装用金属材料主要有以下几种:

1. 包装用金属材料

1)黑色金属材料

(1)板材:薄钢板、镀锌薄、钢板、马口铁等。

(2)带材:打包钢带、铁丝、圆钉等。

2)有色金属材料

(1)板材:铝板、合金铝板等。

(2)有色金属箔:铝箔、合金铝箔等。

2. 玻璃包装材料

玻璃以其他本身特有的优良特性及玻璃加工制造技术不断进步,是现代包装袋主要材料。用户包装的玻璃品种有:

(1)普通瓶罐玻璃:钠、钙硅酸盐玻璃等。

(2)特种玻璃:中性玻璃、石英玻璃、微晶玻璃、着色玻璃、玻璃钢(钢化玻璃)。

3. 木制包装材料

木材作为包装材料历史悠久,几乎所有的木材都可以用户包装材料,特别是包装材料更显优势。

4. 纸和纸板

纸和纸板在包装材料中的应用最为广泛。纸属于软性薄片材料,无法形成固定性状的容器,常用于做裹包衬垫和口袋。纸板属于刚性材料,能形成固定形状的容器。

5. 塑料包装材料

塑料用作包装材料,极大地改变了商品装备的面貌。塑料在包装中的应用已成为现代商品包装的重要标志之一。塑料在整个包装材料中的比例仅次于纸和纸板,有逐步取代纸、木材、金属和陶瓷玻璃的趋势。目前,我国塑料包装材料及容器主要有:塑料编织袋、塑料周转箱、钙塑箱;塑料打包带、捆扎绳、塑料中空容器、塑料包装膜、泡沫塑料及复合材料等。

6. 复合包装材料

随着科学技术的不断发展,包装材料也不断创新。复合包装材料是将两种或两种以上具有不同特性的材料,通过各种方式复合在一起,经改革单一材料的性能,发挥更多优点的材料。

复合包装材料在包装领域有广泛应用。目前已经开发研制出的材料有三四十种,使用较多的是塑料薄膜复合材料。另外,还有纸基复合材料、塑料基复合材料、金属基复合材料等。

三、包装机械种类

包装机械不仅可以极大地提高包装劳动生产率,也可以大幅度提高包装水平。随着包装机械的广泛使用,包装机械费用将折旧为主的方式,转移到包装成本中去。

常见的包装机械有以下几种:

1. 填充包装机械类

填充包装机械类是包装机械中最主要的一大类,主要有:装箱机械、装盒机械、装袋机械、液压产品的灌装机械、固定物品填充机械等。

(1) 装箱机械:装箱机械以纸箱为主。根据机械工作的程序不同,有只装订成形的平叠纸箱,也有为装订接口的瓦楞平板,在包装过程中边包覆产品、边黏合接口。

(2) 装盒机械:装盒机械是将单件和多件产品,用真空喂给机构或其他机械,取出预制纸盒胚,并自动打开装入物品以后,使纸胚折合或上胶粘合的机械。装盒机械一般包括纸盒供给、产品输送、装填、折合、成品输出等,有的还附设打印、印刷、封口与检查机构等。

(3) 装袋机械:装袋机械的主要结构分为张袋结构、计量装置、填充装置和封袋装置。张袋机构主要是将包装袋袋口打开,以接受从漏斗里填充进入的物料。填充装置结构简单,一般都具有料斗、料槽。填充装置必须接近和插入包装袋口和装袋装置。

(4) 灌装机械:灌装机械是指灌装液体与半液体产品或液体与固体混合制品的机械,灌装所用的容器主要有桶、罐、瓶、听等。按照灌装产品的工艺可以分为常压灌装机、真空灌装机、加压光装机等。

(5) 填充机械:填充机械主要是指填充干燥粉状、颗粒状、块状商品于盒、瓶、灌、听中的机械。因被装产品不同,机械的结构也不相同。对于钢性和半钢性的容器(瓶或罐),是由推板和链板等通过传送带自动送入填充装置的。

2. 裹包和捆扎机械类

裹包和捆扎机械及加标机械不同于填充机械,它们是直接使用材料来包装产品,而填充机则是用容器来包装的。

(1) 裹包机械:裹包机械又称柔性材料裹包机械,主要材料为纸、蜡纸、牛皮纸、或用纸、铝箔、塑料薄膜主成的复合材料。常见的裹包机械有:扭结式包装机、端仰式包装机、枕式包装机、信封式包装机和拉伸式包装机等。

(2) 捆扎机械:捆扎机械是供纸箱、木箱或包封物品,利用纸、塑料纺织纤维和金属的绳、带等进行捆扎的机械。捆扎机种类繁多、类型各异,大小也不相同,除人工操作的钢皮打包机、塑料带打包机外,还有各种类型的半自动及全自动捆扎机械。

(3) 封条和加标机械:封条加工机是一种封箱贴条机械,多采用机械气动和电气控制来完成封贴工序,既可以用于装箱机流水线的生产使用,又可以做人工装箱后的封箱、贴封条的单机使用。

加标机械用于在容器上加标。加标机械由于标签有未上胶和上胶两种,操作方法也有所不同。

(4) 封口机械:封口机械主要是用于各种容器的封口。按封口的工艺的不同分为玻璃加盖机械、布袋口缝纫机械、封箱机械,以及塑料袋和纸袋的各种封口机械。

3. 产品包装技术机械类

由于收缩、拉伸和热成形等包装机械与塑料包装和包装容器的工艺特性密切相关,因而包装技术机械分为如下几种类型:

(1)收缩包装机械:收缩包装机械是经过拉伸的热收缩薄膜包装产品,对薄膜进行适当地加热处理,使薄膜收缩而紧裹物品的包装机械。这种包装机械的最大特点是通用性,适合各种产品的包装,特别是不规则产品的包装。

(2)热成形包装机械:热成形包装机械(又称为吸塑包装机械),根据成型工艺的不同,可以分为泡罩式包装机、贴体包装机、热压成形充填机和真空包装机等。热成形包装机可以连续地或间歇地将聚氯乙烯等塑料薄膜(薄片)靠真空和压缩成形为泡罩或盘状。当包装产品自动装进泡罩或盘状内,并热合于纸板或铝箔上后,再冲压成一定形状的片状,形成一种特殊的包装形态。

(3)拉伸包装机械:拉伸包装机械是一种在常温下将弹性塑料薄膜围绕着待包装产品件拉伸、裹紧,并在末端进行封合的包装机械。这种包装机械一般是为集装在托盘上成堆的包装而设计的,所用的塑料为聚乙烯薄膜。

四、包 装 技 术

为了使包装的功能能够充分发挥其作用,达到最佳的包装效果,包装时应采用一定的技术措施。这些技术的设计实施所支出的费用,合称包装技术费用。

按包装的主要功能不同,可以将包装技术分为:商品包装技术和运输包装技术。商品包装技术的主要内容包括:热封技术、外壳包装技术、收缩包装技术、灭菌包装技术、防霉包装技术及印刷技术等。运输包装技术主要包括:外包装和内包装技术。外包装技术主要包括容器设计技术、印刷标记技术等内容;内包装技术主要包括缓冲包装技术、防潮包装技术、防锈包装技术、防虫包装技术、防鼠包装技术等内容。

1. 缓冲包装技术

缓冲包装技术也称防振包装技术,是使包装物品免受外界的冲击力、振动力等作用,从而防止其损伤的包装技术和方法。

产品在流通过程中破损的主要原因是:受到运输过程中的振动、冲击,以及在装卸作业过程中的跌落等外力作用,不同物品承受外力作用的程度虽然不同,如果超过一定程度便会发生损毁。为使外力不完全作用在产品上,必须采取某些缓冲措施,使外力对产品的作用限制在不被损坏的限度之内。

企业在实际一个合理的缓冲包装所考虑的因素范围很广,主要包括产品特性、流通环境、缓冲材料的特性和选择、产品价格、重要性程度、企业信誉、材料价格等因素。

2. 防潮包装技术

防潮包装技术就是采用防潮材料对产品进行包装,以隔绝外部空气相对湿度变化对产品的影响,从而确保护产品质量。所以,防潮包装技术要达到目标是产品质量保存,采取的基本措施是以包装来隔绝外部空气潮气的变化的影响。实施防潮包装是用低透湿度为零的材料,将被包装物与外界潮湿大气相隔绝。凡是能阻止或延缓外界潮湿;气透入的材料,均可用来做防潮阻层材料。现代防潮包装中,应用最为广泛的材料为:聚乙烯、聚氯乙烯、聚苯乙烯、聚酯、聚偏二氯乙烯等。

3. 防锈包装技术

防锈包装技术是运输储存金属制品与零部件时,为了防止其生锈而降低了价值或性能所采用的包装技术和方法。其目的是:消除和减少致锈材料的功能受到损伤等,除此之外,还要注意降低一般性的外部的物理性破坏。

项目二 包装材料费的计算

教学要点

（1）熟悉包装成本的内容；
（2）掌握包装成本的核算方法。

教学方法

可采用讲授、情境教学、案例教学和分组讨论等方法。

一、购入材料成本的确定

企业使用的材料除少数自制外,大部分是通过采购取得的。购入材料的成本如何计算？哪些项目包含在采购成本之内？对此,财政部门颁布的《企业会计准则》和修订的《工业企业会计制度》均有所规定和说明,外购材料的成本包括以下内容:

（1）购买价格。对于购货时存在的折扣应予以扣除,即购入的材料货物,按扣除折扣后的净额计价。

（2）材料入库前发生的各种附带成本。包括:运杂费（包括运输费、装卸费、保险费、仓储费）、运输中的合理损耗、入库前挑选整理费用、购入材料负担的不能抵扣的税和其他费用等。

（3）由于每次采购不是一种材料,因此,外购材料采购成本可按下列程序计算:

对于购买费用可直接计入各种材料的采购成本；对于各种附带成本,凡能分清属的,可直接计入各种材料的采购成本,不能分清的可根据各种材料的特点,采用一定的分配方法,分配计入各种材料采购成本。其分配方法通常按材料的重量、体积、买价等确定。

例如,某企业从市场购入甲材料1000kg,不含税单价10元,乙材料2000kg,不含税单价8元,共支付运杂费300元。运杂费按材料重量比例分摊。

甲、乙两种材料的采购成本计算,见表9-1。

材料采购成本计算表 表9-1

材料名称	购买费用（元）	运杂费分配率	应分摊运杂费（元）	总成本（元）	单位成本（元）
甲材料	10000	300/(1000+2000)=0.10	100	10100	10.10
乙材料	16000		200	16200	8.10

二、发出材料成本的计价

由于企业各种材料是分批由不同地点购进的,而每次购进的同种材料单价又往往不同,因此,在每次发料时,就存在到底按哪一批单价计价的问题,企业可以根据不同情况,采用下面的方法计价。然而,不论采用哪种方法,都会对企业的财务状况损益计算,直至缴纳所得税的数额产生影响。因而,计价方法一经确定,企业不得随便变动。

1. 先进先出法

此方法是以先购入的材料先发出为假定前提,每次发出材料的单价,要按库存材料中最先购入的那批材料的单价计价。采用这种方法要求分清所购每批材料的数量和单价。在发出材料时,除应逐笔登记发出数量外,还要登记余额,并结出结存的数量和金额。

采用先进先出法,其优点是使企业不能随意挑选材料计价以调整当期利润,有利于均衡核算工作。缺点是核算工作量比较繁琐。而且当物价上涨时会高估企业当期利润和库存材料的价值。在物价持续下跌的情况下,又会使计入产品成本材料费用偏高,导致低估企业期末库存材料价值和当期利润。它适用于收发不很频繁的材料计价。

2. 全月一次加权平均法

这种方法是根据全月收入材料之和,算出以数量为权数的材料平均单价,从而确定材料的发出和库存成本。这种平均单价每月月末计算一次,其计算公式为:

材料月末加全平均单价 = (月初结存材料金额 + 全月收入材料金额)/(月初结存材料数量 + 全月收入材料金额)

本月发出材料成本 = 本月发出材料数量 × 材料加权平均单价

月末库存材料成本 = 月末库存材料数量 × 材料加权平均单价

仍以上述甲材料明细账为例,采用全月一次加权平均法计算发出材料和期末库存材料的成本,见表9-2。

甲材料明细账　　　　　　表9-2

19××年		凭证编号	摘要	收入			发出			结存		
月	日			数量	单位	金额	数量	单价	金额	数量	单价	金额
1	1	—	期初余额	—			—	—	—	300	50	15000
1	10	略	购入	900	60	54000	—	—	—	1200	—	—
1	11		发出				800			400		
1	18	—	购入	600	70	42000				1000		
1	20		发出				800			200		
1	23		购入	200	80	16000				400		
1	31	—	本月合计	1700	—	112000	1600	63.50	101600	400	63.50	25400

材料月末加权平均单价 = (15000 + 54000 + 42000 + 16000)/(300 + 200 + 600 + 200)

本月发出甲材料的成本 = 1600kg × 63.50 元/kg = 101600 元

月末甲材料库存成本 = 400kg × 63.50 元/kg = 25400 元

采用加权平均法,只在月末一次计算加权平均单价,可以大大简化核算工作,而且在市场价格上涨或下跌时使所计算出来的单位成本平均化,对材料成本的分摊较为折中。但是,这种方法在账上无法提供发出和结存材料单价和金额,不利于材料的日常管理。同时,材料计价工作集中在月末进行,容易影响材料核算工作的均衡性和及时性。该方法适合各期材料成本变动不大的情况下采用。

3. 移动加权平均法

这种方法是以原结存材料金额与本批材料收入之和,除以原结存材料数量与本批材料数量之和,算出以数量为权数的材料的平均单价,作为日常发料的单价。收入材料单价变动一次,就要计算一次加权平均单价。其计算公式为:

移动加权平均单价 =(原结存材料金额 + 本批材料收入金额)/(原结存材料数量 + 本批材料收入数量)

仍以前述甲材料为例,采用移动加权平均法计算发出材料和期末库存材料和期末库存材料的成本,见表9-3。

甲材料明细账　　　　　　　　　表9-3

19××年		摘要	收入			发出			结存		
月	日		数量	单价	金额	数量	单价	金额	数量	单价	金额
1	1	期初余额	—	—	—	—	—	—	300	50	15000
1	10	购入	900	60	54000	—	—	—	1200	57.5	69000
1	11	发出	—	—	—	800	57.5	46000	400	57.5	23000
1	18	购入	600	70	42000	—	—	—	1000	65	6530
1	20	发出	—	—	—	800	65	5230	200	65	13000
1	23	购入	200	80	16000	—	—	—	400	72.5	29000
1	31	本月合计	1700	—	112000	1600		98000	400	72.5	29000

10日,第一批收料后的平均单价 =(15000 + 5400)/(300 + 900)= 57.5元/kg

18日,第二批收料后的平均单价 =(23000 + 42000)/(400 + 600)= 65元 kg

23日,第三批收料后的平均单价 =(13000 + 16000)/(200 + 200)= 72.5元 kg

本月发出材料成本合计 = 46000 + 52000 = 98000元

期末库存材料 400 × 72.5 = 29000元

采用这种计价方法,可以均衡材料核算工作,有利于材料的日常管理,而且计算出平均单价比较可观。但在材料收入批数较多大情况下核算工作量较大。

4. 后进先出法

这种方法是以最后购入的材料最先发出为假定前提,每次发出材料的单价,要按库存材料中最后购进的那批材料的实际单价。采用这种方法要求分清所购每批材料的数量和单价,发出材料时除逐笔登记发出材料外,还要登记数额,并结出结存材料的数额。仍以上述甲材料资料为例,采用后出先进法计算发出材料和期末库存材料成本明细见表9-4。

甲材料明细账　　　　　　　　　　表 9-4

19××年		摘要	收入			发出			结存		
月	日		数量	单价	金额	数量	单价	金额	数量	单价	金额
1	1	期初结存	—	—	—				300	50	15000
1	10	购入	900	60	54000			—	1200	57.5	69000
1	11	发出	—	—	—	800	57.5	46000	400	57.5	23000
1	18	购入	600	70	42000				1000	65	65000
1	20	发出				800	65	52000	200	65	13000
1	23	购入	200	80	16000				400	72.5	29000
1	31	本月合计	1700	—	112000	1600	—	98000	400	72.5	29000

采用后出先进法计算出来的发出材料的成本比较接近现行成本,因在物价持续上涨时期,后购进的材料一般高于先购进的。因此采用后进先出法就意味着将较高的原材料费用计入了当期成本,从而使当期高估成本,低估利润,这种做法符合稳健性原则。不过这种方法计价工作量较大,且资产负债表上反映的存货价值不能代表真实的财务状况。

三、材料收发的控制

多数企业的包装材料成本,在包装成本中都占较大比重,管理上必须严加控制。既要防止企业在材料上占压资金,也要保证库存材料满足包装生产上的需要。为此在材料收发业务中必须按照规定填制材料收发凭证,办理入库出库手续,这是搞好材料成本核算工作的基础。

1. 材料收入的凭证

企业材料收入来源,有外购、自制、回收废料以及车间余料退回和委托加工材料收入等。材料由外部运输单位或企业运输部门运到企业材料仓库时,仓库应根据发货票所列的品种、规格数量进行核算、验收。验收以后,应该填制"收料单"。

为了便于收料单的分类、汇总,一张收料单一般只能填写一种材料,对于同一供应单位、同一品种在同一日内分批到达的材料,可以先分批进备忘登记,日末汇总填制一张收料单。

当自制完工的材料及收回的车间余料和废料交库时,应该填制材料交库单,并在单中填明"自制完工"或"废料收回"字样。仓库验收材料以后,应在交库单中填写实收数量,并由交料人员在单中签章,以明确责任。

车间或部门余料退回仓库,应该填制退料单,退料单的格式与材料交库单基本相同。对于以领未用,但下月需要继续消耗的材料,为了避免本月末交库、下月初又领用的繁琐手续,可以办理"假退料"手续。既填制本月退料单,(或用红字填写领料单)同时填制下月领料单,材料实物并不移动。这样不仅可以简化领料手续,而且可以保证正确计算各月的包装成本。

2. 材料发出的凭证

为了加强领用材料的控制,努力节约材料的消耗,同时为正确核算包装成本和材料费用提供依据,仓库发出材料时,应由领料单位填制领料凭证,领料凭证一般有如下几种:

1) 领料单

领料单是一次使用的有效凭证,每领一次料填写一份,适用于没有消耗定额或不经常领用的材料,由领料车间根据计划填写。在实际工作中,领料单一般一式四联,一联留在领料单位,一联留在仓库,两联送交会计部门,作为登记总账和计算成本的依据。

2) 领料登记表

此表是一种多次使用的累计领发凭证,适用于车间、班组需要经常领用,价值较低的消耗性材料。可每月按一单一料开设,一般一式三联,平时存放在仓库,领料时,由领料人在登记表上签收;月终汇总后,一联留在仓库,一联交领料单位,可以大大减少日常领料凭证的填制手续,而且便于月末材料耗用的汇总工作。

3) 限额领料单

它是一种对所指定的材料在规定限额内多次使用的领料凭证,适用于经常领用有消耗定额的材料。

限额领料单是由生产计划部门或供应部门根据生产计划和材料消耗定额等,有关资料核定并编制的。单中事先填明领料单位、材料用途、领料限额等。限额领料单一式两联,一联送交仓库据以发料,一联交领料部门据以领料。

采用限额领料单,应严格规定发料,对于不按批准数量超额领料或变更规定材料的领料,仓库有权拒绝发料。如果由于增加产量需要增加限额时,必须经过有关部门审核,办理追加手续。如果由于浪费或其他原因需要超过限额领料时,应另填领料单说明理由,经批准后据以领料对于变更规定材料,领用代用材料时,还应经技术部门审批后,才能向仓库领料。

实行限额领料制度,可以有效控制材料的消耗,有利于节约材料,降低包装材料的费用,并可简化领料手续,坚守领料凭证,便于核算。总之,企业应根据各种材料收发业务的特点,分别采用不同的材料收发凭证,做到既加强材料收发的管理、控制,又减少凭证数量,简化核算手续。

四、包装机械费用的计算

包装机械费用主要是指包装机械的维修费和折旧费。

折旧是指包装机械因在使用过程中的损耗,而定期逐渐转移到包装成本中的那一部分价值,影响折旧的主要因素有包装机械的原值、折旧期限、净残值和计提折旧的起止时间。计提折旧的主要方法有平均年限法、工作量法、加速折旧法等,企业一旦选择某种折旧方法,则不得随意改变。包装机械的维修费是包装机械部分的损坏进行修理时支出的费用,可以分为中小修理和大修理。中小修理的费用直接计入当期包装成本,大修理的费用由于其支出额较大,可分期计入包装成本。具体计算与装卸搬运机械费用的计算基本相同。

五、包装技术的费用计算

包装技术费用包括包装技术设计费用和包装技术实施费用。

1. 包装技术设计费用

包装技术设计费用是指人员在包装技术的设计过程中,所发生的与设计包装技术有关的一切费用,主要包括设计人员的工资、设计过程中领用的材料或产品以及各种现金支付。

1) 设计人员的工资

它包括设计人员的标准工资、奖金、津贴和补贴、加班加点工资以及特殊情况下支付的工资。设计人员的工资,应根据其考勤记录和个人工资标准计算,其计算公式如下:

应付月工资 = 月标准工资 + 各种补贴 + 加班加点工资 + 各种奖金 −
事假或旷工日数 × 平均日工资 − 病假日数 × 平均日工资 ×
病假应扣工资百分比

其中,平均日工资(又称日工资率)其计算公式如下:

平均日工资 = 月标准工资/30 天或(21～17)天

2)设计中领用材料或产品

设计人员在设计过程中,可能需要经过反复试验,为试验领用的材料,其成本与企业当期领用的材料(包装材料)成本相同;为试验领用的产品,其成本与企业计算的产品成本核算相同。

3)与设计有关的各种费用支出

该项费用以实际支出额为标准。

2. 包装技术实施费用

包装技术实施费用包括实施包装技术所需的内包装材料费和一些辅助包装费用。

1)内包装材料费

企业在实施防振、防潮、防锈、防霉等措施时,常需要一些起减振、防振、防潮、防虫等作用的内包装材料,常见的有如充气塑料、塑料泡沫、干燥剂、防潮纸等,这些内包装材料的成本实际发生的成本。为简化计算,也可用计划成本进行计算,期末在将计划成本调整为实际成本。

2)其他费用

包装技术的其他费用是指为了实施包装设计而发生的,不属于内包装材料的其他费用,如清洗水费、控制温度的电费、水费。其他费用可根据实际耗用的数量和水电部门规定的水电单价计算。

六、包装人工费用

同装卸运人工费用一样,包装人工费用的计算,必须有标准的原始记录资料,包括工资卡、考勤记录、工时记录、工作量记录等原始凭证,企业的会计部门根据劳动合同的规定和企业的工资标准、工资形式、奖励津贴等制度,按照考勤记录、工时记录、产量记录等资料、计算每个月包装工人及其他有关人员的工资。具体计算方法与装卸搬运人工费用的计算方法相同,支付给所有包装工人及其他有关人员的工资总额即为包装人工费用。

项目三 包装成本的控制与分析

教学要点

包装成本的控制及其管理方法。

教学方法

可采用讲授、情境教学、案例教学和分组讨论等方法。

一、包装成本控制

(一)包装材料的标准成本

包装材料的标准成本是指各种材料标准用量与标准价格的乘积。

1. 标准用量

标准用量是指现在有生产技术条件下,生产单位包装产品或包装单位产品所需用的材料数量。它包括构成产品实体的材料、生产中必要的耗损和不可避免的废品损失所耗用的材料。标准需要用量应以技术分析为基础合理地进行确定。

2. 标准价格

标准价格是指采购部门按供应单位的价格及相关因素所确定的各种材料的单价。它包括买价和运杂费等。包装材料的标准成本可按下列公式确定:

包装材料标准成本 = 材料的标准价格 × 单位产品的标准用量

例如,某包装物需耗用 A、B 两种材料,其包装材料的标准成本计算见表 9-5。

表 9-5 A、B 材料的包装成本计算

项 目	A 材 料	B 材 料
预计基本用量(kg/件)	20	10
预计消耗(kg/件)	0.5	0.5
标准用量(kg/件)	20.5	10.5
预计购买单价(元/kg)	6	9
预计采购费用(元/kg)	1.5	2.5
预计正常消耗(元/kg)	0.5	0.5
标准价格(元/kg)	8	12
各种材料标准成本(元/件)	164	126
单位包装物标准成本(元)	290	

(二)包装人工费用的标准成本

包装人工费用的标准成本是指包装单位产品所需的标准工时乘以标准工资率。

包装工时是指在现有技术条件下,包装单位产品所必须消耗的时间,包括直接包装所用工时、必要的间歇和停工时间等,另外,还要考虑机器设备的故障及劳动组织工作等因素。

标准工资率是指按单位产品或单位标准工时支付的直接人工的工资,一般按现行的工资制度规定的工资水平计算确定。如果采用计件工资制,就是单位产品应支付计件工资额;如果采用计时工资,就是单位标准工时应分配的工资额,其计算公式如下:

小时标准工资率 = 预计支付直接人工标准工资总额/标准总工时

"标准总工时"是指企业现有的生产技术条件下,能够完成的最大包装能力,通常用直接人工工时数和机器小时数表示。人工标准工资由劳动部门制定。

根据以上两个标准,可以按下列公式计算确定直接人工标准成本:

直接人工标准成本 = 单位产品标准时 × 小时标准工资率

例如,某包装车间人工费标准,见表 9-6。

包装车间人工费标准 表9-6

项 目	成 本	项 目	成 本
直接包装工时(h/件)	4	每人每月标准工时(h)	160
间歇工时(h/件)	0.4	每月标准工时(h)	6400
停工工时(h/件)	0.6	每月生产包装工工资总额(元)	32000
标准工时(h/件)	5	小时标准工资率(元/h)	5
包装工人人数(人)	40	包装人工标准成本(元/件)	25

（三）包装机械费的标准成本

包装机械费的标准成本是指包装单位产品所需实物标准工时乘以标准分配率。标准工时可采用包装人工工时，标准分配率是根据事先制定的包装机械预算费用计算确定的。其计算公式为：

机械费用标准分配率＝包装机械费用预算额／包装人工标准总工时

包装机械标准成本＝包装单位产品人工工时×机械费用标准分配率

某包装机械费用项目，见表9-7。

包装机械费用成本项目表 表9-7

标 准	成 本	标 准	成 本
折旧费(元)	3000	机械费用分配率(元/h)	0.76
维修费(元)	800	直接人工工时标准(h)	1.5
包装人工工时(h)	5000	包装机械成本标准(元)	1.14

包装机械费用既有变动费用，也有固定费用。

1）变动费用的标准成本

变动费用的用量标准常采用人工工时标准，它在制定人工成本标准时以经确定，其价格标准是每工时变动费用标准分配率，根据变动费用预算除以人工总工时求得。

变动费用标准分配率＝变动费用预算／人工总工时

确定了用量标准和价格标准后，两者相乘积为变动费用标准成本。

变动费用成本标准＝人工的标准工时×变动费用标准分配率

2）固定费用的标准成本

固定费用的标准成本计算同变动费用标准成本计算基本相同，先计算确定固定费用的单位工时标准分配率，然后根据预算的直接人工标准工时，求的单位产品的固定费用标准成本。固定费用单位工时的标准分配率可按下列公式计算：

固定费用标准分配率＝固定费用预算总额／人工标准总工时

单位产品固定费用标准成本＝单位产品人工的标准工时×固定费用标准分配率

二、包装成本分析

在进行包装成本分析时一般按构成包装成本的各个项目，既按包装材料费用、包装人工费用、包装机械费用、包装技术费用分别进行分析。

因为每个项目的标准成本都是由标准用量和标准价格决定，所有每个成本项目的差异，也可以归结为价格脱离标准造价的价格差异和用量脱离标准造成的数量差异，可以用计算公式表示为：

$$成本差异 = 实际成本 - 标准成本$$
$$= 价格差异 + 用量差异$$

其中价格差异和用量差异的计算公式分别为：

$$价格差异 = 实际用量 \times (实际单价 - 标准单价)$$
$$用量差异 = 标准单价 \times (实际用量 - 标准用量)$$

1. 包装材料成本差异的分析

包装材料实际成本与标准成本之间的差额，是包装材料成本差异。形成这个差异的原因有两个：一是价格脱离标准；二是用量脱离标准。前者按实际用量计算，成为价格差异，后者按标准价格计算，称为数量差异。

$$材料价格差异 = 实际用量 \times (实际单价 - 标准单价)$$
$$材料用量差异 = (实际用量 - 标准用量) \times 标准单价$$

【例 9-1】 明泰公司某月生产 A 包装物 400 件，耗用某种材料 3500kg，材料实际单元价为 0.50 元/kg；直接材料的单位产品的用量标准为 6.2kg，每千克材料的标准价格为 0.40 元。试分析其直接材料价格差异与用量差异。

解：直接材料成本差异 = 实际成本 - 标准成本
$$= 3500 \times 0.5 - 400 \times 6.2 \times 0.4$$
$$= 1750 - 992$$
$$= 758 元$$

其中：

直接材料价格差异 $= 3500 \times (0.50 - 0.40) = 350$ 元

直接材料用量差异 $= (3500 - 400 \times 6.3) \times 0.40 = 408$ 元

材料价格差异一般是在采购过程中形成的，应由采购部门负债。造成材料实际价格游离标准价格的原因有许多，如供应厂家价格变动、未接经济批量进货、未能接时订货而造成紧急订货、采购时舍近求远使运费和途耗增加、不必要的加速运输方法、违反合同被罚等。对于材料价格差异，有关部门要进行具体分析和认真调查，以便明确最终原因和责任的归属。

材料数量差异是材料在耗用过程中，形成的反映包装部门成本控制的业绩，一般应由包装部门负责。材料用量差异形成的具体原因有很多。如果工人操作技术高，则可节省材料；若操作技术低或操作疏忽，则可能造成废品和废料，从而导致材料的浪费；机器或工具不适用，也会造成用料增加。但有时多用材料并非包装部门的责任，如购入材料质量低劣、规格不符，也会造成使用材料的数量超过标准。因此材料用量差异原因也应做具体调查研究，以明确各部门应负的责任。

2. 包装人工成本差异的分析

包装人工成本差异，是指包装人工实际成本之间的差额。它可分为"价差"和"量差"两部分。价差是指实际工资率脱离标准工资率而形成的人工成本差异，其差额按实际工时计算确定，又称工资率差异。量差是指实际使用工时，脱离标准工时而造成的人工成本差异，其差异额是按标准工资率计算确定的金额，又称人工效率差异。即

$$工资率差异 = 实际工时 \times (实际工资率 - 标准工资率)$$
$$人工效率差异 = (实际工时 - 标准工时) \times 标准工资率$$

【例 9-2】 某月包装 A 产品 400 件,实际使用工时 1000h,支付工资 6000 元;包装单位产品的人工标准成本是 12 元/件,每件产品标准工时为 2.4h,即标准工资率为 5 元/h。试分析其工资率差异与人工效率差异。

解:直接人工差异 = 实际人工成本 − 标准人工成本
$$= 6000 − 400 × 12$$
$$= 1200 \text{ 元}$$

其中:工资率差异 = 1000 × (6000/1000 − 5)
$$= 1000 × (6 − 5)$$
$$= 1000 \text{ 元}$$

人工效率差异 = (1000 − 960) × 5
$$= 40 × 5$$
$$= 200 \text{ 元}$$

工资率差异的原因主要有:工资的调整、出勤率的变化、加班和使用临时工等,原因复杂而且难以控制。直接人工效率差异的形成原因,包括工作环境不良、工人经验不足、新上岗工人增多、包装设备的完好程度、作业计划安排周密程度、动力供应情况等。工人效率差异的责任主要由包装部门负责,但也可能有一部分应由其他部门负责。例如,因材料质量不好而影响生产效率,从而生产人工效率差异,则应由供应部门负责。

3. 包装机械费用成本差异的分析

包装机械费用成本差异,是指实际包装机械费用与标准包装机械费用之间的差额。

包装机械费用在企业中属于固定费用,它经企业选定固定资产折旧方法后计算确定,一般无特殊原因不再变动,与企业包装业务量多少无直接关系。固定费用与变动费用不同,差异分析时不考虑包装量的变化。包装机械费用成本差异可分为耗费差异和能量差异。

耗费差异是指包装机械费用的实际发生金额与预算金额之间的差异。其计算公式为:

耗费差异 = 包装机械费用实际发生数 − 包装机械费用预算

能量差异,是指包装机械费用预算与包装机械费用标准成本的差额。或者说,是实际包装量的标准工时与包装能量的差额用标准分配率计算的金额。它反映未能充分使用现有包装能量而造成的损失。其计算公式如下:

能量差异 = 包装机械费用预算数 − 包装机械费用标准成本
$$= \text{固定费用标准分配率} × \text{生产能量} − \text{固定费用标准分配率} ×$$
实际生产标准工时
$$= (\text{生产能量} − \text{实际产量标准工时}) × \text{固定费用标准分配率}$$

【例 9-3】 某月包装 A 产品 400 件,发生机械费用 1600 元,实际工时 1000h;企业包装能量为 500 件,即 1200h,每件产品包装机械费用标准成本 2.4 元/件,每件产品标准工时为 2.4h,即标准分配率为 1 元/h。

解:包装机械费用成本差异 = 实际包装机械费用 − 标准包装机械费用
$$= 16000 − 400 × 2.4$$
$$= 640 \text{ 元}$$

其中:

耗费差异 = 1600 − 1200 × 1 = 400 元

能量差异 = 1200 × 1 − 400 × 2.4 × 1 = 240 元

三、包装费用的管理

包装费用的高低直接影响物流企业的经济效益,因而物流企业应加强对包装费用的管理。具体可以从以下几方面入手:

1. 合理选择包装材料,降低包装费用

在包装产品质量不较低的情况下,可以采用待用材料,如用国产材料代替进口材料,用价格低廉的材料代替价格昂贵的材料。这种方式,不仅在经济上合算在技术上也是可行的。

2. 发展包装机械化,降低包装费用

采用机械化包装的,可以确保包装质量、提高包装作业效率、促进包装规格化;提高物流连续作业水平;降低包装劳动强度,改善包装工作条件;还可以减少物流过程费用。

3. 实现包装的标准化

实现包装标准化,可以保证包装质量,并使包装的外部尺寸与运输工具、装卸机械相配合,不仅方便物流过程的各项作业,同时也降低了物流古城的费用。

4. 包装物的回收和旧包装利用

我国生产企业每年产生的旧包装数量惊人,回收利用潜力巨大。企业回收利用旧包装不仅能降低生产成本,还能及时解决产品的包装问题,保证产品的物流活动的顺利进行。另外,我国资源有限,包装材料使用不少不可再生资源,而且往往资源的消耗数量较大,企业如能回收利用旧包装,能节省大量的资源。

任务小结

包装是生产的终点,同时又是物流的起点,包装成本在物流成本中占有非常重要的地位。本任务在介绍包装材料、包装机械与包装技术的基础上,介绍了包装成本的核算与控制方法。在包装活动中,要合理选择包装材料,发展包装机械化,实现包装的标准化,降低包装费用,同时,要重视包装物的回收和旧包装利用。

思考与练习

1. 简答题

(1) 某企业 2004 年 1 月份包装甲产品 100 件,实际耗用 A 材料 11kg/件,A 材料实际单价为 48 元/kg。包装直接材料的单位产品用量标准是 10kg/件,每千克材料的价格标准为 50kg/件。试计算 A 材料的成本差异。

(2) 某企业 2004 年 1 月份包装甲产品 100 件,实际工时用量为 20500 小时,实际工资分配率为 1.4 元/小时。包装单位产品标准工时用量为 200 人工小时/件,每小时标准工时为 1.5 元/小时。试计算包装直接人工差异。

(3) 某企业 2004 年 1 月份包装甲产品 100 件,实际工时用量为 20500 小时,预算产量为 110 件,包装机械费用预算总额为 17600 元,包装机械费用实际支出额 17000 元。包装机械费用标准分配率为 0.8 元/小时,包装单位产品的标准工时用量为 200 台时/件,则包装单位产品的标准包装接卸费用为 1500 元/件。试分析计算包装机械费用成本差异。

2. 案例分析题

耐克(NIKE)公司包装管理的创新

在过去几年中,为减小包装材料对生态环境的影响,NIKE 进行了大量的包装工艺的创新工作。

1995 年,NIKE 的包装盒进行了一次全面的重新设计,将 18 种包装盒改为两种,后又改为 1 种良性生态包装,用来盛放运动鞋、滑雪板、太阳镜等商品。这种包装采用了一种开创性的折叠式设计,其结构中不使用重金属、油墨、胶水,为此每年为 NIKE 节约 8000t 纤维材料。

旧的包装盒经过处理可作为再生原料再次使用,处理设备实际上是一个封闭循环的粉碎系统,在处理过程中,对周围环境不会造成污染。处理后的再生原料超出美国环保局所要求的环保标准。1998 年 5 月,一种新的设备应用到纸箱生产中,提高了纸箱的性能,使纸箱重量减小了 10%,但强度不变。仅此一项,每年可节约 4000t 的纤维原料。

在配送中心,NIKE 正在试验重新利用包装箱的可行性。由于采用了新型纸板,这些纸箱更不易被损坏,且易于重新利用。然而纸箱再利用中存在最大问题是:原包装箱上面的标签容易造成标识上的混乱。

思考:

从物流管理的角度分析,从耐克公司包装管理的创新中可以获得哪些启示?

任务十 流通加工成本管理

内容简介

流通加工是指在物品从生产领域向消费领域流动过程中,为了促进销售,维护产品质量和提高物流效率,对物品进行简单的加工,包括对物品施加包装、分割、计量、组装、价格贴附、标签贴附等简单作业。本任务介绍了流通加工成本的构成、计算与控制方法。

教学目标

1. 知识目标
(1)了解物流企业流通加工的基础知识;
(2)熟悉物流企业流通加工成本的构成;
(3)能够找到降低物流企业流通加工成本的实现途径;
(4)了解物流企业流通加工的作业方式。
2. 技能目标
(1)学会运用流通加工成本的核算方法;
(2)独立进行流通加工成本分析与控制。

案例导入

戴尔(Dell)公司的成功秘诀

戴尔计算机公司1984年由迈克尔·戴尔创立,经过短短20多年,目前已成为全球第二大电脑产品供应商,跻身业内主要制造商之列。在竞争激烈的高科技产业,戴尔公司能够取得持续的高速增长,很大程度上是由于该公司创新性地运用了直接商业模式(Direct Business Model,简称直销模式),即顾客通过电话、信件以及Internet直接向公司订购计算机,而不经过分销商或代理商的中间渠道。

公司接到顾客订单后才将计算机部件组装成整机,而不是根据对市场的预测制订生产计划,先批量制成成品,再将产品存放在仓库里等待分销商和顾客的订货。这样不仅节约了库存的开支,也给顾客带来利益。因为代理商在销售计算机时,一般要加价,直销则以出厂价销售,能比竞争者以更低的价格性能比销售计算机,从而赢得竞争优势,这是最直接的利益而且也意味着为顾客节约了资金,并可以按照顾客的具体要求制造计算机,从外部的硬件到内部的软件,完全量身定做。

利用代理商销售的各大计算机公司一般经营程序为:对今后市场进行预测,制订生产计划,制造,测试,检验,封机,装箱,入库,根据计划或要求发往分销商。如果顾客向分销商提出具体的技术规格要求,则又需经过开箱,拆机,更换或拆除某些部件,封机,加装软件,测试,检验,装箱,发货。戴尔保证做到在顾客提出订单后能够按顾客对计算机规格的要求在

36小时内装车发货,交货期通常在9天以内。

为了充分实现直销的竞争优势,戴尔公司坚持计算机部件供应商把大部分部件存放在离其工厂更近的仓库内。为了简化和部件供应商的协调手续,戴尔还尽量减少供应商的数量,专门挑选那些能够满足其部件储存计划要求的合作者。

引导思路

(1) 戴尔公司成功的关键究竟在哪里?
(2) 戴尔公司对计算机的组装属于生产加工还是流通加工?

项目一 流通加工成本的构成

教学要点

(1) 理解流通加工概念;掌握流通加工作用;
(2) 了解流通加工特点及流通加工类型和效果。

教学方法

可采用讲授、情境教学、案例教学和分组讨论等方法。

一、流通加工概述

1. 流通加工概念

流通加工是指在物品从生产领域向消费领域流通过程中,为了促进销售、维护产品质量和提高物流效率,对物品进行简单的加工,包括对物品施加包装、分割、计量、组装、贴标签等简单作业。

流通加工是现代物流系统构架中重要的环节之一。流通加工能够提高物流效率和物品的利用率,更重要的是流通加工和物流活动具有增值作用。在各个国家,流通加工实际上都已广泛开展,日本、美国等物流发达国家则更为普遍。

2. 流通加工的作用

流通加工是流通领域的重要形式,同流通总体一样起着"桥梁和纽带"的作用。流通加工和生产一样,通过改变和流通对象的形态来体现"桥梁和纽带"的作用。流通加工的主要作用在于优化物流系统,提高整个物流系统的服务水平。

1) 增强物流系统的服务水平

从工业化时代进入新经济时代,服务社会是社会经济系统必须要做的事情,通过流通加工,可以使物流系统的服务大大增强。

2) 提高效率降低损失

通过流通加工,可以使物流过程中减少损失、加快速度、降低操作成本,因而可以降低整个物流系统的成本。

3）增加物流企业的收益

物流企业获得的利润，一般只能从生产企业的利润中转移过来。物流企业为了获得更多的利益，发展流通加工是一项极为理想的选择，通过流通加工可以提高物流对象的附加值，从而获得更所得利润，增加物流企业的收益。

4）流通加工为配送创造了条件

配送是物流加工、拣选、分类、配货、配送运输等一系列活动的集合。配送活动的开展，依赖于流通加工，从某种意义上来讲流通加工是配送的前提，对于物流中心来说，加工设备的种类、加工能力是影响配送的主要因素之一。

3. 流通加工的特点

流通加工和一般的生产加工相比较，在加工方法、加工组织、生产管理方面并无明显区别，但在加工对象、加工程度方面差别较大。与生产加工相比较，流通加工具有以下特点：

（1）流通加工对象是进入流通的商品，具有商品的属性，而生产加工对象不是最终产品，而是原材料、零配件级半成品。

（2）流通加工一般是简单的加工，不是复杂的加工，如为商品进行价格贴附、标签贴附等，流通加工只是对生产加工的一种辅助性补充。需要特别强调的是，流通加工绝不是对生产加工的取消或代替。

（3）从价值观点看，生产加工的目的在于创造价值及使用价值，而流通加工则在于完善其使用价值，并在不做大的改变的情况下提高价值。

（4）流通加工的组织者是从事物流工作的人，能根据客户的需要进行加工活动，满足其需求。从加工单位来看，生产加工由从事生产的企业来完成，而流通加工是由物流企业来完成。

（5）商品生产是为交换和消费而产生的，流通加工的一个重要目的，是为促进消费而进行的加工，这和商品生产的目的一致。但流通加工有时是以流通为目的的，为流通创造条件，这种为流通所进行的加工与直接为消费进行的加工在目的上存在着差异。

4. 流通加工的效果

对于物流企业来讲，流通加工能为企业带来直接的经济效益，同时，也为生产企业带来直接的经济效益。

1）提高劳动生产率

流通加工是专业化程度很高的作业，其加工效率较之分散加工要高得多。由于是集中的加工，其加工的水平和加工的熟练程度都很高，因此流通加工能够提高生产率。

2）提高原材料的利用率

通过流通加工环节进行集中下料，能够优材优用、小材小用、合理剪裁，具有明显的提高原材料利用率的效果。

3）进行初级加工方便用户

目前发展较快的初级加工，如净菜加工、钢板预处理等，可以使用户省去进行初级加工的投资、设备及人力，从而可以为用户提供方便。

4）提高设备的利用率

在分散加工的情况下，加工设备由于生产周期和生产节奏的限制，加工过程是不均衡的，设备的加工能力得不到充分的发挥。而与此相对应的流通加工是集中的加工，服务对象是全社会,社会数量大,因而加工设备的利用率显著提高。

二、流通加工的形式

1. 流通加工的类型和方法

由于物流企业所服务的对象种类繁多,因此流通加工环节具有多种形式,大致有如下种类和方法:

1) 以保存产品为主要目的的流通加工

这种模式根据加工对象的不同,表现为生活资料的流通加工和生产资料的流通加工。生产资料即为生活消费品,其加工目的是使消费者对生活消费品满意,如典型的水产品、肉产品等的保鲜加工、保质的冷冻加工。生产资料流通加工的目的是保证生产资料使用价值不受损坏,因为有些生产资料会随着时间的推移,使所具有的使用价值或功能会不同程度发生变化,有的甚至完全失去使用价值,因此对生产资料进行相应的加工是必要的,如对木材的防腐、防干裂处理及金属的防锈处理等。

2) 为满足需求多样化进行的流通加工

从需求的角度看,需求存在多样化和变化性的特点。而生产企业为提高效率,其生产方式是大批量的生产,因此不能满足用户多样化的需求。为满足用户对多样化产品的需要,同时又能保证社会高效率的大生产,将生产企业的标准产品进行多样化的加工,是流通加工中占有重要地位的加工形式,典型的如钢卷的舒展、剪切及平板玻璃的开片加工等。

3) 为提高物流效率降低物流损失的加工

有些产品本身的形态难以进行物流操作,如气体运输装卸、大型设备搬运装卸,有些物品则在搬运过程中易发生损坏。为提高物流效率及降低货损,必须进行一些必要的流通加工,如进行气体的液化加工、自行车在消费区域的装配加工和造纸用木材磨成木屑的流通加工等。

4) 为衔接不同运输方式使物流更加合理化的流通加工

在干线及支线运输的物流节点设置流通加工环节,可以解决现代社会化生产的相对集中和消费相对分散的矛盾。从生产企业至物流中心可以形成少品种、大批量、高效率的定点运输,通过流通加工环节之后形成多品种、少批量、多用户的灵活运输。

5) 为实现配送进行的流通加工

配送中心为实现配送活动,满足客户对物品供应的数量、供应构成的要求,配送中心必须通过物流加工环节保证上述供应的实现。

2. 我国物流系统中流通加工的主要形式

1) 剪板加工

在物流中心或物流节点设置剪板机或切割设备,将大规格钢板裁小或裁成毛坯等的流通加工。

2) 冷冻加工

为解决某些物品,如鲜鱼等在物流过程中的保鲜和装卸搬运问题,在存储环节设置冷冻加工。

3）分装加工

为促进销售，在销售地区的物流中心或物流节点进行分装加工，如大包装改成小包装、散装改成小包装等。

4）组装加工

生产企业为提高物流效率降低货损，采用分装出场，在消费地的物流中心进行拆箱组装加工，随即进行销售。

5）精致加工

在农牧副渔等产品的产地和销地的物流中心设置加工环节，去除无用部分，进行切分、清洗、分装等加工。

6）配煤加工

在使用地区设置加工环节，将各种煤及一些发热物资按不同比例进行掺配，以提高其发热值。

三、流通加工的成本构成

在物流系统中进行流通加工所消耗的物化劳动及活劳动的货币表现，即为流通加工的成本。流通加工成本有以下几方面构成：

1. 流通加工设备费用

流通加工设备因流通加工形式、服务对象的不同而不同。物流中心常见的流通加工设备有：剪板加工使用的剪板机、印贴标签条码的喷印机、拆箱使用的拆箱机等。购置这些设备所支出的费用，可通过物流加工的形式转移到被加工的产品中去。

2. 流通加工材料费用

在流通加工过程中需要消耗一些材料，如一些包装材料等，消耗这些材料所需要的费用，即是流通加工的材料费用。

3. 流通加工劳务费用

流通加工过程中从事加工活动的管理人员、工人及有关人员的工资、奖金等费用的总和即为流通加工费用。

4. 流通加工其他费用

除上述费用外，在流通加工中耗用的电力、燃料油料等费用，也是流通加工成本的构成费用。

为了简化核算，对流通加工成本设置直接材料、直接人工和制造费用三个成本项目。由于流通加工对象的所有权一般归生产企业所有，而非物流企业，需要单独核算废品损失增加废品损失成本项目。

项目二 流通加工成本的计算

教学要点

（1）认识流通加工成本的构成；
（2）掌握流通加工成本的核算方法。

教学方法

可采用讲授、情境教学、案例教学和分组讨论等方法。

一、流通加工成本费用的核算

(一)流通加工成本费用的核算

1.流通加工直接材料费用的内容

流通加工的直接材料费用,是指流通加工产品加工过程中直接消耗的辅助材料、包装材料等。同工业企业相比,流通加工过程中的直接材料费用,占流通成本的比例不大。

2.流通加工直接材料费用的归集

1)材料消耗量的计算

为了正确计算在流通加工过程中材料的消耗量,企业应当采用连续记录法,及时记录材料的消耗数量;记录生产过程中的材料消耗量的原始凭证有"领料单"、"限额领料单"、"领料登记表"等。为了正确计算材料消耗量,期末,对于审查过程中只领未使用的材料,应当添置"退料单",退料单也是记录材料消耗的原始凭证。只有严格材料发出的凭证和手续,才能正确计算材料消耗的数量。

2)消耗材料价格的计算

在实际工作中,物流企业可以按照时间成本计价组织材料核算,也可以按计划成本组织材料核算,无论采用哪种计价方法,加工过程中消耗的材料都应该是材料的实际成本。

当采用实际成本计价组织材料核算时,物流企业都应当正确计算消耗材料应分摊的材料成本差异,将消耗材料的计划成本调整为实际成本。实际成本等于计划成本加上应分摊的材料成本超支差异。

3)直接材料的费用的归集

在直接材料费用中,材料费用的数额是根据全部领料凭证汇入总编制"耗用材料汇总表"确定的。在归集直接材料费用时,凡能分清某一成本计算对象的费用,应单独列出,以便直接计入该加工对象的产品成本计算单中;属于几个加工成本对象共同消耗的直接材料费用,应当选择适当的方法,分配计入个加工成本计算对象的成本计算单中。

3.直接材料费用的分配

需要分配计入个加工成本对象的直接材料费用,在选择分配方法时,要遵循合理、简便的原则。分配方法中重要的因素是分配标准,分配方法通常是以分配标准命名的。分配方法的简单原则,主要是指分配方法中的分配标准,其资料应当容易取得,便于计算。

在直接材料费用中,流通加工所消耗的材料和燃料费用的分配,一般可以选用重量(体积、产品产量)分配法、定额耗用量比例分配发、系数分配发(标准产量分配法);流通加工所需要的动力费用的分配,可以选定额耗用量比例分配法、系数分配法(标准产量分配法)、生产工时分配法、机器工时分配法等。

(二)流通加工直接工人费用的核算

1.流通加工直接人工费用的内容

流通加工成本中的直接人工费用,是指进行加工生产的生产工人的工资总额和按工资总额提取的职工福利费,生产工人工资总额包括计时工资、计件工资、奖金、津贴和补贴、加班工资、非工作时间的工资等。

2. 流通加工直接人工费用的归集

计入产品成本中的直接人工费用的数额,是根据当期"工资结算汇总表"和"职工福利费计算表"来确定的。

"工资结算汇总表"是进行工资结算和分配的原始依据,它是根据"工资结算单"按人员类别(工资用途)汇总编制的。"工资结算单"应当依据职工工作卡片、考勤记录、工作量记录等工资计算的原始记录编制。

"职工福利费计算表"是依据"工资结算汇总表"确定的各类人员工资总额,按照规定的提取比例经计算后编制的。

3. 流通加工直接人工费用的分配

采用计件工资形式支付生产人工工资,一般可以直接计入所加工产品的成本,不需要在各种产品之间进行分配。采用计时形式支付的工资,如果生产工人只加工一种产品,也可以将工资费用直接计入该产品成本,不需要分配;如果加工多种产品,则需要选用合理方法,在各种产品之间进行分配。按工资总额一定比例提取的职工福利费,其归集方法与工资相同。

直接人工费用的分配方法有生产工时分配法、系数分配法等。流通加工生产工时分配法中的生产加工工时,可以是产品的实际加工工时,也可以是按单位加工产品定额工时和实际加工生产量的定额总工时。流通加工生产工时分配法的计算公式如下:

费用分配率 = 应分配的直接人工费用/各种产品加工工时之和

某产品应分配的费用 = 该产品加工工时之和 × 费用分配率

某加工产品应分配费用 = 该产品生产工时 × 费用分配率

(三) 流通加工费用制造的核算

1. 制造费用的内容

流通加工制造费用是物流中心设置的生产加工单位,为组织和管理生产加工所发生的各项间接费用,主要包括流通加工生产单位管理人员的工资及提取的福利费,生产加工单位的房屋、建筑物、机械设备等的折旧费和修理费,生产单位固定的资产租赁费、机物料消耗、低值易耗品的摊销、取暖费、水电费、办公室费、差旅费、保险费、试验检验费、季节性停工和机械设备修理间的停工损失及其他制造费用。

在构成流通加工成本的直接材料费用、直接人工费用和制造费用等项目中,制造费用属于综合费用,明细项目比较多,除机器设备等的折旧费和修理费外,制造费用的大部分为一般费用。尽管有些制造费用和加工产品产量的变动有关,但制造费用一般为固定费用,不能按照业务量制定定额,只能按会计期间编制制造费用预算,控制制造费用总额。

2. 制造费用的归集

制造费用是通过设置制造费用明细账,按照费用发生的地点来归集的。制造费用明细账按照加工生产单位来开设,并按费用明细账项目设专栏组织核算。流通加工制造费用的格式可以参考工业企业的制造费用的一般格式,见表10-1。

制造费用明细账

表 10-1

××年		凭证号	摘要	工资	福利费	折旧费	修理费	机物料消耗	低值易耗品摊销	办公费	差旅费	劳动保护费	租赁费	保险费	其他	合计
月	日															
			分配工资	3000												3000
			提福利费		420											420
			提折旧费			2700										2700
			付修理费				1000									1000
			消耗材料				600									600
			工具摊销					2800								2800
			付办公费						2200							2200
			付差旅费							800						800
			付保险费								2000					2000
			摊租凭费									1000				1000
			摊保险费										1000			1000
			付其他费											480		480
			本月合计	3000	420	2700	1000	2800	2200	800	2000	1000	1000	480		18000
			月末结存	-3000	-420	-2700	-1000	-2800	-2200	-800	-2000	-1000	-1000	-480		-18000

由于物流中心流通加工环节的折旧费用、固定资产修理费用等占成本比例较大,其费用归集尤其重要。下面简述折旧费用和固定资产修理费用等项目的归集。

1)折旧费用

折旧费用和修理费从其与加工生产工艺过程的关系看,属于基本费用,为了简化核算,通常视同组织管理加工生产所发生的间接费用,作为制造费用的项目。折旧费用是通过编制"折旧费用计算汇总表",计算出各计算单位本期折旧费用以后,计入制造费用的。表10-2为某流通加工中心某月折旧费用计算汇总表。根据折旧费用计算汇总表的折旧额,计算出流通加工部门的折旧费用。

折旧费用计算汇总表 表10-2

生产单位	固定资产类别	月初折旧固定资产总值(元)	月折旧率(%)	月折旧额(元)
第一车间	房屋设备	600000		2700
		400000	2.7	1080
		200000	8.1	1620
第二车间	房屋设备	1100000		5720
		600000	2.7	1620
		50000	8.1	4100
机修车间	房屋设备	400000		2140
		200000	2.7	540
		200000	8.0	1600
供水车间	房屋设备	360000		1552
		160000	2.7	432
		200000	5.6	1120
合计	—	2460000	—	12112

2)固定资产修理费用

固定资产修理费用,一般可以直接计入当月该生产单位的制造费用。当修理费用发生不均衡,一次发生的费用数额较大时,可以采用分期摊销或按计划预提计入制造费用的办法。如果物流中心以银行支付固定资产修理费3200元,其中第一加工车间1000元,第二加工车间1600元,供水车间600元。根据发生的修理费用计入当期个加工生产车间的制造费用。

当采用预提方式计提大修理费时,要注意应正确预计每月的提取数额,且预提费用总额与实际支付费用总额的差额,期末应当调整计入流通加工成本。

3)租入固定资产改良支出

租入固定资产改良支出是指以经营租赁方式租入的固定资产改良工程支出。应作为递延资产管理,在租赁有效期内分期摊销制造费用或管理费用。例如,某物流中心流通加工部门的租赁期两年内摊销,则每月摊销1750元,摊入制造费用。

3.制造费用的分配

制造费用是各加工单位为组织和管理流通加工所发生的间接费用,其收益对象是流通加工单位当期所发生的全部产品。当加工单位只加工一种产品时,制造费用不需要在收益对象之间分配,直接转入流通加工成本;若加工多种产品时,则需要在全部收益对象之间分配,包括自制材料、工具,以及生产单位负责进行的在建工程,都要负担制造费用。在选择制造费用分配方法时,同样注意分配标准的合理和简便。在实际工作中,制造费用的分配方法有生产工时计算法、机器工时分配法、系数分配法、直接人工费用比例分配法、计划分配率分配法等。现以工时分配法、机器工时分配法和计划分配率分配法为例说明。

1) 生产公时分配法

生产工时分配法是以加工各种产品的工时为标准分配费用的方法。加工生产工时法一般是指加工产品实际总工时，也可以是按实际加工量和单位加工量的定额工时计算的定额总工时。生产工时分配的方法如下：

费用分配率＝某流通加工单位应分配制造费用／该流通加工单位各种产品加工工时之和

某加工产品应分配费用＝该产品的加工工时×费用分配率

例如，某物流中心第一流通加工部门，某月制造费用明细账归集的是在费用总额为18000元，本月实际加工工时为30000h，其中加工甲产品12000h，乙产品10000h 丙产品8000h。采用生产工时分配法编制的制造费用分配表见表10-3。

制造费用分配表　　　　　　　　　　表10-3

加工单位：第一流通加工

产品名称	加工工时(h)	分配率	分配金额(元)
甲产品	12000		7200
乙产品	10000	—	6000
丙产品	8000		4800
合计	30000	0.6	18000

2) 机器工时分配法

机器工时分配法，是以各种加工产品(收益对象的机器工作时间为标准，来分配制造费用的方法。当制造费用中机器设备的折旧费和修理费比较大时，采用机器分工分配法比较合理。

必须指出，不同的机器设备在同一工作时间内的折旧费和修理费差别较大时采用机器工时分配法比较合理。不同机器设备在同一工作时间内的折旧费用中机器设备的折旧费和修理费用比较大。也就是说，同一产品(或不同产品)在不同的机器上加工一个单位所承担的费用应当有所差别。因此，当一个加工部门内存在使用和维修费用差别较大的不同类型的机器设备时，应将机器设备合理分类。确定各类机器设备的工时系数。各类机器设备的实际工作时间，应当其工时系数换算成标准机器工时，将标准机器工时作为分配制造费用的依据。

例如，某物流中心第二流通加工部门，某月制造费用总额为56100元，各种产品机器加工工时为70000h，其中甲产品由A类设备加工16000h，B类设备加工6000h；乙产品由A类设备加工4000h。该加工部门A类设备为一般设备，B类设备为高级精密大型设备，按照使用和维修发生情况确定的A类设备(标准设备类)系数为1，B类设备系数为1.5，根据材料采用机器工时分配法编制制造费用分配表，见表10-4。

制造费用分配表　　　　　　　　　　表10-4

加工单位：第二流通加工部门

产品名称	机器工作时间(h)				分配率	分配金额(元)
	A类设备(标准)	B类设备系数1.5		标准工时合计		
		加工实数	折合实数			
甲产品	16000	6000	9000	25000	0.66	16500
乙产品	4000	20000	30000	34000		22440
丙产品	20000	4000	6000	26000		17160
合计	40000	30000	45000	85000		56100

从表 10-4 的分配结果可以看到,考虑设备工时系数以后,乙丙产品实际机器工时均为 24000h,但由于乙产品在 B 类设备加工工时较多,因此就比丙类产品多负担 5280 元的费用,这样分配比较合理。

3)计划分配率分配发

计划分配率分配法,是按照年初确定计划制造费用,分配率分配制造费用,实际发生的制造费用与按计划分配率分配的制造费用,实际发生的制造费用与按计划分配率分配的制造费用的差异年末进行调整。

计划分配率是根据各加工单位计划年度制造费用总额和计划年度定额总工时计算的。其计算工时为:

计划制造费用分配率 = 某加工单位年度制造费用/该加工单位年度计划完成定额总工时

某加工产品当月应分配制造费用,是根据该产品实际加工量,按单位产品定额工时计算的定额总工时和计划分配率计算的,其计算工时为:

某产品应分配费用 = 该产品按实际加工量计算的定额总工时 × 计划制造费用分配率

例如,某物流中心流通加工部门,某年度制造费用预算总额为 210000 元,该部门加工甲乙丙三种产品,本年计划加工量分别为 3000 件、2500 件和 1600 件,单位产品定额加工工时为 350000h。本年 9 月份加工甲产品 200 件、乙产品 250 件、丙产品 300 件。按计划分配率分配制造的费用的分配,计算结果如下:

$$计划制造费用分配率 = 210000/350000$$
$$= 0.60 元/h$$

9 月份应分配制造费用:

$$甲产品: 200 \times 70 \times 0.60 = 8400 元$$
$$乙产品: 250 \times 40 \times 0.60 = 6000 元$$
$$丙产品: 300 \times 25 \times 0.60 = 4500 元$$

计划分配率一经确定,年度内一般不再变更,因此这种方法计算简便,各月产品成本所负担的制造费用也比较均衡。

(四)加工生产费用在完工产品和期末在产品之间的分配

1. 在产品数量的核算

在产品指流通加工单位或某一加工步骤正在加工的在制品,在产品完成全部加工过程、验收合格以后就成为完工产品。

按本项目归集加工费用,并在各成本计算对象之间进行分配以后,企业本期(本月)发生的加工费用,已经全部计入各种产品(个成本计算对象)的成本计算单中。登记在某种产品成本计算单中的月初在产品成本加上加工费用,即生产费用合计数或称作累计生产费用,有以下三种情况:

(1)该产品成本已经全部结完,没有月末在产品,则加工费用合计数等于本月完工产品加工总成本。如果月初也没有在产品,则本月加工费用,等于本月完工产品加工总成本。

(2)该产品本月全部没有完工,则加工费用合计数等于月末在产品加工成本。

(3)该产品本月全部没有完工,又有正在加工的月末在产品,这时,需要将加工费用合计数在本月完工产品和月末在产品之间进行分配,以正确计算本月完工产品的实际总成本和单位成本。则公式表示为:

月初在产品加工成本 + 本月发生加工费用 = 本月完工产品 + 月末在产品加工成本

根据上述公式,本月完工该产品加工成本为:

本月完工成本 = 月初在产品加工成本 + 本月发生加工费用 - 月末在产品加工成本

上述公式表明,正确计算完工产品成本,关键是要正确计算月末在产品加工成本。

2. 在产品的计算

物流中心的流通加工部门,在产品成本规格多,流动性大完工程度不一,所以产品加工成本的计算是一个比较复杂的问题。物流企业应当根据在产品加工费用的投入程度、月末在产品数量的多少、各月月末该产品编号数量的大小、加工成本中各成本项目费用比重的大小以及企业成本管理基础工作等具体情况,选择合理的在产品成本计算方法。

二、流通加工计算的品种法应用举例

1. 物流中心基本情况

某物流中心设有第一、第二两个流通加工车间,对甲、乙两种产品进行流通加工,乙车间加工甲产品,二车间加工乙产品,其工艺过程为单步骤流水线加工生产。该物流中心另设有供水、机修两个辅助生产车间,为基本加工车间及其他部门提供产品及劳务。该物流中心采用品种法计算流通加工成本。

2. 流通加工成本计算程序

该物流中心"基本生产成本"二级账下,设甲产品流通加工成本计算单;"辅助生产成本"二级账下,设供水车间明细账;"制造费用"总账下按加工一车间、加工二车间、供水车间和机修分别设置明细账。本月加工成本计算如下:

(1)根据各项生产加工费用发生的原始凭证和其他有关资料,编制各项要素费用分配表,分配本月发生的加工生产费用。分配结果见表 10-5 ~ 表 10-8。

材料费用分配表(单位:元)　　　　　　　　　表 10-5

会计科目	明细科目	主要材料	辅助材料	燃 料	合 计
基本生产成本	甲产品		5000		5000
	乙产品	—	3000	—	3000
	小计		8000		8000
辅助生产成本	供水车间	30000	1000		31000
	机修车间	25000	2000	—	27000
	小计	55000	3000		58000
制造费用	一车间	1000	1500	200	2700
	二车间	2500	2500	100	5100
	供水车间	500	1000		1500
	机修车间	400	500		900
	小计	4400	5500	300	10200
管理费用	修理费	1800	500		2300

工资及福利费用分配表　　　　　　　　　　表 10-6

分配对象		工　资			福　利　费	
会计科目	明细项目	分配标准(h)	分配率	分配金额(元)	分配率	分配金额(元)
基本加工成本	甲产品 乙产品 小计	60000 40000 100000	0.38597 0.38597	23158 15439 38597	0.5403 0.5403	3242 2161 5403
辅助加工成本	供水车间 机修车间 小计	—	—	965 1149 2114	—	135 161 296
制造费用	一车间 二车间 供水车间 机修车间 小计			772 386 575 206 1939		108 54 80 29 271
管理费用	—	—		2887		403
合计	—	—		45527	—	6373

折旧费用计算表(单位:元)　　　　　　　　　　表 10-7

会计科目	明细账目	金　额
制造费用	一车间 二车间 供水车间 机修车间 小计	4000 3000 2000 1500 10500
管理费用	—	5000
合计	—	15500

其他费用分配表(单位:元)　　　　　　　　　　表 10-8

会计科目	明细科目	办公费	劳保费	差旅费	修理费	外购动力费	其他	合计
制造费用	一车间 二车间 供水车间 机修车间 小计	350 200 250 200 1000	350 300 200 400 1250		1000 500 100 — 1600	1400 800 600 400 3200	100 150 230 320 800	3200 1950 1380 1320 7850
管理费用	—	1000	400	1500	200	800	200	4100
合计	—	2000	1650	1500	1800	4000	1000	11950

(2)根据各项要素费用分配表,登记有关成本计算单(见表 10-9、表 10-10)、辅助生产成本明细账(见表 10-11、表 10-12)、制造费用明细账(见表 10-13～表 10-15),管理费用明细账的登记略。

(3)分配辅助生产费用。根据各辅助生产车间制造费用明细账(见表 10-13、表 10-14)汇总的制造费用总额,分别转入该车间辅助生产成本明细账。

(4)根据基本加工车间制造费用明细账汇集的制造费用总额(见表 10-15、表 10-16),编制制造费用汇总标。本月第一加工车间只加工甲产品,第二加工车间只加工乙产品,各车间制造费用不需要在各种产品之间进行分配,可以直接计入各产品加工成本计算单。辅助生产费用分配见表10-17。

（5）根据各产品成本计算单归集的生产费用合计数（月初在产品加工成本本月生产费用）和有关加工数量记录,在完工产品和月末在产品之间分配加工生产费用。本月甲产品已全部完工,加工400件;乙产品本月完工100件,月末在产品20件,工资和费用的风声比较均衡,完工程度为50%根据分配结果,编制完工产品成本汇总表（见表10-18）。

加工成本计算单　　　　　　　　　　　　　　　表11-9

加工产品名称:甲产品　　　　　　　　　产成品:400件　　在产品0件

成本项目	月初在产品成本（元）	本月费用（元）	成本费用合计（元）	分配率	流通加工成本（元）	月末在产品成本（元）
直接材料	200	5000	5200	13	5200	
直接人工	1600	26400	28000	70	28000	
制造费用	215.50	51214.50	51430	128.575	51430	
合计	2015.50	82654.50	84630	211.575	84630	—

加工产品计算单　　　　　　　　　　　　　　　表10-10

加工产品名称:乙产品　　　　　　　　　产成品:100件　　在产品:20件

成本项目	月初在产品成本（元）	本月费用（元）	成本费用合计（元）	分配率	流通加工成本（元）	月末在产品加工成本（元）
直接材料	100	3000	3100	31	2480	620
直接人工	400	17600	18000	163.64	16364	1636
制造费用	258.50	31041.50	31300	284.55	28455	28456
合计	7658.50	51641.50	52400	448.19	44819	5101

辅助生产成本明细账（单位:元）　　　　　　　表10-11

供水车间

年		凭证号	摘要	直接材料	直接人工	制造费用	合计
月	日						
略	略	略	材料费用分配表	31000			31000
			工资及福利费分配表		1100		1100
			转入制造费用			5535	5535
			本月发生额合计	31000	1100	5535	37635
			结转各收益部门	31000	1100	5535	37635

辅助生产成本明细账（单位:元）　　　　　　　表10-12

机修车间

年		凭证号	摘要	直接材料	直接人工	制造费用	合计
月	日						
略	略	略	材料费用分配表	2700			27000
			工资及福利费分配表		1310		1310
			转入制造费用			3950	3950
			本月发生额合计	2700	1310	5535	32260
			结转各收益部门	2700			

制造费用明细账(单位:元)　　　　　　　　　　表 10-13

供水车间

年		凭证号码	摘　要	材料费用	工资及福利费	水电费	折旧费	修理费	办公费	劳保费	其他	合　计
月	日											
略	略	略	材料费用分配表 工资及福利费用分配表 折旧计算表 其他费用分配表 本期发生额 结转辅助生产成本明细账	1500 1500 |1500|	655 655 |655|	600 600 |600|	2000 2000 |2000|	100 100 |100|	250 250 |250|	200 200 |200|	230 230 |230|	1500 655 2000 1380 5535 |5535|

制造费用明细账(单位:元)　　　　　　　　　　表 10-14

机修车间

年		凭证号码	摘　要	材料费用	工资及福利费	水电费	折旧费	修理费	办公费	劳保费	其他	合　计
月	日											
略	略	略	材料费用分配表 工资及福利费用分配表 折旧计算表 其他费用分配表 本期发生额 结转辅助生产成本明细账	900 900 |900|	235 235 |235|	400 400 |400|	1500 1500 |1500|	200 200 |200|	400 400 |400|	320 320 |320|		900 235 1500 1320 3955 |3955|

制造费用明细账(单位:元)　　　　　　　　　　表 10-15

加工一车间

年		凭证号码	摘　要	材料费用	工资及福利费	水电费	折旧费	修理费	办公费	劳保费	其他	合　计
月	日											
略	略	略	材料费用分配表 工资及福利费用分配表 折旧计算表 其他费用分配表 辅助生产成本分配表 本期发生额 期末结转制造费用	2700 2700 |2700|	880 880 |880|	1400 23736.5 25136.5 |25136.5|	4000 2000 |2000|	1000 16458 17458 |17458|	350 350 |350|	500 500 |500|	100 100 |100|	2700 880 4000 3350 40284.5 5124.5 |5124.5|

201

制造费用明细账（单位：元）　　　　表10-16

加工二车间

年 月 日	凭证号码	摘要	材料费用	工资及福利费	水电费	折旧费	修理费	办公费	劳保费	其他	合计
略	略	略									
		材料费用分配表	5000								5000
		工资及福利费用分配表		440							440
		折旧计算表				3000					3000
		其他费用分配表			800		500	200	300	150	1950
		辅助生产成本分配表			12227.5		8274				20551.5
		本期发生额	5000	440	13077.5	3000	8774	200	300	150	31041.5
		期末结转制造费用	5000	440	13077.5	3000	8774	200	300	150	13077.5

辅助生产费用分配表（单位：元）　　　　表11-17

辅助生产车间类别	应分配费用	劳务工应量	分配率	对外分配 制造费用			
				加工第一车间		加工第二车间	
				数量	金额	数量	金额
供水车间	40408.3	49000	0.8185	29000	23736.5	15000	12277.5
机修车间	29786.7	36000	0.8274	20000	16548	10000	8274
小计		69895			40284.5		20551.5
合计					40284.5		20551.5

注：生产费用交互分配略。

完工产品加工汇总表（单位：元）　　　　表11-18

成本项目	甲产品（加工量：400件）		乙产品（加工量：100件）	
	总成本	单位成本	总成本	单位成本
直接材料	5200	13	2480	31
直接人工	28000	70	16364	163.64
制造费用	51430	128.575	28455	284.55
合计	84630	211.575	47299	479.19

项目三　流通加工成本分析与控制

教学要点

（1）了解流通加工成本的构成；

（2）掌握流通加工成本的计算。

教学方法

可采用讲授、情境教学、案例教学和分组讨论等方法。

一、流通加工成本的控制

物流环节的流通加工成本,可以按标准成本制度控制。标准成本制度并非一种单纯的成本计算法,它是把成本的计划、控制、计算和分析相结合的一种成本控制系统。

1. 标准成本的制定

标准成本应该按只接材料、直接人工和制造费用三个成本项目分别制定。

1) 直接材料标准成本的制定

制定直接材料的标准成本要考虑的两个基本要素是,直接材料的数量标准与直接材料的价格标准。直接材料数量标准的确定,以正常生产条件下单位生产品耗用材料数量,与正常范围内允许发生的损耗及不可避免的废品所耗费的材料数量为依据;直接材料的价格为标准,是指在取得某种材料时应支付的平均单位价格,包括买价和采购费用。

直接材料标准成本计算公式如下:

某产品流通加工直接材料标准成本 = 直接材料标准数量 × 直接材料标准价格

例如,某物流配送中心流通加工部门加工某产品,需用甲、乙两种材料,该产品直接材料的标准成本计算件表10-19。

流通加工直接材料标准成本计算表　　　表10-19

项　目	甲材料	乙材料	合计	项　目	甲材料	乙材料	合计
预计平均购买价格	15	10	—	材料正常损耗(kg/件)	0.05	0.05	—
预计平均采购费用	1.00	1.00	—	材料标准数量(kg/件)	0.25	0.2	—
材料标准价格(元/kg)	16.00	11.00	—	单位产品流通加工直接材料标准成本(元/件)	4.1	2.2	6.3
材料正常需用量(kg/件)	0.2	0.15	—				

2) 直接人工标准成本的制定

直接人工标准的制定,要考虑直接人工数量标准与直接人工价格(工资率)标准两个因素。直接人工数量标准,是指正常生产条件下单位产品所需要的标准工作时间,包括工艺过程的时间与必要的间歇或停工时间及不可避免的废品损失时间;直接人工价格(工资率)标准,是指现行的工资福利标准确定的每一单位工作时间的工资和福利费。直接人工标准成本计算公式如下:

某产品流通加工直接人工标准成本 = 直接人工标准数量 × 直接人工标准价格

例如,某一产品需经A、B两个车间连续加工,该产品的直接人工标准成本的计算见表10-20。

直接人工标准成本计算表　　　表10-20

项　目	A车间	B车间	合计	项　目	A车间	B车间	合计
从事直接人工生产人数	40	30	—	每一工时直接人工费用(元)	2.50	2.50	2.50
每人每月标准工时数(h)	150	150	—	单位产品标准工时(h)	3	2.50	5.50
每月标准加工总工时(h)	6600	5500	12100	单位直接人工标准成本(元)	7.50	6.25	13.75
每月直接工资和福利费(元)	16500	13570	30250				

3）制造费用标准成本的制定

制造费用标准成本的制定,需要考虑数量标准与费用标准两个因素。制定费用的数量标准,也是指正常生产条件下生产单位产品所需要的标准工作时间;制造费用的费用率标准,是指每标准工时所负担的制造费用,制造费用分为固定性制造费用预算和变动性制造费用预算两部分。费用率的标准计算公式如下:

固定性制造费用标准分配率 = 固定性制造费用预算/标准总工时

变动性制造费用标准分配率 = 变动性制造费用/标准总工时

根据制造费用用量和费用分配率标准,制造费用标准成本公式如下:

固定性制造费用标准成本 = 固定性制造费用分配率 × 标准工时

变动性制造费用标准成本 = 变动性制造费用分配率 × 标准公时

例如,某一产品制造费用包括固定性费用与变动性制造费用两部分。该产品的制造费用标准成本计算见表10-21。

制造费用标准成本计算表 表10-21

项 目	固定部分	变动部分	合 计
制造费用预算额(元)	6050	12100	18150
标准加工总工时(h)	12100	12100	12100
制造费用分配率(元/h)	0.50	1.00	1.50
单位产品标准工时(h)	5.50	5.50	5.50
单位产品制造费用标准成本(元)	2.75	5.50	8.25

4）单位产品流通加工标准成本的制定

单位产品的流通加工标准成本是在流通加工直接材料标准、直接人工标准成本、制造费用标准成本的基础上汇总而成的。

根据前面的计算结果,某产品单位流通加工成本计算表10-22。

单位产品流通加工标准成本计算表 表10-22

项 目	数量标准	价格标准(元)	标准成本(元)	项 目	数量标准	价格标准(元)	标准成本(元)
直接材料	—	—	6.3	制造费用	5.5h	1.50	8.25
甲材料	0.25kg	16.00	4.1	变动性	5.5h	1.00	5.50
乙材料	0.2kg	11.00	2.2	固定性	5.5h	0.50	2.75
直接人工	5.5h	2.50	13.75	单位产品流通加工成本	—	—	28.30

2. 标准成本差异分析

标准成本差异是标准成本同实际成本的差额。实际成本低于标准成本的差异为节约差异,实际成本高于标准成本差异为超支差异。由于标准成本是根据消耗数量与价格两个基本因素计算而成的,因而差异的分析,也要从消耗数量和价格两个因素入手。

1）直接材料成本差异分析

标准成本差异分析,分为直接材料数量差异和直接材料价格差异。直接材料数量差异是直接材料实际耗用量同标准用量之间的差异。其计算公式为:

直接材料数量差异 = (实际数量 − 标准数量) × 标准价格

出现差异以后要进行差异分析,并且应及时采取纠偏措施。造成数量差异的主要原因,有用料上的浪费和质量事故造成的材损等,同时要考虑采购部门购入材料的质量及仓储保管质量。

直接材料价格差异,是指直接材料的实际价格同标准价格之间的差异。计算公式为:

$$直接材料价格差异 = (实际价格 - 标准价格) \times 实际数量$$

材料价格差异由采购部门负责,造成机价格差异的原因,一般是市场价格的变化采购批量的增减、采购费用的升降等。

2)直接人工差异分析

直接人工差异分析分为直接人工效率差异和直接人工工资率差异分析。直接人工效率差异,是指直接人工实际工作时间数同其标准工作时间数之间的差异。其计算公式为:

$$直接人工效率差异 = (实际工时 - 标准工时) \times 标准工资率$$

直接人工工资额差异,是指直接人工工资率于标准工资率之间的差异。其计算公式为:

$$直接人工工资率差异 = (实际工资率 - 标准工资率) \times 实际工时$$

造成直接人工成本的差异原因主要有:工资水平的提高、工艺改进引起工时的变化、劳动生产率引起工时的升降等。

3)制造费用差异分析

制造费用差异是制造费用的实际发生额与标准发生额之间的差异。制造费用一部分与当期生产量发生联系,而大部分则与企业的生产规模发生联系。因此,对制造费用差异的分析,要按变动性制造费用于固定性制造费用进行分析。

对变动性制造费用差异的分析,要对包含效率差异与耗用差异两部分进行分析。其计算公式为:

$$变动性制造费用耗用差异 = (实际分配率 - 标准分配率) \times 实际工时$$

$$变动性制造费用效率差异 = (实际工时 - 标准工时) \times 标准分配率$$

固定性制造费用数额的大小,一般与企业的生产规模相联系。对固定性差异的分析,不仅要对耗用差异、效率差异进行分析,还要对生产能力利用的差异进行分析。其计算公式为:

$$固定性制造费用耗费差异 = 固定制造费用实际发生额 - 固定制造费用预算额$$

$$固定性制造费用效率差异 = (实际工时 - 标准工时) \times 标准分配率$$

$$固定性制造费用能力的差异 = 固定性制造费用预算数 - 按实际工时计算的标准固定制造费$$

或者,

$$固定性制造费用能力的差异 = 标准分配率 \times (正常生产能力工时 - 实际工时)$$

二、流通加工成本分析

1. 流通价格成本分析常用方法

对流通加工成本的分析,可通过编制流通加工成本报表进行分析。在对流通加工成本报表分析的过程中,在研究各项成本指标的数量变动和指标之间的数量关系,测定各种因素变动对成本指标的影响程度时,常用以下几种方法。

1)比较分析法

比较分析法是一种通过指标对比,从数量上确定差异的分析方法,主要作用在于揭示客观上存在的差距。

2）比率分析法

比率分析法是一种通过计算和对比经济指标的比率,进行数量分析的方法。采用这种方法,先要把对比的数值变成相对数,求出比率,然后再进行分析。

3）连环替代法

连环替代法是一种用来计算几个相互联系的因素,对综合经济指标变动影响程度的分析方法。

4）差额计算法

差额计算法是一种连环替代法的简化形式。当运用这一方法时,先要确定各因素实际数与计划数之间的差异,然后按照各因素的排列顺序,依次求出各因素变动的影响程度。

以上所述的只是常用的几种分析法,此外,还可以根据分析的目的和要求,采用分组法、指数法、图标法等其他数量分析法。

下面以流通价格成本表为例,说明流通加工成本表的编制和分析。

流通加工成本表,是反映流通加工中心在报告期内,所加工全部产品的总成本和主要产品流通加工单位成本及总成本的报表。利用流通加工产品成本表,可以考核、分析全部产品和各种主要产品成本计划的执行情况,以及可以比产品成本降低计划的执行情况,从而对企业成本工作进行一般评价。

2. 流通加工成本表的结构和编制方法

流通加工成本表分为基本报表和补充资料两部分,见表10-23。

基本报表部分,应按可比流通加工产品和不可比流通加工产品分别填写。可比产品是指流通加工中心过去曾经加工过,有完整的成本加工资料可以进行比较;不可比产品是指流通加工中心本年度初次加工,或缺乏可比的成本资料。在流通加工成本计划中,对不可比产品只规定本年的计划流通加工成本,而对可比产品不仅规定有计划流通加工成本指标,而且规定有成本降低计划指标,即本年度可比流通加工成本比上年度实际成本的降低额和降低率。

流通加工中心成本表的基本报表部分,应反映各种可比和不可比产品本月及本年累计的实际加工量、实际单位加工成本和实际加工总成本。为反映流通加工中心当年成本完成计划情况,基本报表部分还可以反映各种可比和不可比加工产品,本月和本年累计按计划单位加工成本计算的总成本,应根据本年成本计划填写,本月和本年累计计划总成本,应根据计划单位加工成本,分别乘以本月实际加工量和本年累计实际加工量计算填写。

补充资料部分只填列本年累计实际数,可比产品加工成本降低额,是指可比加工产品累计实际总成本,比上年实际平均单位加工成本计算的累计总成本降低的数额,超值额用负数表示。其公式如下:

可比产品加工成本降低额 = 可比产品按上年实际平均单位成本计算的总成本 − 可比产品本年累计实际总成本

可比产品加工成本降低率,是指可比加工产品本年累计实际总成本,比按上年实际平均单位加工成本计算的累计总成本降低的比率。其计算公式如下:

可比产品加工成本降低率 = 可比产品加工成本降低额/可比产品按上年实际平均单位成本计算的总成本 ×100%

表 10-23

流通加工成本表

流通加工产品名称	计量单位	实际产量		单位流通加工成本（元）					本月流通加工总成本（元）			本年累计流通加工成本（元）		本年实际
		本月	本年累计	上年实际平均	本年计划	本月累计实际平均	本年累计实际平均		按上年实际平均单位成本计划	按本年计划单位成本计算	本期实际	按上年实际平均单位成本计划	按本年计划单位成本计算	
		(1)	(2)	(3)	(4)	(5)=(9)/(1)	(6)=(12)/(2)		(7)=(1)×(3)	(8)=(1)×(4)	(9)	(10)=(2)×(3)	(1)=(2)×(4)	(12)
可比产品合计	—	—	—	—	—	—	—		8760	8600	8590	87600	86000	86150
甲	件	50	500	84	82	83	81		4200	4100	4150	42000	41000	40500
乙	件	60	600	76	75	74	76.08		4560	4500	4440	45600	45000	45650
不可比产品合计	—	—	—	—	—	—	—		—	7950	7970	—	72000	73350
丙	件	80	700	—	75	76	76.57		—	6000	6080	—	52500	53600
丁	件	30	300	—	65	63	65.83		—	1950	1890	—	19500	19750
全部产品合计	—	—	—	—	—	—	—		—	16550	16569	—	158000	159500

注：补充资料（本年累计实际数）：

1. 可比产品流通加工成本降低额 1450 元（本年计划降低额为 1600 元）。
2. 可比产品降低率 1.656%（本年计划降低率为 1.683%）。

207

3. 流通加工成本表的分析

对全部流通加工成本计划的完成情况进行总括评价。通过总括评价,一是对流通加工中心全部产品加工成本的完成情况有个总体的了解;二是通过对影响计划完成情况因素的初步分析,为进一步分析指出方向。根据表10-23的资料编制分析表,见表10-24。

本年累计全部加工成本计划完成情况分析表　　　　　　　表10-24

加工产品名称	计划总成本	实际总成本	实际比计划升降额	实际比计划升降率(%)
一、可比产品	86000	86150	+150	+0.81
其中:甲	41000	40500	-150	-1.22
乙	45000	45650	+650	+1.40
二、不可比产品	72000	73350	+1350	+1.88
其中:丙	52500	53600	+1100	+2.09
丁	19500	19750	+250	+1.28
合计	158000	159500	1500	0.95

本年累计全部加工成本计划完成率 =（各种产品实际单位加工成本 × 实际加工量）/
　　　　　　　　　　　　　　　　（各种产品计划单位加工成本 × 实际加工量）
　　　　　　　　　　　　　　　　× 100%
　　　　　　　　　　　　　　= 59500 / 5800 × 100%
　　　　　　　　　　　　　　= 100.95%

成本降低率 = 100.95% - 100% = +0.95%

计算表明,本年累计实际总成本比计划超过1500元,升高0.95%。其中可比流通加工成本实际比计划超支150元,主要是乙产品流通加工成本超支650元,而甲产品流通加工成本是降低的;不可比流通加工成本实际比计划超支1350元,丙丁产品流通加工成本都超支了。显然,进一步分析的重点应查明乙产品流通加工成本超支的原因。

为了把流通加工中心的生产耗费和加工成果联系起来,总和评价生产经营的效益,在全部流通加工成本计划完成情况的总评价中,还应包括产值成本率指标的分析,此外,应对可比产品流通加工成本降低计划的完成情况进行分析,对主要产品流通加工成本进行分析。

任务小结

流通加工成本是物流成本的重要组成部分,本任务介绍了流通加工成本的含义、特点及其构成,重点介绍了流通加工成本的分析与控制方法,旨在让学生能掌握流通加工成本的控制方法,提高管理水平。

思考与练习

1. 简答题

（1）流通加工成本都包含哪些方面?

（2）何谓流通加工直接人工费用如何计算?

（3）何谓流通加工制造费用如何计算?

（4）流通加工费用如何在完工品和在产品之间分配?

（5）企业在流通加工过程中存在哪些不合理现象？
（6）如何对流通加工成本进行优化？

2. 案例分析题

阿迪达斯的流通加工

阿迪达斯公司在美国有一家超级市场，设立了组合式鞋店，摆放的不是做好了的鞋，而是做鞋用的半成品，款式花色多样，有 6 种鞋跟、8 种鞋底，均为塑料制造的，鞋面的颜色以黑、白为主，搭带的颜色有 80 种，款式有百余种，顾客进来可任意挑选自己所喜欢的各个部位，交给职员当场进行组合。只要 10 分钟，一双崭新的鞋便唾手可得。这家鞋店昼夜营业，职员技术熟练。鞋子的售价与成批生产的价格差不多，有的还稍便宜些。所以顾客络绎不绝，销售金额比邻近的鞋店多 10 倍。

思考：

流通加工在本案例中起了什么样的作用？

任务十一 物流成本绩效评价

内容简介

　　物流成本绩效评价就是运用数量统计和运筹学方法，采用特定的指标体系对照统一的评价标准，按照一定的程序，通过定性、定量分析，对企业一定期间内的物流活动采取一定的控制措施后的产出所消耗的物流资源的成本效益做出客观、公正和标准的综合评判。本任务介绍了物流成本绩效评价的概念，重点介绍了物流成本绩效评价体系的建立，最后介绍了平衡计分卡在物流绩效评价中的应用。

教学目标

1. 知识目标
（1）理解物流成本绩效评价的意义；
（2）掌握物流成本绩效评价的程序；
（3）掌握物流成本绩效评价的方法。
2. 技能目标
（1）能应用物流成本绩效评价的方法进行实际物流企业绩效评价；
（2）能熟练使用平衡记分卡进行物流绩效评价。

案例导入

上海安尼国际物流有限公司引入绩效管理的教训

　　上海安尼国际物流有限公司是一家外资公司，主要从事海外贸易。由于受国际竞争形势的影响，为了提高员工的工作效率，决定在公司内部引入绩效管理来代替多年的单纯职级工资制度。听到这个消息后，全厂员工无不欢欣喜悦，那些基层员工来说更是喜悦，当月公司的生产效率就有了比较明显的提高。因为按照以前的制度来讲，在公司处在哪个层级直接决定员工薪水，基层员工处于公司中比较低的层级，自然会影响到他们每月的薪水。但若是实行绩效管理体制，薪水除了与级别挂钩之外，也与其工作绩效紧密相连。于是人力资源部门在董事长的授权下，开始紧锣密鼓地制定绩效管理制度。经过人力资源部门全体成员经过 6 个月的艰苦努力，绩效管理制度终于被推出。新制度规定：为了对员工进行有效激励，提高工作效率，公司将每半年实施一次绩效考评，普通员工与主管及以上人员分开进行评估。考评成绩与奖金挂钩，绩效考评最优秀的普通员工可以获取其考评前 6 个月平均工资 3 倍的奖金，绩效考评最优秀的主管及以上人员可获得其平均工资 2 倍的奖金。公司由于迫切想知道新制度的实施效果，要求人力资源部门依据新制度对全厂员工过去 6 个月的工作绩效进行评估，并依据评估结果发放奖金。人力资源部门原本以为这肯定会受到员工的欢迎，毕竟可以拿到奖金，然而事与愿违，随着新制度逐渐地被认识，人力资源部门面临的压力也越来越大，首先是有相当一部分普通员工抵制对其进行绩效考评,接着出现新来销售人员(公司销售队伍一直都很不稳定)离职。总之,由于实行新制度,公司可谓出现了人声鼎沸、怨言颇多的局面。最终在董事长的亲自干预下,不断与员工沟通,并停止实施该项制度许了诺才使局面稳定,可以说这次所谓的改革弄得人力资源部门不知所措。

引导思路

(1)总的来说,公司出现这种困境是多种因素交织作用的结果,试从理论上、操作层面、关系层面分析困境出现的原因。

(2)在引入绩效管理时,一定要意识到该注意些什么问题?

项目一 物流成本绩效评价认知

教学要点

物流成本绩效评价的意义与程序。

教学方法

可采用讲授、情境教学、案例教学和分组讨论等方法。

一、物流成本绩效评价认知

企业的绩效是指在一定的经营期间内企业的经营效益和经营者的业绩;评价是指在可行性研究的基础上,从技术、经济等方面对各种备选方案所能满足需要的程度与所消耗和占用的各种资源进行评审和选择,确定技术先进、经济合理的最优或满意的方案的过程。企业的绩效评价是指运用一定的方法,按照一定的程序,通过定量、定性对比分析,对企业一定经营期间的经营效益和经营者业绩做出客观、公正和准确的综合评判。

物流成本绩效评价是指运用数量统计和运筹学方法,采用特定的指标体系对照统一的评价标准,按照一定的程序,通过定性、定量分析,对企业一定期间内的物流活动采取一定的控制措施后的产出所消耗的物流资源的成本效益做出客观、公正和标准的综合评判。

开展物流成本管理绩效评价有利于全面了解企业物流成本管理情况,及时发现物流活动中存在的问题,充分调动部门和员工的积极性,不断提高企业物流的获利能力,同时也为企业制定物流发展战略提供了可靠依据。

二、物流成本绩效评价的形式

在对物流企业进行绩效评价时,由于评价的主体、客体、目的、标准不同,以及被评价的企业面临的环境不同,客观上决定了物流企业的成本绩效评价体系也不同。物流企业成本绩效分析的形式通常有以下几种:

1. 根据分析的主体分类

根据分析的主体不同,物流企业分析可以分为内部分析和外部分析两种。

1) 内部分析

内部分析也称为内部物流成本绩效分析,主要指物流企业内部经营者对物流企业成本状况的分析。内部分析的目的是判断和评价物流企业内部物流企业成本是否正常,主要评价指标包括成本、利润、服务、质量、管理控制、运行效率等。

2) 外部分析

外部分析也称为外部物流成本绩效分析,主要指物流企业外部的投资者及政府部门等,根据各自的需要或分析目的,对物流企业的有关情况进行的分析。投资者的分析关心的是物流企业的投资回报情况以及企业的持续发展能力等。政府对物流企业的分析主要集中在物流企业的规范运营方面。

物流企业的内部分析和外部分析不是孤立存在的,要保证物流成本分析的准确性,应该将二者结合起来,避免出现片面性。

2. 根据分析的时期和目的分类

根据分析的时期和目的不同,物流企业分析可分为现状分析、趋势分析和可持续发展能力分析三种。

1) 现状分析

现状分析是对物流企业在当期运营中的成本情况进行分析,用以评价物流企业在经营期内的各项经营活动和财务状况。现状分析客观、真实地反映了物流企业的经营状况、赢利状况以及发展潜力等问题,为企业的决策者提供真实有效的数据。

2) 趋势分析

趋势分析是指对物流企业某个时期各单位时间的总体成本绩效状况或某项成本绩效的变动情况进行分析,用以评价物流企业的成本管理的发展趋势。

3) 可持续发展能力分析

可持续发展能力分析是在现状分析和趋势分析的基础上,结合物流企业的自身状况以及环境的变化,对物流企业的未来发展能力进行评价和判断。

3. 根据分析的内容与范围分类

根据分析的内容与范围不同,物流企业分析可分为全面性分析和专项性分析两种。

1) 全面性分析

全面性分析是对物流企业在一定时期内的生产运营方面的状况进行系统、全面、综合的评价。全面分析的目的是找出物流企业在生产经营中带有普遍性、全局性的问题,为下期生产经营提供良好的基础。

2) 专项性分析

专项性分析是指根据分析主体或分析目的的不同,对物流企业生产经营过程中某一个或某些方面的问题进行深入分析。专项性分析的目的是考察企业在某一方面的状况。

在物流成本绩效分析中,应该将全面性分析与专项性分析结合起来,做到既全面又有重点,深入了解企业物流成本绩效的各个方面。

以上三种分析从不同的角度对物流企业的营运状况进行分析,在实际进行物流企业成本绩效分析中,应该把它们结合起来,避免出现分析的片面性。

三、物流成本绩效评价的程序

1. 确立绩效评价的目标

绩效评价系统的目标是整个系统运行的指南,它服从和服务于企业的战略目标。绩效评价的最终目的就是要实现企业的稳定发展和总价值的不断增长,而合理地选择并实现企业绩效评价指标,则关系到物流企业是否能实现企业的战略目标。

2. 确定评价的主体和客体

评价主体决定企业经营绩效评价的目的、内容和方法,对评价指标体系的设计产生深刻的影响。一般来说,企业绩效评价的主体是企业的所有人和出资者,随着企业的成长壮大和经营环境的变化,越来越多的相关群体将会受到企业经营绩效的影响并关注企业的绩效评价。客体是相对于主体而言的,评价客体就是指实施评价的对象,主要包括两个部分,一是企业的各种经营指标;二是作为评价主体的经营者也是被评价的客体,主要指经营管理水平。

3. 选定评价指标

评价指标是指将要对评价的对象进行哪些方面的测评,它是根据评价目标和评价主体的需要而设计的、以指标形式反映评价对象特征的因素。对物流企业绩效进行综合评价必须设置若干全面而又具体的指标,如财务方面的指标和非财务方面的指标。

4. 选择评价标准

评价标准是判断评价对象绩效优劣的基准,根据绩效评估的目的选择一套合理的评价标准是企业有效评价的关键。合理的绩效评价标准通常非常清晰、简单、明确、易理解,能反映具体业务活动中重要的工作状况。

分析报告评价的最终目的并不是仅仅得出数据结果,而是要通过对评价过程和评价结果的分析,判断企业绩效的优劣,进而从中找出差异所在以及产生差异的原因,并为今后企业的发展指明努力的方向、提供决策的科学依据。上述基本要素相互联系、相互影响,共同构成了一个完整的物流企业绩效评价体系。

四、物流成本绩效评价的方法

在物流生产实际中使用最广泛的绩效评价方法是指标对比法和因素分析法。

1. 指标对比法

指标对比法也称为比较法,它是一种通过相互关联的物流成本的指标对比来确定数据差异的方法。通过对比,寻找差距、分析原因,为进一步降低物流成本、提高物流企业的效益指明方向。物流成本指标的对比分析可以采取以下几种形式:

1) 实际指标与计划指标对比

进行物流成本绩效评价时,可以将实际成本指标和计划指标进行对比,说明计划的完成度,为进一步的分析指明方向。

2) 本期指标与前期指标对比

这两种指标对比的结果反映了物流企业物流成本的动态和变化趋势,有助于改进物流管理。

3）本期实际指标与同行业先进水平对比

这两种指标对比的结果反映了物流企业与先进水平企业的差距，有利于挖掘企业潜力、降低物流成本。

在进行指标对比时，应注意各种对比指标的可比性，即对比指标的计量单位、计价标准、时间单位、指标内容和计算方法等都应具有可比的基础和条件。

2. 因素分析法

因素分析法是依据分析指标与其影响因素的关系，从数量上确定各因素对分析指标影响方向和影响程度的一种方法。因素分析法既可以全面分析各因素对某一经济指标的影响，又可以单独分析某个因素对经济指标的影响，在财务分析中应用颇为广泛。因素分析法可以采用以下两种方法：

1）连环替代法

它是将分析指标分解为各个可以计量的因素，并根据各个因素之间的依存关系，依次用各因素的比较值（通常为实际值）替代基准值（通常为标准值或计划值），据以测定各因素对分析指标的影响。

2）差额分析法

它是连环替代法的一种简化形式，是利用各个因素的比较值与基准值之间的差额，来计算各因素对分析指标的影响。例如，企业利润总额是由三个因素影响的，其表达式为：

$$利润总额 = 营业利润 + 投资损益 \pm 营业外收支净额$$

在分析去年和当年的利润变化时，可以分别算出今年利润总额的变化，以及三个影响因素与去年比较时不同的变化，这样就可以了解今年利润增加或减少主要是由三个因素中的哪个因素引起的。

采用因素分析法时应注意：因素分解的关联性、因素替代的顺序性、顺序替代的连环性，即计算每一个因素变动时，都是在前一次计算的基础上进行，并采用连环比较的方法确定因素变化影响结果；计算结果的假定性，连环替代法计算的各因素变动的影响数，会因替代计算的顺序不同而有差别，即其计算结果只是在某种假定前提下的结果，为此，财务分析人员在具体运用此方法时，应注意力求使这种假定是合乎逻辑的假定，是具有实际经济意义的假定，这样，计算结果的假定性就不会妨碍分析的有效性。

项目二　物流企业绩效评价的指标体系

教学要点

熟悉物流企业绩效评价指标体系的建立。

教学方法

采用讲授和分组讨论等方法。

一、绩效评价指标体系和构建原则

1. 物流企业绩效评价指标体系

物流企业绩效评价体系是指由一系列与绩效评价相关的评价制度、评价指标体系、评价方法、评价标准以及评价机构等形成的有机整体。它不仅包含对物流企业采购、运输、仓储等功能的绩效评价,还包括能够体现物流企业未来发展能力、企业物流成本、企业规模等多方面内容的评价。所以为了尽可能全面、客观、科学地评价物流企业,应该利用各种有效的分析方法,从物流企业的财务指标和非财务指标体系两方面进行综合评价,从而达到更好地测评物流企业绩效的目的。

2. 构建物流企业绩效评价指标体系的原则

物流企业绩效评价指标体系既要能全面反映出评价对象的各项具体要求,同时又要尽可能做到科学、合理、符合实际情况,具有可测、简易、可比的特点。具体来说,要遵循以下原则:

1) 目的性原则

指标体系要紧紧围绕绩效评价这一特定的目的进行设计。由于物流本身已经包含了运输、储存、搬运、包装、流通加工、配送、信息处理等基本功能,再加上物流企业自身的管理、规模等方面,如果不遵循一定的目的性,则提取出的指标不仅无法反映企业的绩效水平,而且指标的数量众多不利于分析。

2) 系统性原则

指标体系应尽可能全面反映被评价对象的各个方面的情况,还要善于抓住主要因素,使评价指标能够反映系统的直接效果和间接效果,以保证综合评价的全面性和可信度。这就要求在提取指标时,必须遵循相关性、层次性、整体性和综合性。

3) 科学性原则

指标的设计必须科学,这包括指标体系结构的拟定、指标的取舍、公式的推导等都要有科学依据。只有坚持科学性原则,利用指标体系得到的关于绩效评价的原则才可靠。

4) 可操作性原则

指标定义时要求定义明确、概念清楚,尽量避免有歧义,能与现行统计资料很好地对应。同时,指标的内容不应过于烦琐,如果指标的数量众多,不仅不利于操作而且更不利于分析和说明问题。

5) 定性指标与定量指标相结合的原则

物流企业的综合评价既包括技术经济方面的指标,又包括服务水平、社会环境等方面的指标。前者易于量化测度,而后者却很难用定量化的指标来衡量,要使得评价更具有客观性,就必须坚持定量指标与定性指标相结合的原则。

6) 绝对指标与相对指标相结合的原则

绝对指标反映系统的规模和总量,相对指标反映系统在某方面的强度或性能,因此,必须将绝对指标与相对指标结合起来使用,才能全面地描述物流系统的特性。

二、物流企业绩效评价的财务指标

财务指标包括赢利能力、偿债能力、资产管理能力、成长能力、股本扩张能力和主营业务状况指标等。其中前四个与我国现行的企业绩效评价系统评价的内容相同,后两个是根据上市企业的特点而考虑的。

(一) 企业物流成本的评价指标

在进行物流成本绩效分析时,首先可以对各类物流成本如运输、储存、搬运、包装、流通加工、配送、信息处理等业务成本的数值进行分析,通过单项业务分析,为相关的物流活动进行成本决策,以便有效降低物流成本。下面以运输、仓储为例进行说明。

1. 运输活动绩效评价指标

运输绩效评价指标可分为运输经济性、可靠性、运输能力、可达性、安全性和中转时间等类别。反映运输活动特性的指标为运输费用、运输费用效益、燃料消耗定额比、安全间隔量程、正点运输率、满意率等。

2. 仓储活动绩效评价指标

仓储活动绩效评价主要从库存控制和仓储管理两方面来衡量。

1) 库存控制

物流企业库存控制主要考虑与费用和服务有关的一些指标,费用指标可以反映库存控制功能的经济表现,服务指标主要反映对顾客的服务水平。

(1) 单位库存费用:单位库存费用包括单位库存持有费用和保管费用。保管费用包括租金、税收和其他费用,也包括货物废弃费用。

(2) 未满足的需求比例:未满足的需求比例从顾客角度来反映库存控制的绩效水平。需求得不到满足引起顾客不满,市场份额也会受到影响。

2) 仓储管理

仓库的功能主要是货物的保管和出库理货,主要从费用、利用率、时间和质量等几个方面来考虑其评价指标。

(1) 仓库面积利用率、仓容利用率指标:反映仓库能力的利用情况以及仓库规划水平的高低。计算公式如下:

$$仓库面积利用率 = 库房、货棚、货场占面积之和/仓库总占地面积 \times 100\%$$

$$仓容利用率 = 一定时期内仓库平均存量/最大库存量 \times 100\%$$

(2) 进/发货准确率、物资完好率:用来反映仓储质量和仓储服务工作满足货主和用户需要的程度。计算公式如下:

$$进/发货准确率 = (期内吞吐量 - 出现差异总量)/同期吞吐量 \times 100\%$$

$$物资完好率 = (期内平均库存量 - 期内丢失、损坏、变质的物资总量)/同期平均库存量 \times 100\%$$

(二) 企业物流成本的效益指标

物流成本的效益指标包括物流营运能力指标和物流获利能力指标等。对于物流成本效益指标的分析,可以帮助企业掌握物流成本的效益状况与存在的问题,从而为进行相关物流成本决策、提升物流成本的效益提供依据。

1. 物流企业的资产营运能力指标

物流企业的营运能力是获取利润的基础,物流企业的营运能力越高,企业所获得的利润就越多,反之亦然。所以企业在生产经营实践中,必须重视企业的营运能力分析,提高企业的营运能力。

物流企业的资产营运能力反映的是物流企业资产的营运效率,主要指标有总资产周转率、应收账款周转率、存货周转率等。

1) 总资产周转率

物流企业总资产周转率是物流企业营业额净额与平均资产总额的比率。该项指标全面反映了物流企业全部资产的营运能力。在一定的计算期内,物流企业的总周转率越高,说明

总资产周转次数越多,周转周期越短,周转速度越快,相应地,物流企业的营运能力也就越高。它可以用如下公式表示:

$$总资产周转率 = 营业额净额/平均资产总额 \times 100\%$$

总周转率还可以用周转天数来表示,其与总周转率的关系可用以下公式表示:

$$总资产周转天数 = 计算期天数/总资产周转率$$

除了计算物流企业的总周转率以外,还应该分别计算物流企业的流动资产周转率和固定资产周转率。计算公式分别如下:

$$流动资产周转率 = 营业额净率/流动资产平均占用额 \times 100\%$$

或者

$$流动资产周转天数 = 计算期天数/固定资产周转率$$

物流企业的收入主要来源于物流流动资产的周转,而不是固定资产的周转。但是,固定资产是实现流动资产周转的基础,流动资产的投资规模、周转额的大小以及周转速度的快慢在很大程度上取决于固定资产的经营能力和利用效率。固定资产的周转率公式如下:

$$固定资产周转率 = 营业额净率/固定资产平均占用额 \times 100\%$$

或者

$$固定资产周转天数 = 计算期天数/固定资产周转率$$

2) 应收账款周转率

应收账款周转率是指物流企业在一定时期内营业收入净额与平均应收账款余额的比率,它表明年度内应收账款转为现金的平均次数,说明应收账款的流动速度。用时间表示的应收账款周转速度也称为应收账款周转天数。其计算公式如下:

$$应收账款周转率 = 营业收入净额/平均应收账款余额 \times 100\%$$

或者用周转天数表示为

$$应收账款周转天数 = 营业收入净额/应收账款周转次数 \times 100\%$$

这一指标属于正向指标,应收账款周转率越高,平均收账期越短,企业的应收账款收回的越快,企业的资产流动性越强,偿债能力也越高。但是这一指标的数值过高,也会限制物流企业销售量的扩张,影响企业的赢利水平。所以应收账款的比率有一个合理的限度。

3) 存货周转率

存货周转率是指物流企业在一定时期销售成本与平均存货的比率,它是衡量物流企业存货、生产、销售回收等环节管理状况是否合理的综合性指标。计算公式如下:

$$存货周转率 = 销售成本/平均存货 \times 100\%$$

或者

$$存货周转天数 = 计算期天数/存货周转率$$

存货周转速度越快,存货的占用水平越低,流动性越强,存货转化为现金或应收账款的速度就越快。如果存货周转率过高,也可能是物流企业在其他方面存在一些问题,如存货水平太低、采购次数过于频繁、批量生产销售少甚至断货缺货。所以物流企业应根据产业、市场、客户及企业的自身特点来确定合理的周转率。

2. 物流企业的获利能力指标

物流获利能力指标反映的是物流企业投入到物流系统的资金能够产生的增值能力。

企业投入资金对物流进行经营,目的是获取物流行业的资金收益。通常可以用物流系统的收益率来反映物流企业获利能力的高低。具体指标如下:

1) 物流企业净收益率

物流企业净收益率是指除去税收后物流企业利润与总销售额或总资产的比值。当分母是总资产时,这个比率衡量的是投资回收情况。物流企业净收益率是正向指标,物流企业净收益率越高,企业自由资本获取收益的能力越强,运营效益越好,对物流企业的投资者及债权人的保证程度越高。该指标可用如下公式来表示:

$$净收益率 = 净收益/总销售额 \times 100\%$$

或者
$$净收益率 = 净收益/总资产 \times 100\%$$

2)物流企业成本利润率

物流企业成本利润率反映的是物流成本的利用效果,是物流成本管理的立足点。只有将物流成本与物流利润联系起来,才能有效地揭示出物流成本的获利能力。该指标可用如下公式表示:

$$物流企业成本利润率 = 物流利润 \times 100\%$$

值得注意的是,在计算物流企业成本利润率时,要注意成本与利润之间的匹配关系,因为成本和利润一样也包含不同的层次,如经营成本、营业成本、税前成本和税后成本等。要把各种成本指标与相应的利润指标对应。在实践中,经营成本利润率的衡量性最好,也是最经常使用的指标之一。其用公式表示如下:

$$物流企业经营成本利润率 = 经营利润/经营成本 \times 100\%$$

物流企业成本利润率是正向指标,指标数值越高,物流企业的经营越好。

3)物流企业资产利润率

物流企业资产利润率反映的是物流企业资产的获利能力。

由于物流企业的资产包含不同的层次,企业的资产利润率也可以相应地分为不同的指标。

实践中常用的资产利润率指标主要有总资产利润率、净资产利润率、固定资产利润率和流动资产利润率等几种。

(1)物流总资产利润率:物流企业投入的全部资产的获利能力。该指标主要衡量的是物流企业总资产的使用效益,可用如下公式表示:

$$物流总资产利润率 = 物流利润总额/平均物流资产总额 \times 100\%$$

(2)物流净资产利润率:企业在一定的时期所获得的净利润与平均净资产的比率。

该项指标反映的是投资与获利的关系,体现了企业自由资本获取净收益的能力。该指标用公式表示如下:

$$物流净资产利润率 = 物流利润总额/平均物流资产总额 \times 100\%$$

在实际分析中,这一指标有着重要的作用,企业进行资本投入的主要目的就是获得物流系统的最大化利润,为此就要不断地提高物流企业的物流净资产利润率。

(3)物流流动资产利润率:反映物流企业的流动资产支出与周转的获利能力。该指标用公式表示如下:

$$物流流动资产利润率 = 物流利润/物流平均流动资产 \times 100\%$$

(4)物流固定资产利润率:为了更全面地考察物流资产的获利能力,还必须分析物流固定资产的获利能力,它是物流流动资产支出与周转获利能力的基础。该指标用公式表示如下:

$$物流固定资产利润率 = 物流利润/物流平均固定资产 \times 100\%$$

以上四类指标都属于正向指标,指标数值越高,说明企业的物流获利能力越好。

3.物流企业的偿债能力

偿债能力是指企业偿还到期债务(包括本息)的能力,包括短期偿债能力和长期偿债能力指标。

1) 短期偿债能力指标。

(1) 流动比率：指企业流动资产与流动负债的能力。它表明企业每一元流动负债有多少流动资产作为偿还的保证。其计算公式如下：

$$流动比率 = 物流资产/流动负债 \times 100\%$$

一般来说，流动比率越高，企业的短期偿债能力就越强，债权人的安全程度也就越高。但是流动比率太高，也会影响企业的长期发展能力。

(2) 速动比率：指速动资产与流动负债的比率。速动资产是流动资产扣除存货后的比率，因此它比流动比率更能反映企业的短期偿债能力。其计算公式如下：

$$速动比率 = 速动资产/流动负债 \times 100\%$$

一般来说，速动比率越高，企业的偿还流动负债的能力越强，反之亦然。

(3) 现金比率：指现金类资产与流动负债的比值。现金类资产是指货币资金和短期投资净额，它的特点是可以随时变现，反映的是企业的及时变现能力。其计算公式如下：

$$现金比率 = (货币资金 + 短期投资净额)/流动负债 \times 100\%$$

2) 长期偿债能力指标

长期偿债能力是指企业偿还长期债务的现金保障程度，主要指标有资产负债率、产权比率、利息偿付倍数等。

(1) 资产负债率：衡量企业负债水平及风险程度的指标。资产负债率不是越大越好，也不是越小越好。企业的资产负债率水平应该根据企业的实际情况确定。其计算公式如下：

$$资产负债率 = 负债总额/资产总额 \times 100\%$$

(2) 产权比率：负债总额与所有者权益总额之间的比率，是衡量企业长期偿债能力的指标之一。其计算公式如下：

$$产权比率 = 负债总额/所有者权益总额 \times 100\%$$

(3) 利息偿还倍数：企业经营业务收益与利息费用的比率，它表明企业经营业务收益相当于利息费用的倍数。其计算公式如下：

$$利息偿还倍数 = 息税前利润/利息费用$$

4. 物流企业的发展能力

衡量企业持续性发展能力的指标主要有销售增长率、总资产增长率等。

(1) 销售增长率：企业本年销售增长额与上年销售额之间的比率，用来反映销售的增减变动情况，是评价企业成长状况和发展能力的重要指标。该指标越大，表明其增长速度越快，企业市场前景越好。其计算公式如下：

$$销售增长率 = (本期销售额 - 上期销售额)/上期总资产 \times 100\%$$

(2) 总资产增长率：期末总资产减去期初总资产之差除以期初总资产的比值。该指标表示的是企业的发展状况。其计算公式如下：

$$总资产增长率 = (本期总资产 - 上期总资产)/上期总资产 \times 100\%$$

三、物流企业绩效评价的非财务指标

所谓非财务指标，是与财务指标相对而言的，它是弥补传统的仅以财务指标为评价手段的企业业绩评价体系的一种工具。传统的业绩评价体系只是简单地以财务指标与数据作为

对企业绩进行衡量的标准,如销售利润率、每股收益、偿债能力、赢利能力、资产管理效率、投资报酬率等,但是有些因素与指标是不能通过财务会计数据被反映与计量的,如顾客的满意度、员工的操作熟练程度、生产率的高低等。因此,必须通过引入非财务评价指标来创造更宽泛的指标体系,对企业进行综合的绩效评价。

由于物流企业的特殊性,即不同的企业面临的环境不同,所涉及的行业不同,所采用的技术和管理方式不同,甚至企业的规模实力的不同等都会影响企业采用差别很大的非财务指标。但是,有些非财务指标还是多数企业都采用的指标,如衡量质量的经营性指标、衡量生产率的经营性指标、衡量时间的经营性指标和衡量顾客满意度的指标等。下面以生产率和客户满意率为例来加以说明。

1. 衡量生产率的经营性指标

生产率是用来衡量为生产一定产出所投入资源的使用效率,它可以从不同的角度来衡量企业的生产或服务效率。生产率指标可以分为总生产率指标和局部生产率指标。由于企业作业或生产加工过程的复杂性,多数企业都采用局部生产率来衡量企业的生产效率。局部生产率指标主要有以下四类:

(1) 机器设备生产率。它是反映设备利用率和设备可利用率的指标。
(2) 劳动生产率。它是反映企业工人生产效率的指标。
(3) 资本生产率。它是反映资本利用效率的指标。
(4) 能源生产率。它是反映能源利用效率的指标。

2. 客户服务评价指标

根据对客户服务绩效评价内容和影响客户服务因素的分析,客户服务绩效评价指标应包括以下几个方面的指标,即客户满意度、客户保持率、客户开发率和客户利润率等,其中以客户满意度为最主要的衡量指标。

客户满意度是指客户对企业所提供的物流服务的满意程度。影响客户满意度的因素有很多,如物流服务的及时性、产品服务质量、客户需求的响应程度等,很难用具体指标一一衡量。但是,企业可以从众多的指标中选择合适的指标,以评价客户的满意程度。

一般来说,大多数企业多采用非财务计量指标来衡量客户的满意程度,这些指标有:
(1) 交到客户手中的不合格产品数占交付产品总数的百分比;
(2) 客户投诉的频率(次数);
(3) 对客户要求做出回应的时间的长度;
(4) 准时交货率。

从行为学的角度来讲,客户的满意度是经过企业长期的情感诉求而在交易中感情状态的积累,在买方市场条件下,可以根据客户对企业的物流服务的抱怨或投诉来间接测量近似的客户满意程度,并简单地根据下面的公式来计算:

客户满意度 = (企业物流服务总次数 − 客户抱怨或投诉次数)/客户服务总次数

要得出这一近似的数值,企业必须能有效收集客户满意度的数据。大多数企业可以进行市场调查获得,但市场调查的数据必须准确可靠才能使用。

以上只是简单列举了两种非财务指标的分析方法,事实上,对物流企业进行绩效评估还可以针对物流企业的特点设计一些针对性较强的指标,如仓储、包装和流通加工等。

四、平衡计分卡

1. 平衡计分卡认知

平衡计分卡是由美国哈佛大学商学院教授罗伯特·卡普兰和美国复兴全球战略研究所的总裁戴维·诺顿于1992年共同研究开发的一个新的绩效测评模式。在此后几年里,卡普兰和诺顿通过为他们的客户实施 BSC 并从实施过程中吸取经验,使 BSC 得以不断发展和进步。该方法认为:财务、客户、企业内部经营流程、学习与成长这些相互紧密联系的四个维度确立了 BSC 的基本构架。在这四个维度中,财务维度是最终目标,客户维度是关键,企业内部经营流程维度是基础,学习与成长维度是核心。

2. 平衡计分卡在物流成本绩效考核中的应用

平衡计分卡在物流成本绩效评价中的应用,主要是对平衡计分卡四个维度指标的设计,如表 11-1 所示。

物流成本管理的 BSC 表　　　　　　　　　　　表 11-1

一级指标	战略目标	关键成功因素	关键绩效二级指标
财务	物流总成本最低,利润增长	利润的增加	成本的降低 单位营业额物流成本率
		人均利润增加额	单位产品的物流成本
客户	争取最大的客户量	争取客户	物流服务认知度 客户人均物流营销费用
		留住客户	客户满意度 客户忠诚度 安全事故率
企业内部经营流程	畅通	物流成本规章制度的完善程度	物流成本对物流服务质量的保证
	高效	物流流程的可靠性	及时交货率
		各人员严格执行物流成本管理工作流程,作业绩效提高	物流成本管理服务及时准确率物流成本管理环境改进 物流成本管理设备的完好率
学习与成长	打造优秀的工作团队	领导者物流成本战略观念	领导者的物流成本素质
		公司组织的物流成本培训	人均物流成本培训时间
		工作环境	自我学习的能力和意愿
		工作环境	积极改善工作环境
		研究发展投入	研究发展投入率

1) 关于财务指标方面的说明

财务指标具有双重含义:一方面是从短期的视角对组织已采取行动所产生结果的评价;另一方面从长期来看,它又是其他三方面指标相互驱动、共同指向的结果,因此也是评价个人与组织绩效,进行绩效改进与组织战略变革的出发点。主要评价指标体系包括人均利润增加额、单位营业额物流成本率、单位产品物流成本等。

2) 关于客户管理方面的指标说明

客户指标的选择应该来自于组织参与竞争的客户群体与市场环境部分,主要指标包括客户满意度、客户忠诚度、回头率、购买率等。客户指标本身既是形成未来财务绩效的动因，又是组织内部的业务经营过程因素驱动的结果。

3) 关于内部经营过程的指标说明

内部经营过程指标来自于对客户满意度、客户忠诚度等有直接联系的业务流程，包括组织拥有的关键技术、核心能力，以及影响产品与服务质量、生产效率的因素等。内部经营过程指标既是影响客户满意度的动因，又是组织通过学习与创新推动的结果。

4) 关于学习与成长的指标说明

企业的创新与学习能力和价值创造能力是直接相关的，前三方面指标已经为企业达成目标提供了关键技术，而学习与成长指标则成为企业实现前三方面指标的最有效的推动力量。学习与成长指标主要包括领导者的物流成本素质、人均物流成本培训时间、自我学习的能力和意愿、积极改善工作环境、研究发展投入率等。

3. 平衡计分的运用程序

(1) 确定物流公司目标及策略。物流目标要简明，而且对每一个微小的实际部门都有作用。

(2) 成立平衡计分领导小组，负责解释公司物流目标及策略，负责建立四类衡量指标。

(3) 根据公司的实际情况确定最重要的衡量指标，并根据企业的特点确定各个指标的权重。

(4) 公司内部的沟通、学习与教育。平衡计分要想取得成功，必须在企业内部不断强化对这种方法的认识，使得各个管理层明确公司的责任、使命和任务，而员工也要充分认识到使用这种方法的意义。

(5) 制定评价指标的具体数字标准，并相应填入到计划预算当中。

(6) 制定与平衡计分法相应的奖惩制度。

总之，将平衡计分法应用于物流企业的绩效衡量，其重点是根据物流企业自身的发展目标和市场发展情况，确定最重要的绩效评价指标体系，并赋予相应的权重，从而全面衡量物流企业绩效的方法体系。在此基础之上，物流企业制定相应的奖惩方案，支持物流绩效的持续改进。这样，采用这种全方位的分析方法必将有助于提高物流企业的运行效率。

任务小结

物流成本绩效评价就是运用数量统计和运筹学方法，采用特定的指标体系对照统一的评价标准，按照一定的程序，通过定性、定量分析，对企业一定期间内的物流活动采取一定的控制措施后的产出所消耗的物流资源的成本效益做出客观、公正和标准的综合评判。

物流成本绩效评价体系可以分为物流企业内部、物流企业与客户和环境的评价指标体系，也可以分为财务指标和非财务指标的评价体系。本任务在对物流企业运作环节简单评价后，着重分析物流企业的财务绩效评价指标体系，并对非财务指标评价体系做出了说明和分析。最后对物流绩效评价方法——平衡计分卡进行了简单的介绍。

思考与练习

1. 简答题

(1) 物流企业绩效评估的基本步骤是什么？

（2）物流企业成本绩效评价的财务指标有哪些？
（3）物流企业成本绩效评价的非财务指标有哪些？
（4）如何编制物流企业指标评价体系？

2. 案例分析题

一个国有企业的绩效考核

现代社会的商业竞争日趋激烈，商业环境的复杂性和不确定性也不断增加，在这样的条件下，企业越来越认识到通过改善管理来应对挑战。管理中的核心问题是对人的管理，这就使得人力资源管理在现代管理者心目中的地位更加重要。如何对员工的绩效进行考核，是企业管理者所面临的一个重大问题。绩效考核是人力资源管理的一个核心内容，很多企业已经认识到考核的重要性，并且在绩效考核的工作上投入了较大的精力。但目前许多国有企业的绩效考核工作仍然存在一些误区。

A公司，成立于50年代初。经过近50年的努力，在业内已具有较高的知名度并获得了较大的发展。目前公司有员工一千人左右。总公司本身没有业务部门，只设一些职能部门；总公司下没有若干子公司，分别从事不同的业务。在同行业内的国有企业中，该公司无论在对管理的重视程度上还是在业绩上，都是比较不错的。由于国家政策的变化，该公司面临着众多小企业的挑战。为此公司从前几年开始，一方面参加全国百家现代企业制度试点；另一方面着手从管理上进行突破。绩效考核工作是公司重点投入的一项工作。公司的高层领导非常重视，人事部具体负责绩效考核制度的制定和实施。人事部是在原有的考核制度基础上制定出了《中层干部考核办法》。在每年年底正式进行考核之前，人事部又出台当年的具体考核方案，以使考核达到可操作化程度。A公司的做法通常是由公司的高层领导与相关的职能部门人员组成考核小组。考核的方式和程序通常包括被考核者填写述职报告、在自己单位内召开全体职工大会进行述职、民意测评（范围涵盖全体职工）、向科级干部甚至全体职工征求意见（访谈）、考核小组进行汇总写出评价意见并征求主管副总的意见后报公司总经理。

考核的内部主要包含三个方面：被考核单位的经营管理情况，包括该单位的财务情况、经营情况、管理目标的实现等方面；被考核者的德、能、勤、绩及管理工作情况；下一步工作打算，重点努力的方向。具体的考核细目侧重于经营指标的完成、政治思想品德，对于能力的定义则比较抽象。各业务部门（子公司）都在年初与总公司对于自己部门的任务指标都进行了讨价还价的过程。

对中层干部的考核完成后，公司领导在年终总结会上进行说明，并将具体情况反馈给个人。尽管考核的方案中明确说考核与人事的升迁、工资的升降等方面挂钩，但最后的结果总是不了了之，没有任何下文。

对于一般的员工的考核则由各部门的领导掌握。子公司的领导对于下属业务人员的考核通常是从经营指标的完成情况（该公司中所有子公司的业务员均有经营指标的任务）来进行的；对于非业务人员的考核，无论是总公司还是子公司均由各部门的领导自由进行。通常的做法，都是到了年度要分奖金了，部门领导才会对自己的下属做一个大致的排序。

这种考核方法，使得员工的卷入程度较高，颇有点儿声势浩大、轰轰烈烈的感觉。公司在第一年进行操作时，获得了比较大的成功。由于被征求了意见，一般员工觉得受到了重视，感到非常满意。领导则觉得该方案得到了大多数人的支持，也觉得满意。但是，被考核者觉得自己的部门与其他部门相比，由于历史条件和现实条件不同，年初所定的指标不同，觉得相互之间无法平衡,心里还是不服。考核者尽管需访谈三百人次左右,忙得团团转,但由于大权在握,体会到考核者的权威,还是乐此不疲。

进行到第二年时,大家已经丧失了第一次时的热情。第三年、第四年进行考核时,员工考虑前两年考核的结果出来后,业绩差或好的领导并没有任何区别,自己还得在他手下干活,领导来找他谈话,他也只能敷衍了事。被考核者认为年年都是那套考核方式,没有新意,失去积极性,只不过是领导布置的事情,不得不应付。

思考:
A公司绩效考核方式存在什么问题,该怎么解决?

参 考 文 献

[1] 赵弘志．物流成本管理[M]．北京:清华大学出版社,2010.
[2] 冯耕中,李雪燕．汪寿阳．物流成本管理[M]．北京:中国人民大学出版社,2010.
[3] 易华．物流成本管理[M]．北京:清华大学出版社,2005.
[4] 傅维潼．物流数学[M]．北京:高等教育出版社,2008.
[5] 朱伟生．物流成本管理[M]．北京:机械工业出版社,2004.
[6] 王雷震．物流运筹学[M]．上海:上海交通大学出版社,2008.
[7] 郝晓燕．物流成本管理[M]．大连:大连理工大学出版社,2009.
[8] 余绪缨．管理会计学[M]．北京:中国人民大学出版社,2004.
[9] 朱伟生．物流成本管理[M]．北京:机械工业出版社,2009.
[10] 张艳．成本会计[M]．北京:机械工业出版社,2008.
[11] 陈文．物流成本管理[M]．北京:北京理工大学出版社,2009.
[12] 李建丽．物流成本管理[M]．北京:人民交通出版社,2008.
[13] 李苏剑,等．企业物流管理理论与案例[M]．北京:机械工业出版社,2003.
[14] 鲍新中．物流成本管理与控制[M]．北京:电子工业出版社,2009.
[15] 傅桂林．物流成本管理[M]．北京:中国物资出版社,2007.
[16] 武钧．物流企业管理[M]．北京:人民交通出版社,2007.
[17] 黄世一．物流成本核算与分析[M]．北京:清华大学出版社,2009.
[18] 王华．企业物流成本控制研究[M]．北京:北京大学出版社,2008.
[19] 崔介何．物流学概论[M]．北京:北京大学出版社,2004.
[20] 于宝琴,吴津津,等．现代物流配送管理．2版[M]．北京:北京大学出版社,2009.
[21] 王波,申作兰．现代物流配送管理[M]．武汉:武汉理工大学出版社,2008.
[22] 霍红,马常红．物流管理学[M]．北京:中国物资出版社,2008.
[23] 严建援．电子商务物流管理与实施[M]．北京:高等教育出版社,2006.
[24] 刘会亚．现代物流管理概论[M]．北京:中国农业出版社,2007.
[25] 王成．现代物流管理实务与案例[M]．北京:企业管理出版社,2005.
[26] 施李华．物流战略[M]．北京:对外经济贸易大学出版社,2004.
[27] 傅桂林．物流成本管理[M]．北京:中国物资出版社,2007.
[28] 刘志学．现代物流手册[M]．北京:首都经济贸易大学出版社,2005.
[29] 张成龙．物流成本管理[M]．北京:中国铁道出版社,2008.